# 中國學術思想 研究輯刊

## 二十編
林慶彰 主編

## 第 7 冊

### 宋代《詩經》學與理學（上）

陳戰峰 著

花木蘭文化出版社

國家圖書館出版品預行編目資料

宋代《詩經》學與理學（上）／陳戰峰 著 -- 初版 -- 新北市：
花木蘭文化出版社，2015〔民 104〕
目 6+172 面；19×26 公分
（中國學術思想研究輯刊 二十編：第 7 冊）
ISBN 978-986-322-996-4（精裝）
1. 詩經 2. 研究考訂 3. 宋代
030.8                                      103026836

ISBN-978-986-322-996-4

中國學術思想研究輯刊
二十編　第七冊　　　　　ISBN：978-986-322-996-4

# 宋代《詩經》學與理學（上）

作　　者　陳戰峰
主　　編　林慶彰
總 編 輯　杜潔祥
副總編輯　楊嘉樂
編　　輯　許郁翎
出　　版　花木蘭文化出版社
社　　長　高小娟
聯絡地址　235 新北市中和區中安街七二號十三樓
　　　　　電話：02-2923-1455／傳真：02-2923-1452
網　　址　http://www.huamulan.tw 信箱 hml 810518@gmail.com
印　　刷　普羅文化出版廣告事業
封面設計　劉開工作室
初　　版　2015 年 3 月
定　　價　二十編 21 冊（精裝）台幣 38,000 元

# 宋代《詩經》學與理學（上）

陳戰峰　著

## 作者簡介

陳戰峰，男，1973 年生，陝西藍田人。西北大學中國思想文化研究所副教授，碩士研究生導師，歷史學博士，2008 至 2011 年曾在西北大學中國漢語言文學博士後流動站從事博士後研究。主要研究領域是中國儒學思想史。

已出版學術專著 2 部，編著 1 部。參與修訂出版本科生教材、研究生教材等 3 部。發表論文 20 餘篇。

獲省部級、廳局科研獎勵 3 項，分別是陝西省優秀博士論文獎（2007），2009 年陝西高校人文社會科學優秀成果二等獎、2009 年陝西省第九次哲學社會科學優秀成果評獎三等獎等。參與完成的教材多次獲陝西省優秀教材一等獎、陝西省優秀教學成果特等獎等。

獨立主持國家、省部、廳局級社科項目 7 項。

此外，2006 年起利用業餘時間兼任《華夏文化》（季刊）常務責任編輯，負責編輯、修改稿件等工作，已出版 30 餘期。合作主編出版文集 1 部，副主編文集 1 部。協助增訂整理學術著作、文集、教材共 10 餘部。

## 提　要

《詩經》是中國古代最早的一部詩歌選集，也是中國古代的重要文化典籍之一。關於《詩經》的研究，歷來眾說紛紜，莫衷一是。圍繞《詩經》文本的研究和闡釋，形成了比較有特色的《詩經》學，包含著廣泛的研究領域，其中就有史學領域。對《詩經》文本不同屬性的確認，與相應的研究方式和特點相互作用。將《詩經》及《詩經》學視爲思想學術史的史料，正是對其史學功能和性質肯定的結果。「五四」以後以及現代《詩經》及《詩經》學研究，有不少有益的嘗試和啓發。但是，在將《詩經》文本定爲文學文本、《詩經》的文學研究佔據核心地位的情況下，這個領域的系統深入研究未引起充分的重視。

本文選擇《詩經》學史上打破定於一尊的宋代《詩經》學作斷代的研究，努力揭示《詩經》學學術現象和理學的內在關係，因此，命名爲《宋代〈詩經〉學與理學——關於〈詩經〉學的思想學術史考察》。在對理學家和其他學者紛繁的《詩經》學學術成果考察和歸納的基礎上，嘗試將其中的理學及思想因素剝離和凸現出來。通過對《詩經》學的思想學術史考察，一方面，有助於從思想學術史角度觀照和解釋一些單純在文學領域考察而難以理解的問題；一方面，進一步豐富和擴展思想史和學術史的研究領域和史料範圍，宋代《詩經》學也是思想史的研究對象和思想的承載方式。

本文主要包括導論、論文主體、結論等三部分。

導論解決《詩經》學思想學術史研究的可能、歷史和現狀、方法問題。論文主體共九章，分爲兩個部分。第一部分包括一至四章，第二部分包括五至九章。這兩部分都呈縱橫交叉方式，它們各自內部和相互之間體現出思想史和學術史相結合的特徵，但各有側重點。第一部分從橫向上探討宋代《詩經》學思想學術史研究的學術淵源、價值觀以及經典解釋的方法和理學之間

的關係，涉及四大問題，包括：宋代《詩經》學的相關概念、研究資料與階段劃分；宋代《詩經》學流變的思想學術原因考略，即與漢唐《詩經》學、三家《詩》及《四書》學的關係；宋代《詩經》學學者基本的《詩經》觀，宋代學者對《詩經》載道功能的認識和弘揚、對《詩序》的複雜態度以及對「淫詩」的看法，構成了宋代《詩經》學學者基本的《詩經》觀，並與理學有著內在的關聯；宋代解《詩》的兩種方法史論與理學，即「據文求義」與「古今人情一也」，基本可以貫穿宋代嶄新的《詩經》學研究。在每個問題內部又竭力勾勒其歷史演變，學術觀點的繼承和延展，突出學術性，但也包含著思想性，可以爲第二部分作好鋪墊，互爲映襯，並有助於第二部分在探討思想問題時相對集中。第二部分則從縱向上探究宋代《詩經》學內涵的思想因素，按照時間劃分，呈個案研究的序列結構。主要依據是《詩經》學資料，所以也會糾葛部分學術問題，是對第一部分的具體化和拓深，但基本集中，涉及了一些明顯的理學學術問題的討論和思辨。試圖以「義理解《詩》」的增強和演變爲主線，以關鍵人物（歐陽、蘇、王、張、二程、謝、楊、朱、陸、呂、王（柏）等）和學派爲著眼點，門生後學及其他附及，包括程大昌、王質、葉適、陳亮、戴溪、謝枋得等。這是論文的主體結構和圖景。結論以作收束。

關於宋代《詩經》學的發展階段，本文未拘泥尊《序》與廢《序》的二元對立分析，在階段劃分上，也未採取三階段說，而是按照宋代《詩經》學學術的實際，結合歷史和理學的發展，釐爲五個階段，試作勾勒和梳理。

宋學與理學的奠基者「宋初三先生」與歐陽修，前者未有專門的《詩經》學著作，只作適當鉤沉；歐陽修《詩本義》對宋代《詩經》學的發展具有決定性的影響，並觸及一些理學問題。蘇轍繼承唐代成伯嶼的《詩經》學主張，對宋代《詩經》學發展影響深遠。歐陽修、蘇轍在方法與觀點上皆有開創之功，其中還包括柳開、劉敞等，這是宋代《詩經》學與理學相互影響的準備階段。宋代有些學者將當時經學的實質性變化追溯至周濂溪，而據流傳典籍周敦頤並沒有集中的《詩經》學作品。宋代「義理化」的《詩經》學開端於王安石，但還含有漢學的因素，體現了漢宋學術的轉折特徵，但已主張側重義理的說解，標誌是以樸素的二分的辯證思想研究《詩經》，論證天人、陰陽、常變、德仁等義理。這種風氣也影響到其門客蔡卞的《詩經》學名物研究。王安石將「道」分裂爲「天道」與「人道」的觀點與思維方式遭到二程、張載的批評。張載與二程的《詩經》研究在思想上更加突出心性的重要，《四書》得到標榜，《四書》之學逐漸形成，並在思想上向《詩經》研究滲透。這是宋代《詩經》學「以義理解《詩》」方法的逐步確立階段。程門謝良佐、楊時的《詩經》研究體現了兩宋之際《詩經》學與理學緊密結合的延續。鄭樵斥《序》，啓迪朱熹後期《詩經》學廢《序》解《詩》，同時《四書》已形成，不僅影響至《詩經》學，而且成爲解釋儒家經典的理論根據，所謂「義理之淵藪」。作爲理學和《詩經》學的集大成者，朱熹《詩經》學已出現融合諸家的傾向。陸學與朱學在對「心」的論定上有差別，本體論、治學方法與風格迥異，理本論和心本論也反映在朱陸的《詩經》學中，《詩經》的心學研究以陸九淵、楊簡、袁燮爲代表。試圖調整朱陸之學的呂祖謙也以融合諸家爲特徵，其《詩經》學在當時也佔有顯著的地位。這是宋代《詩經》學逐步調整和集大成的階段。朱熹三傳弟子王柏主張刪《詩》，同時《詩經》學研究日漸空疏，王應麟在《詩經》義理研究的同時，逐漸涉及《詩經》的輯佚、歷史地理研究，《詩經》學出現了多樣化的發展階段，也意味著《詩經》理學研究日益呈現出衰落氣象。「以詩言詩」的說法至南宋末較普遍了，或稱爲「即詩論詩」，不難發現與歐陽修「據文求義」的承革關係，但是更加重視對《詩經》文本的依賴，甚至有的學者對諸家解說的紛紜已無調和興趣，「反古」的傾向進一步增強，不僅是擺落漢唐，甚至連兩宋的《詩經》學也不理會了，出現了一些《毛詩玄談》之類的作品和「不說者爲上」的言論。《詩經》學的空疏衰落及某一家的獨

尊可能已不可避免。元明清《詩集傳》獨尊，除王夫之等外，《詩經》學義理研究創新不夠，明清「獨立思考派」的義理研究逐漸轉向文學的體味和鑒賞。

本文除對宋代《詩經》學學者的《詩經》學研究方式、學術觀點等和理學之間的關係有些許考察外，還涉及不少與思想相關的學術問題的爭辯和討論。集中體現在九幅表的統計分析（其中一幅爲借鑒他人研究成果）中，涉及宋代《詩經》學的特點與位置、《詩本義》解《詩》的兩種方法、歐陽修對待《詩序》毛《傳》鄭《箋》學術態度比較、《詩解》是否爲「雜說」、《詩經集傳》與《詩序》的關係、《詩疑》刪詩目錄所缺詩篇的名稱和學術原因等問題。

通過對宋代《詩經》學的思想學術史考察，關於宋代《詩經》學與理學的關係認識就不僅僅是「理學化」所能概括的。從歐陽修等開始，在學者眼中，《詩經》就不只是文學的、章句的文獻，而是傳達「道」和承載「道」的方式，宋代《詩經》學學者的疑鄭、疑毛、疑《序》，進而廢《序》、疑經、改經，乃至否定《詩》爲徒歌、主張「淫詩」說等皆與這種「道」的觀念相關。甚至可以認爲，宋代《詩經》學的新氣象以及在今天依然閃耀著光輝的學術觀點也是在這種觀念和背景下催生的，儘管這些學者並非人人將《詩經》所有詩篇都打上「道」的烙印，他們通過涵泳而獲致心性之理、人倫之理以及對天人關係進行把握的義理解《詩》途徑，使宋代《詩經》學特色獨具，別樹一幟。宋代的疑古思潮和解經新風在現代以及當代《詩經》學研究中也得到一定的呼應和推進。

本文涉及的思想學術問題較多，兩宋之際的《詩經》學研究因資料缺乏而比較薄弱，一些問題還有待進一步深入挖掘和研究，而主要突出宋代《詩經》學思想學術史的合歷史與合邏輯的考察重點。

# 目次

# 導　論

## 一、《詩經》和《詩經》學

《詩經》是中國古代最早的一部詩歌選集，也是中國古代的重要文化典籍之一。

### （一）《詩經》簡說

關於《詩經》的性質，主要有兩種基本的劃分，一認爲是上古民歌或詩歌的總集，如鄭振鐸、陸侃如、馮沅君等。鄭振鐸認爲「《詩經》大約是公元前第三四世紀至公元前第六世紀的中國北部的民間詩歌的總集」[註1]，而顧頡剛在《古史辨》第三冊下編中認爲不盡是民歌，爲是；時間斷限上也值得商榷。陸侃如、馮沅君則明確地表達爲「民間男女所歌，公卿列士所獻，而經魯國師工譜爲樂章的總集《詩經》」[註2]。一認爲是上古民歌或詩歌的選集（以這種意見爲勝），夏傳才認爲《詩經》是「最古的一部詩歌選集」[註3]。

《詩經》的產生時代至今依然有爭議，下限主要在春秋中葉，爭議在陳靈公或秦襄公時；主要則在上限，集中在《商頌》的認定上，歷史上有「商詩說」與「宋詩說」，時代早晚大相徑庭，前者如《毛詩序》、姚際恒《詩經通論》（卷十八）、馬瑞辰《詩經傳箋通釋》（卷三十二）、胡承珙《毛詩後箋》

---

[註1] 鄭振鐸編：《文學大綱》（彩圖本）（上冊），商務印書館，1927年，第262頁。

[註2] 陸侃如、馮沅君：《中國詩史》，山東大學出版社，1996年，第9頁。按：《中國詩史》爲中國詩歌史專門研究的開山之作，曾在三十年代產生過重大反響，魯迅先生曾將其與自己的《中國小說史略》、王國維《宋元戲曲史》、鄭振鐸《插圖本中國文學史》等一併向人推薦。

[註3] 夏傳才：《《詩經》研究史概要》，中州書畫社，1982年，第3頁。

（卷三十，陳奐補），後者的依據多爲《國語・魯語》、《史記・宋世家》、《後漢書・曹褒傳》注引薛君《韓詩章句》、魏源《詩古微》（卷六）、王國維《說商頌》（《觀堂集林》卷二）等。今多從王國維證成的「宋詩說」，但鄭振鐸認爲「《商頌》中的五篇，爲商代（公元前一千七百年以後，公元前一千二百年以前）的產物」〔註4〕，陳子展與鄭振鐸的看法相同，認爲屬於商詩，今天贊同者亦不乏其人。

傳統社會將《詩經》按表現手法和風格的不同分爲《風》、《雅》、《頌》〔註5〕三類，現當代則以題材內容與藝術形式的差異劃分得更細緻。鄭振鐸將《詩經》詩篇主要分了三大類：第一類是「詩人的創作」，如《正月》、《十月》、《節南山》、《崧高》、《烝〔註6〕民》等；第二類是「民間歌謠」，包括戀歌（如《靜女》、《中谷》、《將仲子》等）、結婚歌（如《關雎》、《桃夭》、《鵲巢》等）、悼歌及頌賀歌（如《蓼莪》、《麟之趾》、《螽斯》等）、農歌（如《七月》、《甫田》、《大田》、《行葦》、《既醉》等）及其他；第三類是「貴族樂歌」，包括宗廟樂歌（如《下武》、《文王》等）、頌神樂歌或禱歌（如《思文》、《雲漢》、《訪落》等）、宴會歌（如《庭燎》、《鹿鳴》、《伐木》等）、田獵歌（如《車攻》、《吉日》等）、戰事歌（如《常武》等）以及其他〔註7〕。費振剛先生主持的《詩經詩傳》〔註8〕的分類與此較接近，只是多出男歌、女歌及政治詩等欄目，一些欄目作了調整，可視作對前者的繼承和發展。

《詩經》詩歌來源比較複雜，歷來有采詩、獻詩、作詩、頌詩等說。認爲《詩經》詩歌屬公卿大夫獻詩或陳詩的，多根據《國語・周語》「邵公諫厲王」語、《國語・晉語六》「范文子」語；認爲屬聽詩以觀民風的采詩說，多據《禮記・王制》、《漢書・食貨志》和何休《春秋公羊傳・宣公十五年解詁》等說法；認爲二者兼有，多據《左傳・襄公十四年》載師曠語等。合樂則據《詩經・周頌・有瞽》、《左傳・襄公二十九年》「季札觀樂」等。今也多認爲詩歌以多種方式彙集而成，並經過有意識地編輯，「今本《詩經》傳自魯國是

---

〔註4〕鄭振鐸編：《文學大綱》（彩圖本）（上冊），商務印書館，1927年。

〔註5〕有人將《二南》獨立出來爲《南》。也有不同意見，「其實『二南』中的詩與邶、衛、鄭、陳諸風中的詩其性質極近，並無所謂『教化』與『譏刺』的區別在裏面的」（鄭振鐸編：《文學大綱》，第272頁）。

〔註6〕一般作「烝」，鄭先生寫作此，當據三家《詩》。

〔註7〕鄭振鐸編：《文學大綱》（彩圖本）（上冊），商務印書館，1927年，第276頁。

〔註8〕費振剛、趙長征、廉萍、檀作文：《詩經詩傳》，吉林人民出版社，2000年。

很可能的」〔註9〕，依據是《左傳》襄公二十九年「季札觀樂」及昭公二年「周禮盡在魯矣」的史料，顧頡剛先生認爲《詩經》三百篇均入樂，即使民間歌謠，也已被改爲樂章了〔註10〕，徐仲舒先生在《幽風說》中證明「《詩經》爲魯國工歌之底本」〔註11〕，都似乎在說明《詩經》的整理與魯國的樂師等學者有不可分割的聯繫。

　　《詩經》的影響很深遠，除過文學影響即現實主義風格與傳統外，在二千餘年的古代傳統社會〔註12〕，由《詩》而演變爲《詩經》，現當代又剝離掉經學面目而恢復其文學屬性，《詩經》的性質、功能與研究方法皆發生了重大的本質變化。《詩經》的名稱見於《莊子‧天運篇》與《禮記‧經解上》，一般以後者爲最早，其經學地位由西漢綿延至清末，並伴有多次的「宗經辨騷」活動，將《詩經》與《楚辭》對立起來，因此就古代傳統社會而言，《詩經》主要體現出濃鬱的思想文化價值，與儒家文化的歷史緊密相伴。鄭振鐸先生有段很有分寸的概括：

　　　　就文學史上看來，《詩經》的影響亦極大，漢至六朝的作家，除了《楚辭》以外，所受到的影響最深的就算是《詩經》了。自韋孟的《諷諫》詩，《在鄒》詩，東方朔的《誡子》詩，韋玄成的《自劾》詩，《誡子孫》詩，唐山夫人的《安世》《房中》歌，傅毅的《迪志》，仲長統的《述志》詩，曹植的《元會》、《應詔》、《責躬》，乃至陶潛的《停雲》、《時運》、《榮木》，無不顯著的受有《詩經》裏的詩篇的風格的感化。不過，自此以後，《詩經》成了聖經，其地位益高，文人學士，都不敢以文學作品看待它，於是《詩經》的文學上的眞價與光煥，乃被傳統的崇敬的觀念所掩埋，而它的在文學上的影響便也漸漸的微弱了。〔註13〕

至於《詩》成爲儒家經典之後，其對文學的影響作用是否減弱還值得進一步研究，今多數學者與《中國文學史》並不如是看，尤其是《詩經》中的現實主義傳統與賦比興的手法，對後世文學的影響深遠深刻，已不辨自明；但鄭

---

〔註9〕　陸侃如、馮沅君：《中國詩史》，山東大學出版社，1996年，第9頁。
〔註10〕顧頡剛《論〈詩經〉所錄全爲樂歌》，載顧頡剛編著：《古史辨》（第三冊），樸社，1931年，第608～657頁。
〔註11〕《歷史語言研究所集刊》第六本第四分冊。
〔註12〕「封建社會」概念易帶來歧義和爭執。
〔註13〕鄭振鐸編：《文學大綱》（彩圖本）（上冊），商務印書館，1927年，第267頁。

先生的看法可以代表當時學者的認識，對《詩》性質變化的揭示也很準確。

## （二）《詩經》學提要

### 1. 《詩經》學幾個相關名稱及內涵辨析

範疇辨析包括「詩學」、「《詩》學」、「詩經學」、「《詩經》學」四個相互關聯的概念，其中後三個術語皆有學者使用，也可以通用。

「詩學」概念，有廣、狹義之分。廣義的「詩學」指文藝理論，涉及到文藝創作的心理、過程及作品的形式、接受和意義等的研究，如亞里士多德的《詩學》和賀拉斯的《詩論》等。狹義的「詩學」，在經學意義上可以指專治《詩經》的學問，但一般多指對包括詩、詞、曲等韻文文體的研究〔註14〕，如謝无量《詩學指南》，該書系文言體，探討古代詩歌淵源流變（分爲通論、古詩、律詩三部分），尤其重視詩體與詩法（包括格式、聲韻）的研究，吳興皞皞子《序》稱謝氏云「示人以形式而使人自得於形式之外」〔註15〕。其他如李元洛《詩學漫筆》〔註16〕、戈仁《詩學札記》〔註17〕等，佛雛《王國維詩學研究》〔註18〕則涉及不少思想文化和學術問題，範圍要廣一些。

其實，狹義並不一定就和明確掛鈎。「對於詩學的狹義理解，或是在經學意義上的『詩學』，即專治《詩經》之學，或是在『詩、詞、曲』這個詩歌大家族中『詩』的專門含義，也非我們所認同。在我看來，『詩學』的研究範圍，應該是包括著詩、詞、曲等韻文文體。詩、詞、曲雖然在體制上頗有不同，但都同屬詩歌這個大的文學種類」〔註19〕，按照這個標準，先秦的

---

〔註14〕 按：《中國詩學》專刊，已出了第一、二輯，北京廣播學院出版社出版。即多在後一種意義上使用這個概念。謝思煒的《唐宋詩學論集》（收入新清華文叢）選錄了一系列「詩學」方面的論文，宋代部分就有《宋祁與宋代文學發展》、《呂本中與〈江西宗派圖〉》、《呂本中詩歌創作簡論》、《南北宋之際的政治學術分野與詩學分派》、《夢窗情詞考索——簡論本事考索及情詞發展歷史》、《傳奇的衰落與詞的興起》，與宋代有關的如《禪宗的審美意義及其歷史內涵》、《樂之歧解——從蘇軾到袁宏道》等（謝思煒：《唐宋詩學論集》，商務印書館，2003 年），可見，其詩學概念主要也是指詩歌（包括狹義的詩和詞）的創作和接受理論及其影響因素。

〔註15〕 吳興皞皞子：《序》，載謝无量：《詩學指南》，中華書局，1918 年，第 1 頁。

〔註16〕 李元洛：《詩學漫筆》，花城出版社，1983 年。

〔註17〕 戈仁：《詩學札記》，金陵書社出版公司，1996 年。

〔註18〕 佛雛：《王國維詩學研究》，北京大學出版社，1987 年。

〔註19〕 張晶：《向中國詩學的深處拓進（代序）》，載張晶、白振奎、劉潔：《中國古典詩學新論》，北京廣播學院出版社，2002 年，第 1 頁。

騷體賦、西漢大賦、東漢抒情小賦、六朝駢體文等講究用韻的文體不知是否在內。如在內，韻文的範圍至少會擴大至散文；如不在內，韻文的範圍則會縮小至詩歌〔註20〕。因此，作爲狹義的「詩學」概念和內涵依然是不十分明確的，內容往往遊移不定。但這種理論形態的「詩學」和研究者的界定緊密相關〔註21〕，所以也可以訴諸於研究者的個性化的界定，但情形就更加複雜微妙。如蕭華榮《中國詩學思想史》中的「詩學」概念指「現代通常所說的狹義的『詩學』，即有關詩歌這一特定文體的理論」〔註22〕，將詩、詞、戲曲、小說並立，詩歌概念是狹義的、具體的，因爲在中國文學史上，詩歌與散文兩種文體貫穿始終〔註23〕，所以蕭氏又認爲「從這種意義上說，所謂中國詩學思想史，也可以說是以詩學思想爲主線的中國文學思想史」〔註24〕，因而又有一定的廣義性質。他認爲「詩學」包括兩個層面，即「『形上』層面」，「包括對於詩的性質、功用等的認識與觀念」；「『形下』層面」，「包括關於詩的具體做法、格律、聲調、對偶等等」，而他則側重於理論性強的前者。自然，蕭氏的「詩學」概念就兼有「狹義」和「廣義」兩種因素。

　　當然，不少學者已經注意到思想學術（包括宋代理學）和這種意義上的「詩學」之間的關係，如蕭華榮、謝思煒等。蕭華榮先生認爲「詩學思想往往最關世道人心、政教風化，與一般文化思潮和學術思潮息息相通」，因此「側重於在學術、文化思想流變的背景上考察詩學思想的流變」〔註25〕。他主張一般文化（指儒、道、禪等社會文化思想）、學術思想對詩學思想有直接或間接的影響，「直接的影響帶有強制的色彩，要求以詩的形式徑直闡發宣揚某種思想原則和人生哲學。在儒家的經學期，這種影響表現爲牽附政教風化的『諷喻詩』及相關的理論主張；在儒家的理學期，表現爲明心見性的

〔註20〕　曲則主要指散曲中的單支曲，而將套數除外，因其形式與韻味更接近詞，尤其是出自文人手中的作品，而雜劇就更不在其內了，而轉入戲曲或戲劇。

〔註21〕　「『詩學』之爲『學』，並非是古人自己就已有的，是我們今天以『詩學』的意識和理論去觀照的結果」（張晶：《向中國詩學的深處拓進（代序）》，載張晶、白振奎、劉潔：《中國古典詩學新論》，第 2 頁）。

〔註22〕　蕭華榮：《導言：中國詩學思想的邏輯發展》，載蕭華榮：《中國詩學思想史》，華東師範大學出版社，1996 年，第 1 頁。

〔註23〕　錢基博先生《中國文學史》主要以此兩項構成線索和主體。

〔註24〕　蕭華榮：《導言：中國詩學思想的邏輯發展》，載蕭華榮：《中國詩學思想史》，第 1～2 頁。

〔註25〕　蕭華榮：《導言：中國詩學思想的邏輯發展》，載蕭華榮：《中國詩學思想史》，第 2 頁。

『性理詩』及相關的理論主張。在道家，表現為理過其辭、淡乎寡味的『玄言詩』及相關的理論主張；在釋家，表現為俚俗模棱的『偈語詩』及相關的理論主張。嚴格說來，上述種種詩體都算不上審美的詩作，甚至不過是語錄、講義之押韻者，上述種種相關詩論也算不上審美的詩論」，而「間接的影響要經過詩人和詩論家這個中介，對相關文化學術思想加以融貫消化，真正化成詩人自己的人生態度與人格精神，用自己的心靈與情感創造為真正審美的詩篇，再由理論家上昇為審美的詩論」〔註26〕。蕭先生已經注意到文化、學術思想對詩學影響的複雜性，直接影響基本是以詩歌作為表達思想理論的憑藉和手段，但是，以歷史的眼光看，儒、釋、道三家雖各自有其鮮明的理論旨趣和特色，然而在歷史發展中不斷借鑒交融、相互促進，其界限和關係遠非寥寥數語所能窮盡，加之詩歌作者思想學術的複雜性，「諷喻詩」、「性理詩」、「玄言詩」、「偈語詩」（當然以釋家為主）較難與不同文化、思想學術一一對應，而間接影響則充分強調和突出了這種複雜性。同時蕭氏特別關注「審美的詩論」，重視詩歌的審美性和藝術性，將「純粹的詩學思想」（所謂「楚騷原則」）與「經學的詩學思想」（即正統儒家的詩學思想）對立起來〔註27〕，也源於此。具體到宋代，也能看出這種思想學術史的印痕，「宋代理學與詩學存在著既相妨又相容的離合關係」，「詩學思想既有自己獨立的發展脈絡，與前人遺產有切不斷的聯繫，又是立足於自己所處的時代精神和價值原則評估、選擇、接受前代遺產的。在宋代，這種時代精神便是理學思想的瀰漫與滲透」〔註28〕。

宋代也有「詩學」的概念，如南宋末年俞文豹《吹劍四錄》中說：「近時，詩學盛興，然難得全美，聊隨所見，摘錄一二。趙東山《郵亭》詩『風雨送迎地，別離多少人』，劉雲岫（鑰）《喜晴》詩『雲影猶帶濕，日光初漏明』，顧秋鶴（夢日）《夜遊》詩『路轉歌聲杳，夜長衣露濃。美人行月下，秋水泛芙蓉』。其他平淡中有理趣，有警發，如趙竹所（崇滋）『事才有意終須失，人到無求始自高。貧悟交遊秋後葉，老看富貴霧中花。從來盡說天堪問，天到如今亦厭煩』，楊蘭坡（穎士）『倘來軒冕何須問，分定功名不在

---

〔註26〕 蕭華榮：《導言：中國詩學思想的邏輯發展》，載蕭華榮：《中國詩學思想史》，第 3 頁。

〔註27〕 蕭華榮：《導言：中國詩學思想的邏輯發展》，載蕭華榮：《中國詩學思想史》，第 3 頁。

〔註28〕 蕭華榮：《中國詩學思想史》，華東師範大學出版社，1996 年，第 157 頁。

忙』。」〔註29〕可見，這裡的「詩學」專指狹義的詩歌創作。

　　「《詩》學」、「詩經學」和「《詩經》學」三個概念可以說是「關於《詩》或《詩經》的研究」的不同表達形式，學術界皆有使用。金公亮通用「《詩經》學」、「《詩》學」、「詩學」與「詩經學」，中間一處「《詩經學》」形式疑爲誤用標號〔註30〕。劉毓慶在《從經學到文學——明代〈詩經〉學史論》中通用「《詩》學」、「《詩經》學」與「《詩經》研究」〔註31〕；夏傳才先生在給劉毓慶《歷代詩經著述考（先秦——元代）》作的《序》中從前到後貫穿的則是「《詩經》學」〔註32〕；洪湛侯《詩經學史》則主要採取了「詩經學」的形式〔註33〕。

　　這三個概念內涵和外延是比較明晰的，儘管在具體所指的時限上可能會有細微的差別，如果注意經學時期對典籍理解和闡釋的影響，後兩個概念與前一個便有時限的不同。如不糾纏於這種爭論，《詩》與《詩經》指同一文本和文化現象，《詩》學與《詩經》學可以通約，當然也可以簡稱爲「詩經學」，如關於《周易》的學問可以簡稱爲「易學」一樣。但爲了更加鮮明地體現「儒學的歷史實際上是儒家典籍闡釋的歷史」這一闡釋現象對經典的依託性，筆者更傾向於使用「《詩經》學」的表達形式。

　　2. 《詩經》學簡史及其定義

　　「經者，載籍之共名，非『六藝』所得專」〔註34〕，「經」本是用來指稱典籍的，在「經學時代」得到尊崇而變得狹隘和專門，則是另一回事。對《詩經》也應如是看。

　　《詩經》是中國古代重要的儒家經典，受到了歷代學者的重視，被以不同的方式闡釋著，形成了一門鮮明的《詩經》學，它的歷時性變化呈現出《詩經》學學術史的基本概貌。先秦《詩》學是《詩經》學研究的萌芽期和始創

〔註29〕〔宋〕俞文豹：《吹劍錄全編·吹劍四錄》，張宗祥校訂本，古典文學出版社，1958 年，第 131 頁。

〔註30〕金公亮：《詩經學 ABC》第十一《詩經學的流派》，世界書局，1929 年，第140 頁。

〔註31〕劉毓慶：《從經學到文學——明代〈詩經〉學史論》，商務印書館，2001 年。

〔註32〕夏傳才：《序》，載劉毓慶：《歷代詩經著述考（先秦——元代）》，中華書局，2002 年，第 1～3 頁。

〔註33〕洪湛侯編著：《詩經學史》，中華書局，2002 年。

〔註34〕馬宗霍：《中國經學史·序》，商務印書館，1936 年第 1 版，1998 年影印第 1版，第 1 頁。

期，當時諸子散文和歷史散文大多零星引用其中的詩句，是「不學詩，無以言」(《論語・季氏第十六》) 的現實佐證，自從《莊子・天運》提出「六經」的說法，《禮記・經解》稱《詩》為經，反映了戰國晚期至秦漢時期學者的新認識，也可以被視為先秦《詩》學向漢代《詩經》學過渡的標誌。漢代《詩經》學以箋注疏證為主，是一種箋注之學，體現了漢學的基本特徵，且延及魏晉隋唐。唐代的《五經正義》不僅是對前者的總結，同時以「南學」統一「北學」，注重義理，因而醞釀著對宋代學術的開啓。注重義理的闡發確立了宋學 (包括宋代《詩經》學) 在學術史上的獨特地位，即義理之學，它為學術史的發展開闢了新的方向，拓寬了理論研究的空間，籠罩宋明，波及清代和近代。儘管歷史上曾展開過不少次宋學和漢學的爭論，且在清代皆有一定的復興，但兩者並非截然對立，相互吸收兼采所長時有湧現，如戴震的《詩經補注》〔註35〕就能充分體現這一情況。《詩經》也備受現當代學者的重視，他們採取多種方法展開研究，尤其是二十世紀八十年代中期以後，不少中青年學者引進西方的研究方法，使《詩經》研究異彩紛呈、重新煥發活力和生命力，《詩經》學及《詩經》學研究出現了新的局面。

經學是儒學中主導的、貫穿經學時期 (漢代至清末) 始終的學術內容和形式，是對儒家經典〔註36〕所蘊含的思想內容的闡發 (包括賦予) 及其文字、名物等的訓詁考證。儒學的這種學術形態和規模在漢代就已形成並臻於極盛，歷經唐、宋、元、明漸趨衰落，迄至清代又呈現復興之勢，但考據方法更趨細密，思想意蘊的發掘則無多新進〔註37〕。而在宋代，則對所謂「一貫」之旨、精微之理、心性之義的闡發倍加重視，學術特色也極其鮮明。經學的所指也有兩種，狹義經學是指作為儒學理論形態或思潮的漢代經學，廣義的經學則是指貫穿漢代至清末古代傳統社會的儒學學術形態 (包括兩漢經學、魏晉玄學、宋明理學、清代實學等)。

《詩經》學與經學相關，但又不僅僅限於經學。從時期上粗略劃分，《詩

---

〔註35〕 戴震《毛鄭詩考正》無明言採朱子之說，據周予同先生考察戴震《詩經補注》多采朱子《詩集傳》觀點 (周予同《經學歷史》注，第317頁)。

〔註36〕 從漢代的「五經」(《詩》、《書》、《禮》、《易》、《春秋》)、「七經」(五經加《孝經》和《論語》)，到唐代的「九經」(《詩》、《書》、《易》、三《禮》、三《傳》)、「十二經」(九經加《論語》、《孝經》、《爾雅》)，到宋代的「十三經」(十二經加《孟子》)。

〔註37〕 崔大華：《莊學研究》，人民出版社，1992年，第416頁。

經》學包括先秦《詩》學、經學時期的《詩經》學及現當代《詩經》學。經
學時期的《詩經》學又可分爲漢唐《詩經》學、宋明《詩經》學及清代《詩
經》學，也有學者根據學術方法和風格，分爲《詩經》漢學、《詩經》宋學與
《詩經》清學（洪湛侯《詩經學史》）。

　　《詩經》學的較恰切的定義，在對《詩經》學史簡要回顧的基礎上會逐
漸明晰起來，即關於《詩經》及其相關內容的系統研究，相關內容包括社會
生活、思想文化、篇章主旨、資料考辨、研究方法、研究史等。現代學者胡
樸安在《詩經學·緒論》中認爲，「詩經學者，關於《詩經》之本身，及歷代
治《詩經》者之派別，並據各家之著作，研究其分類，而成一有統系之學也」
〔註38〕，不難看到，這裡的定義，涉及三點，即《詩經》學的研究對象、研
究任務、學科特點，儘管在各方面的具體規定上顯得粗疏，但已初具規模，
主要的問題已經提出來了。尤其值得注意的是，胡樸安使用的概念形式儘管
是「詩經學」而不是「《詩經》學」，但他又作了三條明確的說明：

　　　　（一）詩經學者，學也。學也者，以廣博之徵引，詳慎之思審，
　　明確之辨別，然後下的當之判斷也。所以詩經學者，非《詩經》也。
　　《詩經》者，古書之一種。詩經學者，所以研究此古書者也。凡關
　　於《詩經》之種種問題，以徵引、思審、辨別、判斷之法行之。判
　　斷之的當與否，視其辨別；辨別之明確與否，視其思審；思審之詳
　　慎與否，視其徵引。故學也者：以廣博之徵引始，經過詳慎之思審，
　　明確之辨別，以求得的當之判斷爲事也。

　　　　（二）詩經學者，關於《詩經》一切之學也。《詩經》之本身，
　　僅三百篇而止。《詩經》一切之學，即歷代治《詩經》者之著作是也。
　　《詩經》之本身，除文章學外，無他學術上之價值。《詩經》一切之
　　學，授受異而派別立，派別立而思想歧。思想之影響於時代，社會
　　道德之變遷，國家政治之因革，皆有關係焉。所以詩經學，一爲研
　　究《詩經》時代之思想，一爲研究治《詩經》者各時代之思想，而
　　並求其思想變遷之迹。

　　　　（三）詩經學者，關於《詩經》一切之學，按學術之分類，而
　　求其有統系之學也。學術之分類，當於學術上有獨立之價值。《詩經》

---

〔註38〕　胡樸安：《詩經學》，商務印書館，1928 年，1933 年第 1 版，第 2 頁。

> 一切之學，包括文字、文章、史地、禮教、博物而渾同之，必使各
> 各獨立；然後一類之學術，自成一類之統系。詩經學者，依《詩經》
> 一切之學，分歸各類，使有統系之可循。所以詩經學，一為整理《詩
> 經》之方法，一為整理一切國學之方法。〔註39〕

每一條都緊緊圍繞著《詩經》這部文化典籍，儘管沒有局限於《詩經》文本的文學或文章學層面，但其所指的「詩經學」卻是「關於《詩經》的一切學問」，也就是我們所說的「《詩經》學」。這三條在今天看來依然有振聾發聵的意義，第一條按照學術研究的特徵推論出衡量《詩經》學的判斷標準；第二條突出《詩經》學的學術價值，尤其是《詩經》的思想研究與《詩經》學的思想史研究價值，可以不誇張地說胡樸安是這個領域的先覺者；第三條獨倡《詩經》學分類和統系化研究，實際上是現代《詩經》學學科研究自覺的表現，以分類歸納、分析綜合為特徵。

當然，「《詩經》學」的概念還是很難避免外延寬泛、內涵模糊的指責。當年胡樸安在使用「詩經學」一詞時也是作為權宜之計，「一方面為舊者之結束，一方面為新者之引導也」，正是「實嫌籠統」〔註40〕。但「《詩經》學」不妨作為總名，而其他的分門別類的研究則係之於對《詩經》性質的認定與所採取的研究方法。而胡樸安還沒有明確地意識到他所探討的《詩經》學研究視野的變化，最終是因為對《詩經》的性質有了新的界定，而在事實上他已經付諸實施了。

## 二、《詩經》的性質確認與《詩經》學研究

現當代《詩經》學研究對《詩經》文本的特點和屬性有基本一致的判斷，即多重性和多元性，包括文學性、經學性、歷史性、民俗性、文化性、博物性等方面。而這種判斷和研究方法是分不開的。

對《詩經》屬性的確認與研究方法的選擇相互決定、相互作用，對《詩經》文本屬性的判斷會給方法選擇提供更明確的目的性，而某種方法的選擇又有意無意地導向或增強了對某種屬性的認知，這種有限的尷尬的循環使學術研究在呈現出鮮明的特色、明晰性的同時又不可避免地具有片面性、模糊

---

〔註39〕 胡樸安：《緒論》，載胡樸安：《詩經學》，商務印書館，1928年，1933年第1版，第2～3頁。

〔註40〕 胡樸安：《緒論》，載胡樸安：《詩經學》，商務印書館，1928年，1933年第1版，第1頁。

性。

　　關於《詩經》性質的討論直接決定了研究方法的選擇，當然對研究結論和側重點也會有制約作用，也就是說會影響到該研究學科性質的歸屬。

　　《詩經》文本具有多重屬性，在古代傳統社會中占主導地位的是《詩經》的經學屬性和文化屬性，在闡發和建構中國傳統文化、塑造民族精神中發揮著重要作用。歷來《詩》《騷》並稱，不排除歷史上有以文學眼光對待以及在《詩經》學中觸及《詩經》文學性的現象。五四以後，《詩經》研究逐漸實現了與經學的脫離，並獲得獨立，學者們開始以文學性作為《詩經》的基本屬性，展開豐富的《詩經》文學研究。但是《詩經》的多角度研究依然沒有中斷。金公亮《詩經學 ABC》中就列了現代《詩經》研究的兩個目標、九大領域〔註41〕。即使當代著名《詩經》學研究專家夏傳才先生既號召「回歸文本」、鼓勵創新，同時也倡導展開多角度、多學科的研究〔註 42〕。現當代不少學者很重視《詩經》及《詩經》的史學價值和文化意義。日本吉川幸次郎（1904～1980）明確地認為，不能完全斷定《詩經》充分具有文學的性質，因為它不純粹以美的感動為目的〔註 43〕。關於《詩經》文本的歷史價值，在今天依然被人重視和討論。「從歷史價值角度言，《詩經》305 篇整體，實際上就是一部全面反映西周、春秋歷史的極好材料，它全方位、多側面、多角度地記錄

〔註41〕　金公亮將現代《詩經》研究目標分為「情意方面」（情感的陶養、德性的鍛鍊）與「知的方面」（專從學術方面去研究），後者包括文學、史學、社會學、政治學、文字學、文化學、修辭學、博物學、音樂等九大領域（金公亮：《詩經學 ABC》第十二《詩經》的價值和讀法，世界書局，1929 年，第 145～149 頁）。

〔註42〕　當然，八十年代初，夏先生《詩經》研究史概要》研究旨趣是恢復《詩經》的本來面目，即作為文學文本存在的《詩經》，明顯受到古史辨派治學方法的影響，認為「《詩經》是儒家的經典，在長期封建社會中，國家規定為政治倫理教科書，因此《詩經》研究以經學為主體。經學自然以宣揚儒家教義為基本內容，不能不嚴重地掩蓋《詩經》的本來面目」（夏傳才：《詩經》研究史概要·序，中州書畫社，1982 年，第 2 頁）；「要明確的第一個基本概念是：《詩經》不是一部經書，而是最古的一部詩歌選集」，「我們現在還叫它《詩經》，只是按照習慣，沿用已經兩千年的舊稱。對它的思想內容和藝術形式都不當作什麼典範」（夏傳才：《詩經》研究史概要·序，中州書畫社，1982 年，第 3 頁）；另，由該書主體（前十三篇論文），以大量篇幅論述魯迅、胡適和古史辨派、郭沫若、聞一多等人恢復《詩經》本來面目的研究也可看出，篇幅幾近全書的三分之一（72 頁／270 頁）。這也從另一個側面印證了《詩經》文本屬性的確定與研究重點與方法選擇之間息息相關。

〔註43〕　參見張哲俊：《吉川幸次郎研究》，中華書局，2004 年，第 113 頁。

了從西周到春秋（亦包括商代）的歷史發展與現實狀況，其涉及面之廣，幾乎包括了社會的全部方面——政治、經濟、軍事、民俗、文化、文學、藝術等。後世史學家的史書敘述這一歷史階段狀況時，相當部分依據了《詩經》的記載」〔註44〕。

認爲《詩經》從經學向文學的轉變、屬性由雜多性走向單一性是今人的觀念，即以文學標準和視野觀照《詩經》及《詩經》學史的必然結果〔註45〕。任何研究都會有一定的視域和局限，它在照亮光明的同時也會啓發人們還有更多的黑暗。這促使我們反思研究的視角和合適性。夏傳才先生曾指出在《詩經》學研究中接受美學不是闡釋學，「闡釋學的任務是對文獻文本作出準確詮釋而使讀者能夠正確接受，這與個人藝術鑒賞是兩回事。所以，當代接受美學只能是鑒賞學的理論，而不能作爲闡釋學的理論」〔註46〕，頗有見地，因爲接受美學過分地強調了接受者的感受、理解和創造，忽視了文本及語境（廣義的，包括時世、時代、闡釋者的思想和視域等）的制約性，因此，合適的研究應注意主客等多方面因素的交融和作用，不少學者（如李學勤等先生）主張按照古代的思想學術方式研究古代思想學術史，即出於這種考慮。當然，這裡並沒有否定《詩經》文學研究的價值和意義，而是突顯在思想學術史角度下《詩經》及《詩經》學的文化價值和思想學術意義。

現代《詩經》學研究的展開，取決於對《詩經》的特質和多重學科價值的認定，這使運用多種方法、從多個角度對《詩經》和《詩經》學展開研究有了可能。夏傳才先生認爲「《詩經》的特質是什麼呢抬它是用先秦漢語記錄的中國上古時代的一部詩歌集，是出自各階級階層的作者而比較全面的反映周代的社會生活和意識形態，具有文學的、語言學的、歷史和文化學的多重價值」，「多元的、多學科、跨學科和跨文化的、全方位、多層面、多種模式的研究，是《詩經》研究轉型期的特徵」〔註47〕。拙著從思想學術史角度對

---

〔註44〕 徐志嘯：《論〈詩經〉的社會功用及其多重價值》，載中國詩經學會編：《詩經研究叢刊》（第六輯），學苑出版社，2004年，第159頁。

〔註45〕 郜其昌認爲《詩序》和《鄭箋》將「一部形象生動的文學作品的《詩經》完全給歷史化了。這對後世理解和詮釋《詩經》有極其重大的影響，對《詩經》學研究由經學走向文學有很大的阻礙作用」（郜其昌：《「以〈詩〉説〈詩〉」與「以〈序〉解〈詩〉」——朱熹〈詩經〉詮釋學美學基本原則研究之二》，載中國詩經學會編：《詩經研究叢刊》（第六輯），學苑出版社，2004年，第135頁）。

〔註46〕 夏傳才：《思無邪齋詩經論稿》，學苑出版社，2000年，第282頁。

〔註47〕 夏傳才：《現代詩經學的發展與展望》，《文學遺產》1997年第3期。

《詩經》學進行斷代的研究和總結，也即源於這種考慮和認定。

　　以上側重《詩經》性質判斷對《詩經》及《詩經》學研究方法的影響。但二者又是相互作用，密不可分的。

　　如果從這個角度出發，關於《詩經》屬性的爭議可以約簡為關於《詩經》研究方法的爭議，同樣，關於《詩經》及《詩經》學的屬性與價值判斷的合適性也可轉換為關於《詩經》及《詩經》學研究方法的正當性與合理性判斷。聞一多先生在《風詩類鈔・序例提綱》中提及的四種讀法〔註48〕，包括「三種舊的讀法」，即「經學的、歷史的、文學的」的方法，它們根源並決定於對《詩經》經學性、歷史性和文學性的斷定，而該書所用的新的讀法，即「社會學」的方法，則決定和被決定於對《詩經》社會性、民俗性的認定，以後的文化學、神話學、博物學的研究也是如此。不同方法和學科的研究可以相互補充促進，不必厚此而薄彼，洪湛侯《詩經學史》介紹現當代《詩經》研究的多向展開也能體現這個特點。但這是同一立足點，即關注《詩經》文本自身與其所反映的時代、生活及精神等，是一「過去時」的研究，儘管方法可以更加現代一些。如果由關注《詩經》文本進而轉至《詩經》研究者的思想，則情形更加複雜、生動、深刻，在思想的流動脈絡中來把握《詩經》學的實質，則是另一個立足點。

　　針對《詩經》文本進行的研究而形成的《詩經》學，出自不同時代、不同思想的闡釋者，因而有明顯的歷史性、歷時性，能在一定程度上體現出某段時期思想學術的發展歷程，所以以歷史研究的方法進行就不僅是可能的而且是合適的。

## 三、《詩經》和《詩經》學的歷史學和思想史研究

　　《詩經》和《詩經》學的歷史學和思想史研究，源遠流長。

### （一）古代兩個解《詩》傳統的開出

　　歷史上，自覺不自覺地以思想史或類似於思想史的研究方法解釋《詩經》的傳統很久遠，視《詩經》為詩作者或詩作產生時代、社會的思想寫照，而占主要地位的則是因《詩經》而啟迪的思想、領悟的「聖人之志」，這種思想（依託於「志」）受制於經學時代（由漢代至清末）的解經價值觀念，同時又

---

〔註48〕聞一多：《風詩類鈔》，載聞一多：《詩選與校箋》，古籍出版社，1956 年，第5 頁。

不是一成不變的。領悟經典的實質是闡釋思想和闡釋方法的整合和發展，由此而形成了不同時代的經學思想和方法，從而有漢唐之學、宋明之學、清代之學的劃分。

對於《詩經》的研究應最晚起於春秋時期，儘管學術界對這個時期「賦詩言志」現象的本質和價值還有不同的看法，一般認為不是嚴格意義上的研究，而是「用《詩》」的階段，是「不學詩，無以言」（《論語·季氏第十六》）的表現，但毋庸置疑，外交辭令中的「用《詩》」是在雙方對詩歌主旨、詩句及各自的歷史、外交目的等深入瞭解的基礎上進行的，否則基於「斷章取義」的運用和理解就會出現偏差，甚至給賦詩者招來殺身之禍，所以當時用《詩》實踐可能會昭示出《詩》的本義所在及引申義的衍生過程，因而有一定的「研究」因素。清末經今文學家皮錫瑞認為「蓋古以《詩》《書》禮樂造士，人人皆能誦習。《詩》與樂相比附，人人皆能絃歌，賓客燕享，賦詩明志，不自陳說，但取諷諭，此為春秋最文明之事。亦惟其在詩義大明之日，詩人本旨無不瞭然於心，故賦詩斷章無不暗解其意，而引《詩》以證義者無不如自己出，其為正義，為旁義，無有淆混而歧誤也」〔註49〕，就突出了這一點。

《論語》談到《詩》的「興、觀、群、怨」功能和「思無邪」本質，對後世影響很大。但更值得注意的是其中兩個解《詩》傳統的開出。

一是以禮解《詩》，注重仁禮關係。「子夏問曰：『巧笑倩兮，美目盼兮，素以為絢兮，何謂也？』子曰：『繪事後素。』曰：『禮後乎？』子曰：『起予者商也，始可與言《詩》已矣。』」（《論語·八佾篇第三》）「巧笑倩兮，美目盼兮」出自《衛風·碩人》，多解為描寫衛宣姜或莊姜的美貌，「素以為絢兮」宋代有人認為是逸詩〔註50〕，子夏由絢（彩色）和素（粉地）的關係而領悟到禮與「仁」的次第〔註51〕，漢唐學者張大此風，以鄭玄為代表，並認為《詩序》的作者或主要作者即子夏。

一是以理解《詩》，注重心性修養。「子貢曰：『《詩》云：如切如磋，如琢如磨，其斯之謂歟？』子曰：『賜也，始可與言《詩》已矣。告諸往而知來

---

〔註49〕〔清〕皮錫瑞：《經學通論》二《詩經·論〈詩〉有正義有旁義即古義亦未盡可信》，中華書局，1954年，第3頁。

〔註50〕朱熹認為此三句「逸詩也」（《論語集注》卷二《八佾篇第三》）。

〔註51〕宋代學者解為「忠信」，與曾子理解的「忠恕」已有差別，這裡以《論語》的主導思想「仁」為主，「子曰：『人而不仁，如禮何？人而不仁，如樂何？』」（《論語·八佾篇第三》）

者。』」(《論語‧學而篇第一》)「如切如磋，如琢如磨」出自《衛風‧淇奧》，一般解爲衛武公謙抑修德。在夫子的啓發下，子貢由「無諂」、「無驕」而「知義理之無窮」〔註52〕，這種方法是宋明《詩經》學的主導方法，而否定鄭毛、懷疑《詩序》進而擯斥《詩序》、疑經之風也以這個時期最烈（主要指宋代）。而清代之學則基本表現出兼采所長、由宋學返漢學、螺旋上昇的回歸特徵，有些學者將這個過程推進得更早，艾爾曼就認爲「晚明儒學著作已出現初步的回歸漢學的動向」〔註53〕。

《中庸》，相傳爲子思所作。「詩云：『鳶飛戾天，魚躍于淵。』言其上下察也。」(《中庸章句》)，「鳶飛戾天，魚躍于淵」出自《大雅‧文王之什‧旱麓》，言觀天察地的治學功夫，程頤曾作過高度評價，認爲是治學的切要(《粹言》)，又說「此一節，子思吃緊爲人處，活潑潑地，讀者其致思焉」(《中庸章句》)，朱熹認爲「子思引此詩以明化育流行，上下昭著，莫非此理之用，所謂費也。然其所以然者，則非見聞所及，所謂隱也」(《中庸章句》)，雖有方法與理的側重，但脈絡相連。《孟子》繼承了這個傳統，「吾聞出於幽谷遷於喬木者，末聞下喬木而入於幽谷者」〔註54〕，「出自幽谷，遷于喬木」出自《小雅‧伐木》，孟子以此批評「見許行而大悅，盡棄其學而學焉」的陳相，詩句就有了道德倫理意義和治學方法高下的評價因素。

《荀子》主要繼承了第一種解《詩》方法，重視「禮」。漢代「四家《詩》」都有可能淵源於荀學，《禮記‧經解》稱《詩》以「經」，有學者認爲和荀學有關（洪湛侯《詩經學史》），但宋代不少學者懷疑《經解》(《粹言》)。宋代，學者以遙承孔孟道統自任，多崇《孟》抑《荀》，認爲荀子重末，忽本，不能兼內外(《粹言》)，甚至當代學者還有認爲「在宋代，孟子的『性善』、『修身』學說與荀子的『性惡』、『化性起僞』學說之間的衝突達到了白熱化的程度」〔註55〕，以理說《詩》大興，與孟學的復興、《四書》之學的興起有內在關係，從而宋代《詩經》學與理學產生了千絲萬縷的聯繫，由宋代《詩經》

〔註52〕　《論語集注》卷一《學而篇第一》。
〔註53〕　〔美〕艾爾曼（Benjamin A. Elman）：《經學、政治和宗族──中華帝國晚期常州今文學派研究》，趙剛譯本，江蘇人民出版社，1998 年，第 55 頁。
〔註54〕　《孟子集注》卷五《滕文公章句上》。
〔註55〕　〔美〕費正清（John King Fairbank）、賴肖爾（E. O. Reischauer）：《中國：傳統與變遷》，張沛、張源、顧思兼譯本，世界知識出版社，2002 年，第 170 頁。

學而觀照理學思想的演變，由理學而把握宋代《詩經》學的內在邏輯皆有了可能，這正是拙作的論述重點。

## （二）現代對《詩經》及《詩經》學的思想學術史研究

章學誠和古史辨派的經學的歷史觀，這種觀念甚至可以直接追溯至王通和呂祖謙──呂氏說「看《詩》即是（看）史」〔註56〕。隨著古代傳統社會的結束，經學優越的政治地位和政治基礎已瓦解，以經學的觀念和方法把握古代文化典籍被視為不合時宜。

### 1.「五四」前後《詩經》學及《詩經》學史研究的變化

《詩經》學作為學術史的關注對象，經歷了一個由綜合到獨立的過程。清末皮錫瑞《經學歷史》以十章〔註57〕簡述歷代經學的演變，發生發展、分合變遷，雖有經今文學的立場，但基本可以融通今古文、漢宋學。對宋學不無批評，但也並非完全排斥，認為其開積弱之習氣，屬於變古時代，但宋儒還有學術「底子」（指章句注疏之學），而將經學發展的低谷置於明代《五經大全》等書編撰的時期。大多情況下，皮錫瑞先整體概括某一時段的經學演變狀況、學術特點，然後按《易》、《書》、《詩》、《禮》、《春秋》的順序作分別簡介。就《詩經》學言，脈絡初具，勾勒條貫，略作評價，已區別於歷代史書的《藝文志》或《經籍志》的著作目錄條列了，有開風氣的貢獻，周予同先生評價很高。近代劉師培《經學教科書》以「課」的形式，每課專門講述某一時段的具體的經學學科門類，雖也十分簡約，但扼要中肯。如宋代《詩經》學，就以歐陽修為新風氣之開創者，以攻《序》和宗《序》劃分脈絡，以「惟以義理擅長」概括陸學學者的《詩經》學研究。這兩部著作雖還不是《詩經》學專門、系統、集中的研究，但已將《詩經》學作為研究的重要構成部分。寫就於1928年冬的傅斯年的《詩經講義稿》已明確將《詩經》和《詩經》學作為專門的研究對象，首先歷陳《詩經》學的歷史和研究狀況，名為《泛論〈詩經〉學》，已有《詩經》學研究簡史的性質，也可能是現代使用「《詩經》學」概念較早的人之一。還有謝无量的《詩經研究》、胡樸安的《詩經學》、金公亮的《詩經學 ABC》等《詩經》學總論性質的著作，而且滲透著明顯的

〔註56〕《太史外集》卷五《拾遺・己亥秋所記》，續金華叢書本。
〔註57〕這十部分依次為《經學開闢時代》、《經學流傳時代》、《經學昌明時代》、《經學極盛時代》、《經學中衰時代》、《經學分立時代》、《經學統一時代》、《經學變古時代》、《經學積衰時代》、《經學復盛時代》。

史學觀念和史學方法。

　　謝无量在《詩經研究》第二章《詩經與當時社會之情勢》第一節《古代固有之思想》中，發掘了《詩經》中的「天人合一」觀念與「效天法祖」意識，解《烝民》時認爲「人類的本分，應當努力拿天的人格來做道德的標準。保存他所受那好的分量，以復還他天地之性」〔註58〕；第四章《詩經的道德觀》第二節《關於個人的道德》，詳列厚重、謹愼、克己、勤儉四種，並認爲「我國古代學說，總是以一身爲本。集身就成了家，集家就成了國。一身正則一家正，一家正則一國正。所以先要造成個人完全的道德」〔註59〕，將一些後起的觀念和思想滲透進早先的典籍，顯得比較粗淺和混雜。謝无量指出「詩與歷史，最有關係。周代采詩，本用史官。詩就是一種史料」「詩本是史的一種」〔註60〕，他引用《文中子》「子謂薛收曰，昔聖人述史三焉。其述書也，帝王之制備矣，故索焉而皆獲。其述詩也，興廢之由顯矣，故究焉而皆得。其述春秋也，邪正之迹明矣，故考焉而皆當」〔註61〕，姑且不考慮《文中子》的眞僞問題，實際上此處所引《文中子》論《詩》的歷史功能也只是「用《詩》」的一種體現而已，未必是《詩》的本質和全貌，但至少可說明《詩經》曾經承擔著記錄和表述歷史的功能，並被賦予歷史學的屬性。

　　胡樸安認爲研究《詩經》的角度很重要，「今日對於《詩經》一書，不當以不刊之經典視之，當以已往之歷史觀之」〔註62〕。金公亮除指出《詩經》在古代的教育、文學、音樂價值在現代依然存在外，特別強調「《詩經》還有歷史方面的價值」〔註63〕，認爲「史學——範圍最大，凡詩人時代的社會生活狀況、思想、政治〔註64〕等都可於此中求之，而收穫亦最確實有效」〔註65〕。金公亮1928年11月17日爲自己《詩經學 ABC》寫的《序》中說「著者個人

〔註58〕 謝无量：《詩經研究》，商務印書館，1923年初版，1935年第1版，第53頁。
〔註59〕 謝无量：《詩經研究》，商務印書館，1923年初版，1935年第1版，第123～124頁。
〔註60〕 謝无量：《詩經研究》，商務印書館，1923年初版，1935年第1版，第70頁。
〔註61〕 謝无量：《詩經研究》，商務印書館，1923年初版，1935年第1版，第70頁。
〔註62〕 胡樸安：《詩經學》，商務印書館，1928年初版，1933年第1版，第78頁。
〔註63〕 金公亮：《詩經學 ABC》第十二《〈詩經〉的價值和讀法》，世界書局，1929年，第145頁。
〔註64〕 此處刪節一頓號。
〔註65〕 金公亮：《詩經學 ABC》第十二《〈詩經〉的價值和讀法》，世界書局，1929年，第146頁。

對於《詩經》的主張，頗與朱熹、鄭樵、崔述相近，在本書中頗多採用他們的見解，但亦不是完全一致。朱子疑古而不敢放言抗論，鄭樵敢於抗言而不徹底，惟崔述獨標新解，能夠不爲前人所束縛，言人之所不敢言，極有學者態度」，「研究《詩經》應該要有崔述的精神，要打破偶像，凡前人陋解，《序》文謬說，一概屏棄，就詩言詩，求其會通」〔註66〕。這可以看出「五四」後對宋代《詩經》學疑古精神的重視，與當時疑古學風有關。朱熹、鄭樵，甚至王柏等得到重視，在胡適、傅斯年、顧頡剛、聞一多、鄭振鐸等先生的研究中有所體現。

二十世紀前半期，胡適、聞一多、鄭振鐸、顧頡剛等從文學、民俗學、歷史學多個角度對《詩經》展開研究，從傳統注疏的層層累積中逐漸挖掘出《詩經》的本相，與古史辨派的「層層累積」的歷史觀有密切關係。顧頡剛先生曾以「歷史觀念」與「倫理觀念」之間的關係勾勒《詩經》學史：

> 我們可把自漢至今的詩學分做（作）三期。第一期是漢，那時只有倫理觀念，沒有歷史觀念，所以不承認《詩經》在古代歷史上的價值而只承認它在漢代的倫理上的價值。第二期是宋，那時既有倫理觀念，又有歷史觀念，在歷史觀念上不肯不指出它在古代社會的眞相，而在倫理觀念上又不忍不維持孔子在經書上的權威，結果弄得聖道與非聖道糾纏不清，沒法「一以貫之」。第三期是現在，我們把歷史觀念和倫理觀念分開了，我們讀《詩經》時並不希望自己在這部古書上增進道德〔註67〕，而只想在這部古書裏增進自己的歷史智（知）識〔註68〕。就是漢人宋人之說，我們雖覺得它對於經書的本身或者無益，或者有害，但我們也想在這些書裏增進自己的歷史智（知）識，要把他們所受的時代影響及其在經書上所發生的影響一一抉出，而加入漢和宋的歷史裏。〔註69〕

這裡的「歷史觀念」實際上就是對歷史本相的洞察，而「倫理觀念」則是對道德價值的判斷，漢人說《詩》並非沒有歷史的意識，否則「正變」、「美刺」無從落腳，而是將詩篇一一對應於周王和各諸侯的世系遞變上，以見風俗之

---

〔註66〕 金公亮：《詩經學 ABC・序》，世界書局，1929 年，第 2 頁。
〔註67〕 原注：因爲我們應守的道德自有現時代的道德觀念指示我們。
〔註68〕 原注：周代的文學史，周代的風俗制度史，周代的道德觀念史……。
〔註69〕 顧頡剛：《序》，載〔宋〕王柏：《詩疑》，顧頡剛校點本，景山書社，1930 年，第 9～10 頁。

興衰，但這不是顧先生所理解的「歷史觀念」，所以漢人只剩下以《禮》說《詩》的「道德觀念」；而宋人則處於二者的糾葛和矛盾中，這是說既「因文見義」，又賦以義理；而現代人則可以從「倫理觀念」中跳出來，只以史學作尺度，存留「歷史觀念」。值得注意的是，顧先生提到漢宋研究《詩經》的著作可以作爲歷史的研究對象，其意義在於瞭解兩個方面：一是著作者所受到的各自時代的影響，一是漢宋研究著作通過各自的時代而施加於《詩經》的影響。因而也可以將那些時代的歷史因素提煉出來，反歸至各自的時代。宋代《詩經》學思想學術史研究也可以在此找到理論的依據。

### 2. 現代《詩經》及《詩經》學的思想史研究

《詩經》研究注重文本自身的全面考察和具體分析，現代《詩經》學研究呈現出新的氣象和面貌。郭沫若、翦伯贊、呂振羽、聞一多、范文瀾、白壽彝等先生對《詩經》的社會史、宗教史研究，侯外廬、邱漢生等先生對《詩經》的思想史研究就是這種氣象的一部分。

郭沫若先生根據《詩經》記載，論述周代的農業文明、生活狀況與奴隸制度，揭示周代奴隸社會的生產方式和社會關係特徵，還主要側重社會史研究，但已論及這個時期宗教思想確立與動搖的歷史變化過程。《中國古代社會研究》中《〈詩〉〈書〉時代的社會變革與其思想上之反映》將《詩經》作爲史料，分析殷周社會結構和意識形態的發展變化〔註70〕，《青銅時代》中的《由周代農事詩論到周代社會》，以《詩經》中的十首農事詩作爲分析社會的史料〔註71〕，另外《奴隸制時代》中的《關於周代社會的討論》、《簡單地談談詩經》也是認爲《詩經》具有史料價值（當然也有文學價值）〔註72〕。夏傳才先生認爲「郭沫若是我國馬克思主義《詩經》研究的奠基者之一」〔註73〕。

翦伯贊先生《先秦史》第十八章《西周社會的意識諸形態》，引用《詩經》詩例異常豐富，論述西周宗教形態，即天道設教與祖先崇拜，尤其是揭示「天統」與「人統」的關係，即「下帝」與「上帝」之間的血統關係，觸及了一些思想信仰問題，但還未及展開深化。同時，他還以《詩經》詩篇爲例，說明這個時期天文、文學、音樂、舞蹈等方面的成就，也是將《詩經》視爲歷

---

〔註70〕郭沫若：《中國古代社會研究》，人民出版社，1954年版。
〔註71〕郭沫若：《青銅時代》，人民出版社，1954年版。
〔註72〕郭沫若：《奴隸制時代》，人民出版社，1954年版。
〔註73〕夏傳才：《〈詩經〉研究史概要》，中州書畫社，1982年，第290頁。

史的證據。〔註74〕

　　呂振羽先生在對待《詩經》的史料性質時則表現得比較特殊。一方面，他肯定《詩經》詩篇的思想性，認爲「事實上，在《詩經》中，便包含著當時社會各階層的諸流派，就《詩經》說，除雅、頌而外之所謂風，大抵都是當時民間的謠歌，可作爲反映農民的一些要求和情調的作品；所謂雅、頌，大抵可說是代表封建領主各階層的思想和情調的作品，並表現爲歌功頌德和欺騙被統治者的東西」〔註75〕，但他在論述這個時期的歷史狀況時，除根據《小雅·白華》「滮池北流，浸彼稻田」揭示借河渠行灌溉的事實〔註76〕等之外，在論及思想信仰問題時寧願使用《墨子·天志》等材料，較少採用《詩經》爲據，或許是耐人尋味的。

　　這個時期集中的《詩經》學思想史研究領域已引起了學者們的關注。

　　胡樸安早在《詩經學·緒論》中已經提出「詩經學，一爲研究《詩經》時代之思想，一爲研究治《詩經》者各時代之思想，而並求其思想變遷之迹」〔註77〕，突出《詩經》學的學術價值，尤其是《詩經》的思想研究與《詩經》學的思想史研究價值，可以說他是現代《詩經》學思想學術史研究領域的先覺者（可參見前文）。但是這個領域研究的具體而系統地展開則以侯外廬和邱漢生等先生爲代表，侯外廬先生側重胡樸安所說的「研究《詩經》時代之思想」，而邱漢生先生則側重胡樸安所說的「研究治《詩經》者各時代之思想」。

　　侯外廬先生根據「變風」、「變雅」（主要是「變雅」）討論西周末至春秋之交「王道衰微」時期的思想變化，涉及社會的現實狀況、政治情形、階層變化、思想狀況，尤其是「天命」觀念的變化。他首先捕捉到「變雅」反映的社會階級矛盾和社會變動消息，即「氏族貴族的沒落」〔註78〕與「國民資格的顯族」〔註79〕的興起，「中國古代社會的眞實矛盾，產生了周代的悲劇思

---

〔註74〕 翦伯贊：《先秦史》，北京大學出版社，1999 年第 2 版，第 269～280 頁。

〔註75〕 呂振羽：《殷周時代的中國社會》，生活·讀書·新知三聯書店，1962 年，第 295 頁。

〔註76〕 呂振羽：《殷周時代的中國社會》，生活·讀書·新知三聯書店，1962 年，第 196 頁。

〔註77〕 胡樸安：《詩經學》，商務印書館，1928 年初版，1933 年第 1 版，第 2 頁。

〔註78〕 侯外廬、趙紀彬、杜國庠：《中國思想通史》（第一卷），人民出版社，1957 年版，第 105 頁。

〔註79〕 侯外廬、趙紀彬、杜國庠：《中國思想通史》（第一卷），人民出版社，1957 年版，第 106 頁。

想，這是問題的中心」〔註80〕。進而考察在這種歷史的夾縫中產生的思想的特點，即具有「保守性」和「變革性」，二者的同時並存使其帶有強烈的悲劇性，「歷史是曲折的，最初思想上的變化，是變風、變雅的詩歌。它正是由社會悲劇的眞實矛盾，反映而爲矛盾的眞實悲劇」〔註81〕，「這是因爲新階級還沒有典型地出現，而舊傳統壓住了歷史的發展」〔註82〕。接著分析這種悲劇性的表現，如「天道」觀念的變化，對上帝神和祖先神的動搖和懷疑，對「孝」的觀念的反思和迷茫等。認爲，同周初「天命」觀相比，悲劇詩歌中表現出進步的「天道」思想，「它不但責難上帝神，而且一再懷疑祖先神。這種意識形態具有革命的因素，也具有唯物主義思想的萌芽形態，它在客觀上可以說是周初思想的否定，也可以說是悲劇詩歌的實質」〔註83〕。最後從思想發展的歷史角度論述這個時期的思想對先秦諸子思想的影響，認爲「變風」、「變雅」的詩篇正是以諸子百家爲代表的中國古代思想的先驅〔註84〕，「這詩歌是歷史的證件。這悲劇思想的『變』，支配了西周至春秋之交的思想潮流，先秦諸子就是從這裡來發揚光大的」〔註85〕。

　　有一段話可以集中反映侯外廬先生的《詩經》研究方法、研究脈絡和學術觀點，可以說是對以上四個方面的總結：

　　　　悲劇儘管有各種形式，其共同特點，在於具有社會的矛盾根源：
　　而悲劇思想卻主觀上企圖從命運中解救自己。從這意義講來，變風、
　　變雅無疑是先驅的悲劇詩歌。雖然思想爲官府之學所獨佔，然而作
　　歌者卻離心於官府之學，不管他們是沒落的貴族也好，新興的「私
　　人」和「國人」也好，都暴露了周初「王道」思想的矛盾，特別是

---

〔註80〕侯外廬、趙紀彬、杜國庠：《中國思想通史》（第一卷），人民出版社 1957 年版，第 110 頁。

〔註81〕侯外廬、趙紀彬、杜國庠：《中國思想通史》（第一卷），人民出版社 1957 年版，第 100 頁。

〔註82〕侯外廬、趙紀彬、杜國庠：《中國思想通史》（第一卷），人民出版社 1957 年版，第 110 頁。

〔註83〕侯外廬、趙紀彬、杜國庠：《中國思想通史》（第一卷），人民出版社 1957 年版，第 116 頁。按：著重號爲原作者加，下同。

〔註84〕「中國古代思想的花果，以諸子百家爲代表。但它的先驅，不能說不是變風、變雅的詩篇」（侯外廬、趙紀彬、杜國庠：《中國思想通史》（第一卷），人民出版社，1957 年，第 109 頁）。

〔註85〕侯外廬、趙紀彬、杜國庠：《中國思想通史》（第一卷），人民出版社，1957年，第 122 頁。

天人的矛盾，因此，東遷前後開放出思想之花。到了春秋，西周文物喪失，但維持傳統的霸者，「以力服人」，在「興滅國繼絕祀」的張公室政策之下，妨礙了社會的迅速發展，因而春秋時代既有搢紳先生所傳授的六藝思想，又有暴露階級矛盾的悲劇思想。所謂「《詩》亡然後《春秋》作」，應該是說「《詩》亡然後諸子出」。〔註86〕

可見侯外廬先生的《詩經》研究已經是典型的思想史研究了。

但郭沫若、翦伯贊、呂振羽、侯外廬先生還都側重在《詩經》文本及其所描繪的周代奴隸社會生活、思想意識圖景上，是將《詩經》作爲「歷史的證件」〔註87〕來看的，集中在西周至春秋時期，其本身可以視爲《詩經》學的一部分，但還不是集中的對《詩經》學的研究。同時，在《中國思想通史》第四卷上冊中，注重王安石「新學」著作「所闡發的世界觀和政治學說」〔註88〕，這些著作包括《詩義》、《書義》、《周禮義》、《字說》、《老子注》、《洪範傳》等，那麼，評價《詩經新義》（即《詩義》）的角度已經步入《詩經》學的思想史領域，但還未進一步展開〔註89〕。不過，已經蘊含著對《詩經》學「思想學術史」研究方法與原則的一些考慮，侯外廬等先生認爲「從經學歷史的發展來看」「《三經義》的反傳注學風，自應有其歷史地位。而道德性命之學，爲宋道學家所侈談者，在安石的學術思想裏，開別樹一幟的『先河』，也是事實」〔註90〕，並說「義理之學興，傳注之學廢，宋學就代替了漢學。宋明理學，應該於此尋源。儘管理學家如程朱如何反對王安石，但是探索學術思想史者，不能不客觀敘述歷史事實的發展先後。至於王安石的理學不爲統治者所重視而爲程朱理學所代替，那是另一回事，應作別論」〔註91〕。今

〔註86〕侯外廬、趙紀彬、杜國庠：《中國思想通史》（第一卷），人民出版社，1957年，第110頁。

〔註87〕侯外廬、趙紀彬、杜國庠：《中國思想通史》（第一卷），人民出版社，1957年，第122頁。

〔註88〕侯外廬主編，侯外廬、趙紀彬、杜國庠、邱漢生、白壽彝、楊榮國、楊向奎、諸青執筆：《中國思想通史》（第四卷上冊），人民出版社，1959年，第441頁。

〔註89〕《詩義》的輯佚似也剛開始，「《呂氏家塾讀詩記》、李樗黃櫄《毛詩集解》、劉瑾《詩傳通釋》等書中，引有《詩義》若干條，當另輯佚出版」（侯外廬主編：《中國思想通史》（第四卷上冊），第444頁）。

〔註90〕侯外廬主編：《中國思想通史》（第四卷上冊），人民出版社，1959年，第423頁。

〔註91〕侯外廬主編：《中國思想通史》（第四卷上冊），人民出版社，1959年版，第

天這種學術觀點依然能產生深遠的影響和學術共鳴〔註92〕。

　　比較集中系統地通過對《詩經》闡釋（即《詩經》學）的研究來揭示闡釋者思想的學者是邱漢生先生，始於1957年，歷經二十餘年。他借鈎沉《詩經新義》全面掌握王安石的全部思想資料，並撰寫了長文《詩義鈎沉・序》，具體探討王安石的《詩經》學思想學術問題。另外《中國思想通史》（第四卷）、《宋明理學史》也可在一定程度上反映侯外廬、邱漢生、張豈之等先生關於這一階段思想學術的見解。

　　在《詩義鈎沉・序》中，從思想史角度，邱先生主要討論了王安石《詩經》闡釋的「詩禮相解」思想、反映的愛國主義和軍事思想、君民君臣臣僚關係等幾個方面的問題。首先，關於「詩禮相解」的學術思想。王安石強調《詩》、《禮》兩種文本之間可以互相解釋和印證，立足點是「理同」，即在「義理」基礎上的相互溝通〔註93〕。這並沒有完全擺脫漢代《詩經》學的治學方法，邱先生就認爲「鄭玄精於《三禮》，以《禮》釋《詩》，王安石繼承了鄭玄的這一優良傳統」〔註94〕。他從兩個方面進行了考察，一是以《周禮》作爲道德標準對詩歌中所反映的生活、思想、情感進行評價，進一步說明「美刺」的用意和原因；一是根據《周禮》的名物度數來解釋《詩經》，並從《詩》、《禮》產生的社會歷史背景評判這種解釋的合理性和價值，認爲：「《詩》和《禮》同樣產生於西周春秋時期，它們所反映的社會生活是相同的，書裏的名物度數是相同的。故『《詩》《禮》足以相解』的論點，是符合歷史實際的，抓住瞭解《詩》的一個關鍵。」〔註95〕這種解釋主要側重學術方法層次。

　　其次，關於愛國主義和軍事思想。他指出「《詩義》所表現的愛國主義

　　　　436頁。
〔註92〕如范立舟、徐志剛：《論荊公新學的思想特質、歷史地位及其與理學之關係》，《西北師大學報》2003年第3期，第86～91頁；肖永明：《北宋新學與理學爲學規模的比較》，陳明、朱漢民主編：《原道》第5輯，貴州人民出版社，1999年，第280頁。
〔註93〕《臨川先生文集》卷七十四《答吳孝宗書》：「某之學，則惟《詩》《禮》足以相解，以其理同故也。」
〔註94〕邱漢生：《序》，載〔宋〕王安石：《詩義鈎沉》，邱漢生輯校本，中華書局，1982年，第12頁。
〔註95〕邱漢生：《序》，載〔宋〕王安石：《詩義鈎沉》，邱漢生輯校本，中華書局，1982年，第10頁。

和軍事思想,是北宋具體歷史條件下的產物」〔註96〕。北宋屢遭遼和西夏的侵擾,邊患問題異常嚴重,眞宗後,不得不納絹輸銀,同時,擁有臃腫的募軍和官僚機構,財政負擔沉重,軍隊戰鬥力差,國庫空虛,危機暗藏。王安石對《采薇》、《出車》、《杕杜》、《車攻》、《六月》、《采芑》、《桓》、《殷武》等詩的訓釋,表現了強烈的愛國主義思想,渴盼富國強兵,出現「四夷事中國」的局面;還蘊藏著豐富的軍事思想,認爲「在王安石的其他著作中,還沒有看到過像這樣完整而光輝的軍事思想。這是在《詩義》鉤沉裏得到的珍貴收穫」〔註97〕,如壯大軍事力量、以征伐與非征伐區分戰爭性質、官兵既有等級又能均服同食眾心一致(即如何增強戰鬥力的問題)等。再其次,關於君民君臣臣僚關係。認爲《詩義》反映了王安石對北宋統治階級與被統治階級之間基本矛盾的關注,主張君能蔽蔭哀矜其民,減少對人民的剝削;在「義」的指導下,建立君臣關係,君主對臣下要有高度的信任;臣子之間也要有相同的志向,忠順敢諫,「輔王耳目而迪其心」,防止任用「防功害能」者〔註98〕。

最後,對「天道」的樸素解釋。認爲:「在自然觀方面,王安石堅持自然現象的變化是按照可以掌握的規律的,這種規律,稱爲『天道』。釋《蒹葭》『白露爲霜』曰:『降而爲水,升而爲露,凝而爲霜,其本一也。其升也、降也、凝也,有度數存焉,謂之時。此天道也。』水、露、霜,是同一種物質的不同形式。升、降、凝,是所以會造成不同形式的運動。運動不是漫然的亂動,而是『有度數存焉』的規律性的運動。這是完全排除目的論,杜絕通往唯心主義觀點的道路的清醒認識。王安石的這種思想,頗似王充的自然觀。在《豳風・七月》篇的訓釋裏,王安石論及天時、物候與農功、人事的關係時寫道:『陰陽往來不窮,而與之出入作息者,天地、萬物、性命之理,非特人事也。』陰陽的無盡的往來,天地、萬物、性命等的運動規律『理』,二者互相關聯,而陰陽的往來是總根源,它規定著其它一切事物的運動(出入作息)。王安石的這種光輝的唯物主義思想,明顯地繼承了柳宗元、劉禹錫的《天

〔註96〕 邱漢生:《序》,載〔宋〕王安石:《詩義鉤沉》,邱漢生輯校本,中華書局,1982 年,第 18 頁。
〔註97〕 邱漢生:《序》,載〔宋〕王安石:《詩義鉤沉》,邱漢生輯校本,中華書局,1982 年,第 21 頁。
〔註98〕 邱漢生:《序》,載〔宋〕王安石:《詩義鉤沉》,邱漢生輯校本,中華書局,1982 年,第 23 頁。

說》、《天論》傳統，是我國思想史上的寶貴遺產。」〔註 99〕同時，指出王安石反對「天人相應」的迷信思想，一些源自於經驗論的思想，以方法論的形式表現出傾向於唯物主義的思想光芒。

雖然這篇文章強調「《詩義》的內容主要是政治思想」〔註 100〕，在選取王安石論《蒹葭》詩涉及的「天道」內容時，忽視了同時出現的「人道」思想，及「天道」與「人道」關係，不少問題還有待進一步研究，但事實上，這篇文章已相當系統和完整，包羅的內容也很豐富，遠遠超出了一般的「政治思想」範圍，具有不少思想學術因素。因此，從內容和方法上對以後的《詩經》學思想學術史研究都會有許多啓發。

更何況即使作爲文學文本，也未嘗不能做思想學術史的研究。

這主要是指一些具有學術性和思想性的文學典籍，自然也可以作爲思想史的研究對象。胡適在《清代思想史》一文中，將屬於清代的思想家與繼承宋學的理學家區別了開來，從而也使「思想史」與「哲學史」區別了開來，標準是能否「代表時代」的思想特徵。當然也許對這時期理學家區別於宋明理學家的因素與時代之間的關係還注意得不夠。耐人尋味的是，他甚至主張「寧可取那做小說的吳敬梓與李汝珍，而不必取那講理學的湯斌、張伯行」〔註 101〕。吳敬梓有《儒林外史》，表達了對科舉制度和倫理綱常異化的反思；李汝珍有《鏡花緣》，體現了嶄新的「女性」觀和對「女性」問題的思考。湯斌則有《湯子遺書》；張伯行是康熙時期的朱子學學者，著有《朱子語類輯略》、《廣近思錄》、《濂洛關閩書》等。一般地，我們可能會矚目於後者，而忽視前者。《清代思想史》是胡適擬寫《中國哲學史》的一部分，殘缺不全，後收入《胡適遺稿及秘藏書信》。但他已提出將文學文本作爲思想史研究對象的問題，儘管還說得不十分肯定，運用了選擇關係的句式表述。此文的具體時間也難以知曉。

但 1945 年陳寅恪先生有一篇幅很長的論文，題爲《陶淵明之思想與清談之關係》〔註 102〕，其選例耐人尋味，先介紹一般玄學的幾個流派，後分析陶

〔註 99〕邱漢生：《序》，載〔宋〕王安石：《詩義鈎沉》，邱漢生輯校本，中華書局，1982 年，第 25 頁。

〔註 100〕邱漢生：《序》，載〔宋〕王安石：《詩義鈎沉》，邱漢生輯校本，中華書局，1982 年，第 24 頁。

〔註 101〕季羨林主編：《胡適全集》第 8 卷，安徽教育出版社，2003 年，第 192 頁。

〔註 102〕陳寅恪：《陳寅恪集‧金明館叢稿初編》，生活‧讀書‧新知三聯書店，2001 年，第 201～229 頁。

淵明的思想，並作比較，依據基本是陶淵明的詩歌。陳先生還考證過《歸去來兮辭》、《桃花源記》等作品的思想文化含義（如與「天師道」的關係）。他的《元白詩箋證稿》〔註103〕更是詩史互證的典範之作。

　　總之，從思想文化角度對這類歷來解說紛紜的作品及研究現象（如《詩經》和《詩經》學）進行研究，的確能給人以啟發。

## 四、宋代《詩經》學的研究現狀、存在問題及研究目標

　　整體上，二十世紀八十年代以後，《詩經》學進入了一個新的發展階段，對《詩經》的神話學、民俗學、文化學研究比較活躍，歷史學研究相對冷落，但是佔主導的則是對《詩經》的文學研究，是對「回歸《詩經》文本」研究的歷史繼承和重新開拓。

　　今天依然有學者從歷史學角度解析《詩經》本身，如白新良《〈詩經·閟宮〉的寫作年代及其史料價值》〔註104〕，楊朝明《魯國與〈詩經〉》〔註105〕、《從〈詩經·閟宮〉看魯國前期歷史》〔註106〕等，認為「《閟宮》正是我們研究此前魯國歷史的重要資料」「從公元前11世紀始封，魯國由發展而強盛，春秋前期又開始走向衰落，到僖公時期，其政治、軍事力量又有所恢復」「僖公後期以降，魯國則逐漸走向了下坡路」〔註107〕。也有將《詩經》和歷史文化聯繫起來考察的嘗試，褚斌傑先生等論及《詩經》與中國文化的關係時，就很重視《詩經》的歷史價值與文化內涵，包括史詩與古史面影、天命觀與無神論思想的萌芽、婚禮制度與習俗、初步的人文主義審美觀念等〔註108〕。一些親切通俗、平易流暢的《詩經》學著作也很注意歷史脈絡的把握，如金性堯《閒坐說詩經》〔註109〕中的《周朝的創業詩》、《早期的秦國君臣》等。

---

〔註103〕陳寅恪：《陳寅恪集·元白詩箋證稿》，生活·讀書·新知三聯書店，2001年。
〔註104〕白新良：《〈詩經·閟宮〉的寫作年代及其史料價值》，《南開史學》1984年第2期。
〔註105〕楊朝明：《魯國與〈詩經〉》，載楊朝明：《儒家文獻與早期儒學研究》，齊魯書社，2002年，第136～155頁。
〔註106〕楊朝明：《從〈詩經·閟宮〉看魯國前期歷史》，載楊朝明：《儒家文獻與早期儒學研究》，第180～190頁。
〔註107〕楊朝明：《從〈詩經·閟宮〉看魯國前期歷史》，載楊朝明：《儒家文獻與早期儒學研究》，第180頁。
〔註108〕參見褚斌傑等：《儒家經典與中國文化》，湖北教育出版社，2000年，第193～209頁。
〔註109〕金性堯：《閒坐說詩經》，江蘇古籍出版社，1991年。

　　《詩經》學術史研究則主要集中在文獻學（或史料學）、經學史研究上。《〈詩經〉研究史概要》是當代《詩經》學術史研究的奠基之作〔註110〕，簡明扼要，具有「史」的性質，洪湛侯先生《詩經學史》在第五編《現代〈詩〉學》第九章《近當代影響較大的〈詩經〉學者及其著作》中的「詩史」條只列舉此書〔註111〕。如宋代部分，以尊《序》與廢《序》、保守與革新的鬥爭爲線索，勾勒了一條簡明的脈絡，雖然還有不少問題值得進一步研究，尤其是宋代《詩經》學複雜的思想性和學術性。特別值得一提的是夏傳才先生對《詩經》傳統研究內容的扼要小結：「二千餘年的《詩經》研究，主要集中於四個方面：一、關於《詩經》的性質、時代、編訂、體制、傳授流派和研究流派的研究；二、對於各篇內容和藝術形式的研究；三、對於其中史料的研究；四、文字、音韻、訓詁、名物的考證研究以及校勘、輯佚等研究資料的研究」〔註112〕，洪湛侯《詩經學史》以專章分門別類進行介紹，更加具體，但大體規模也未超出這裡的論述範圍，而其中恰恰忽略的正是《詩經》與《詩經》學的思想學術史研究。

　　世紀之交出現了林葉連《中國歷代詩經學》〔註113〕、戴維《詩經研究史》〔註114〕、洪湛侯《詩經學史》等《詩經》學通史著作，以及劉毓慶《從經學到文學——明代〈詩經〉學史論》、譚德興《漢代詩學研究》〔註115〕等斷代史著作，都以經學與文學的關係（包括所謂「文學經學化」與「經學文學化」）的研究爲重點。劉毓慶《歷代詩經著述考（先秦——元代）》等專門的史料學研究〔註116〕。總體上，這些著作側重文獻學研究，內容則多爲《詩經》有關問題的觀點介紹、資料評介、意義評價等，林著更加關注經學的因素，劉著重視由經學態度到文學態度的遞變過程，目前論述較全面、資料豐

---

〔註110〕 該書包括十四篇論文（最後一篇是《〈詩經〉研究重要書目暨版本舉要》），以專題的形式論述《詩經》學的基本問題，簡明扼要，基本將《詩經》研究史分爲先秦、漢學（漢至唐）、宋學（宋至明）、新漢學（清代）、「五四」及以後五個時期，涉及《詩經》研究的基本問題、歷代學風學派、代表人物和著作。
〔註111〕 洪湛侯編著：《詩經學史》，中華書局，2002 年，第 816～818 頁。
〔註112〕 夏傳才：《〈詩經〉研究史概要·序》，中州書畫社，1982 年，第 5 頁。
〔註113〕 林葉連：《中國歷代詩經學》，臺灣學生書局，1993 年。
〔註114〕 戴維：《詩經研究史》，湖南教育出版社，2001 年。
〔註115〕 譚德興：《漢代詩學研究》，貴州人民出版社，2003 年。
〔註116〕 洪湛侯先生在《詩經學史》中提及自己有部《詩經史料學》，已交付中華書局，但筆者還未發現。

瞻的是洪氏的《詩經學史》，但幾部專著敘述性較強，未充分注意到歷史與邏輯相統一的史學尺度的體現和運用，關注各個時期討論的焦點問題有餘，歷史變遷的內在脈絡勾畫不足；洪著多有提示，認爲《詩經》學演變自有其文化、學術等方面的原因，但寥寥數語，甚至一語帶過，語焉不詳，稍點即逝。

當前，不少學者也嘗試從文化研究的角度著手，繼承二十世紀初及八十年代中期的治學路徑，但深度還需進一步加強。《詩經》的文化性和《詩經》學的學術性得到張揚，「《詩經》是中國文化元典」「《詩經》學是世界性的學術」〔註117〕，這種定位預示著對《詩經》學研究的複雜性、深刻性和學術性的強調。「中國學術史的變化，最根本的體現，就在於對經典的闡釋上。而對經典的闡釋的變化，又體現著中國主流文化精神與主流意識形態的演變。因而我們對明代《詩》學的清理，不僅僅是發現了《詩》學史上一段沉埋已久的輝煌，而且由此看到了 14 世紀中葉至 17 世紀中葉中國主流文化精神的演變。這對於我們理解中華民族那個時期的生存狀態，以及與此相應的從社會生活層面到思想文化領域的一系列變化，無疑提供了一個新的視角」〔註118〕。劉毓慶已覺察並在《詩經》學的文化意義上衡量自己研究的價值，但是他將明代《詩經》學截爲「經學研究」與「文學研究」（側重後一點）兩截，在論述朱子理學與陽明心學對這一段《詩經》學的影響時都顯得粗疏蒼白。因此該書的特色和貢獻主要是脈絡梳理和典籍整理。

具體到宋代《詩經》學的集中專門研究，以二十世紀《詩經》研究文獻目錄爲例，據寇淑慧的統計，多達至 5749 種（篇）之多〔註119〕，而集中整理或討論宋代《詩經》學的只有 97 種（篇），而其中人物部分（基本是期刊論文），單朱熹就佔了 49 種（篇），其他人物依次是鄭樵（6）、歐陽修（5）、蘇轍（2）、王安石（2）、王應麟（2）、王質（1）、周孚（1）、王柏（1）、馬端臨（1），整理影印古籍單行本 15 種（不包括《補遺》所列 3 種），研究專著 1 部（張祝平《朱熹〈詩經〉學論稿》，吉林人民出版社 2000 年版），研究史方面的期刊論文 10 篇（有 3 篇是漢宋比較），其他 1 篇。

---

〔註117〕夏傳才：《序》，載劉毓慶：《歷代詩經著述考（先秦——元代）》，中華書局，2002 年，第 1 頁。

〔註118〕劉毓慶：《自序》，載劉毓慶：《從經學到文學——明代〈詩經〉學史論》，商務印書館，2001 年，第 20～21 頁。

〔註119〕寇淑慧編：《二十世紀詩經研究文獻目錄》，學苑出版社，2001 年。

　　《二十世紀詩經研究文獻目錄》，儘管還不能說將這一百年的《詩經》學研究成果完全網羅無遺，但大略可窺概貌。或許可以作簡略概括：關注的學術問題和人物相對較集中，如對待《詩序》和「淫詩」的態度、漢宋《詩經》學的比較等問題，人物研究也更加突出歐陽修、蘇轍、朱熹等；涉及宋代整個《詩經》學史的研究論文多屬論綱性質〔註 120〕。而較早注意到理學家《詩經》學研究問題的學者可能要數楊鴻烈先生了〔註 121〕。

　　夏傳才先生《〈詩經〉研究史概要》宋代部分以尊《序》與廢《序》、保守與革新的鬥爭為線索，勾勒了一條簡明的脈絡，雖然還有不少問題值得進一步研究，尤其是宋代《詩經》學複雜的思想性和學術性。論文涉及該課題的不多但相關的不少，已有學者撰文論述漢宋《詩經》學的異同、宋代《詩經》學的新氣象，開始注意到這個問題，但是還不夠系統，有些材料尚需要進一步搜集挖掘或在新的視野中重新界定其位置和意義。宋代《詩經》學的特色、發展階段，與當時學風、理學的關係，總之與宋代思想學術的內在關聯等一系列問題皆需要重新進行探究，可供研究的空間較大。從思想學術史角度切入，也不乏新意和價值。思想學術與《詩經》學的關係已開始被關注，夏傳才先生《元代經學的社會歷史背景和程朱之學的發展》一文就被認為「反映了《詩經》學史的研究進入研究薄弱的領域」〔註 122〕。有些論著已涉及到宋代個別人物的《詩經》學與理學關係問題，但未作為重點，展開不夠，也不甚系統深入，如檀作文《朱熹詩經學研究》〔註 123〕，以第四章（最後一章）專章論述理學與朱熹《詩經》學的關係，但不及全書的五分之一，內容涉及「詩教」理論與義理範圍，還值得進一步開掘；杜海軍《呂祖謙文學研究》〔註 124〕也涉及少量，未及展開。

〔註 120〕如夏傳才：《論宋學〈詩經〉研究的幾個問題》（《文學遺產》1982 年第 2 期）、《〈詩經〉研究史概要》、《思無邪齋詩經論稿》；石文英：《宋代學風變古中的〈詩經〉研究》（《廈門大學學報》1985 年第 4 期）；馮寶誌：《宋代〈詩經〉學概論》（《古籍整理與研究》1986 年第 1 期）；檀作文：《漢宋詩經學的異同》（《北京大學研究生學誌》1999 年第 2 期、《齊魯學刊》2001 年第 1 期）；常森：《論〈詩經〉漢宋之學的異同》（《文史哲》1999 年第 4 期）等。

〔註 121〕楊鴻烈：《道學先生研究詩經在內容和形式方面的根本錯誤》，載楊鴻烈：《中國文學雜論》，亞東圖書館，1928 年，第 45～57 頁。

〔註 122〕參見林祥徵：《夏傳才先生對現代〈詩經〉學的貢獻》，載中國詩經學會編：《詩經研究叢刊》（第六輯），學苑出版社，2004 年，第 258 頁。

〔註 123〕檀作文：《朱熹詩經學研究》，學苑出版社，2003 年。

〔註 124〕杜海軍：《呂祖謙文學研究》，學苑出版社，2003 年。

這個階段的人物與專著研究有明顯推進。

學術界對歐陽修和朱熹的《詩經》學研究比較充分。前者主要集中在其解《詩》的方法和思想探討上〔註125〕，後者側重其文學與闡釋學的研究。對二程、呂祖謙的《詩經》學研究已經展開，如杜海軍《呂祖謙文學研究》等，但主要側重文學研究，思想學術史研究處於空缺或薄弱位置。此外還有姜亞林《鄭樵〈詩經〉學研究》（中央民族大學碩士論文）等。

《詩經》學研究現狀表明：

就《詩經》學整體研究言，重視《詩經》學的文學研究，忽略《詩經》學的思想學術研究；重視典籍文獻研究和資料整理，忽略人物和著作的個案研究。就對宋代《詩經》學研究言，重視歐陽修和朱熹，忽略其他理學家《詩經》學研究；重視對有流傳《詩經》學著作的研究，而忽略對歷史上曾存在而未有流傳《詩經》學著作的觀點的輯佚研究；重視對守《序》和廢《序》的鬥爭研究〔註126〕，而忽略在理性和重視文本前提下二者融合的研究。就宋

---

〔註125〕據臺灣學者車行健的介紹，第一部系統研究《詩本義》的著作是裴普賢的《歐陽修詩本義研究》（東大圖書公司，1981 年），其後有趙制陽《歐陽修詩本義評介》，收入趙制陽《詩經名著評介》，臺灣學生書局，1983 年）、黃忠慎《歐陽修詩經學之評價》（載於《孔孟月刊》24 卷 7 期，1986 年 3 月），趙明媛《歐陽修詩本義探究》，國立中央大學中文研究所碩士論文，1990 年）、馬秀娟《歐陽修詩本義與宋代詩經研究》（收入北京大學中國傳統文化研究中心編：《北京大學百年國學文粹·語言文獻卷》，北京大學出版社，1998 年）等專文；同時一些研究歐陽修的專著也涉及到《詩本義》研究，如何澤恒《歐陽修之經史學》（臺灣大學文史叢刊，1980 年）、蔡世明《歐陽修的生平與學術》（文史哲出版社，1986 年修訂再版）、劉若愚雁行《歐陽修研究》（臺灣商務印書館，1989 年）、劉德清《歐陽修論稿》（北京師範大學出版社，1991 年）、黃進德《歐陽修評傳》（南京大學出版社，1998 年）等（參見車行健：《詩人之意與聖人之志──歐陽修〈詩本義〉的本義觀及其對〈詩經〉本義的詮釋》，載中國詩經學會編：《詩經研究叢刊》（第五輯），學苑出版社，2003 年，第155～156 頁）。

〔註126〕甚至以「守序」和「廢序」區別經學研究和文學研究，「守序派著重《詩經》的經學研究，廢序派著重《詩經》的文學研究。宋代《詩經》研究中守序中有廢序，廢序中有守序，正說明他們混淆了《詩經》的經學研究和文學研究的界限，也說明企圖混淆《詩經》的經學研究和文學研究的做法只能使《詩經》的研究不倫不類」（郝桂敏：《南宋前期〈詩經〉研究的主要特徵》，《遼寧大學學報》（哲學社會科學版），2002 年第 2 期）。這裡還涉及漢宋《詩經》學的比較問題，往往突出其對立的層面，而忽視了溝通（如《漢宋詩經學的異同》、《論〈詩經〉漢宋之學的異同》等），而「守序」和「廢序」的提法本身就顯示了漢宋、守廢問題比較複雜。

代《詩經》學階段研究言，兩宋之際的《詩經》學研究未被重視，屬於斷缺環節。

　　基於上述對目前宋代《詩經》學具體研究狀況的分析和判斷，在整體把握《詩經》學多向研究方式和研究方向展開的基礎上，擬結合宋代《詩經》學斷代史研究，突出思想史和學術史的結合，對《詩經》學作以「歸納的考察」，當然未必非得具有鄭振鐸先生所說研究中國文學的另一種新途徑——「進化的觀念」〔註127〕，嘗試在以下方面努力一二：

　　1. 從學術史的角度觀照宋代《詩經》學的演變階段、學術淵源、《詩經》觀念、解《詩》方法，並彰顯其和理學的內在聯繫。

　　2. 突出宋代《詩經》學的理學因素，尤其是理學家的《詩經》學及《詩經》研究的思想特徵和價值。同時，也進一步揭示理學對這個階段《詩經》學形成和發展的意義。

　　3. 在資料歸納的基礎上，重視研究文獻的思想學術史價值，並從思想學術史角度進行分析、考辨和評價。如《詩解》是否為「雜說」，《詩集傳》保留《詩序》的部分是否是「刪改未盡者」，《詩經新義》、《慈湖詩傳》、《呂氏家塾讀詩記》等的思想學術特點和傾向、《詩疑》擬刪目錄更動詩篇的名稱和學術原因等問題。

　　4. 對一些未有單行本及標點本的《詩經》學作品作以整理和辨察，對未有專門《詩經》學著作流傳的學者（如張載、陸九淵等）的《詩經》學成果作以鈎沉及研究，並作為思想學術史研究的基礎和憑藉。

　　5. 努力關注兩宋之際《詩經》學的發展狀況及意義。

　　通過前文的論述，我們發現，在理論上，對《詩經》和《詩經》學展開思想學術史的研究是可能的；在實踐上，通過對古代兩種《詩經》學研究傳統和現當代《詩經》及《詩經》學的思想史研究的回顧，這種研究也是可行的。不過，它的基礎恰恰是從對《詩經》的文學文本定位中游離出來，而重新強調它（包括《詩經》學）的文化屬性和思想學術品格。

　　宋代《詩經》學並未有如今天鮮明的分科觀念，其中交織著豐富的文史哲觀念和思想，因而也可以作思想史和學術史相結合的研究。

────────────

〔註127〕鄭振鐸：《研究中國文學的新途徑》，載鄭振鐸編：《中國文學研究》：商務印書館，1927年，第1～20頁。

## 五、宋代《詩經》學思想學術史研究的方法及價值

### （一）研究方法

#### 1. 思想史和學術史相結合

現代意義上的歷史研究已與傳統的歷史研究方法、價值觀念有根本的區別，學術觀點自然也不盡相同。其中，一個重要的方面是將學術史和思想史緊密地結合起來，如胡適《說儒》、《清代思想史》等文，梁啓超、錢穆各自的《中國近三百年學術史》，梁啓超《清代學術概論》、侯外廬《近代中國思想學說史》等著。

侯外廬、趙紀彬、杜國庠、邱漢生等的《中國思想通史》已經蘊含著對「思想學術史」的研究方法與原則的一些重要啓示，除侯外廬先生的《詩經》研究可以體現這一點外，在王安石新學與理學關係研究上表現得也很明顯，見前文。這種方法被張豈之先生等加以明確和強調，成為當前推進和深化思想史研究的重要方法之一〔註128〕，也是本書所採取的方法。張豈之先生儘管認為學術史與思想史各有個性，不能相混，「學術史不同於政治史、法律史等，也不同於思想史」，但卻辯證地分析了學術史和思想史的聯繫，「在思想史中含有一定學術史的內容，同樣，在學術史中也含有一定思想史的素材」，指出「思想史更加偏重於理論思維（或邏輯思維）演變和發展的研究」〔註129〕。另外，張先生在《五十年中國古代思想史研究》〔註130〕特別指出未來的中國思想史研究應注意思想史與學術史、社會史及多學科的結合問題，尤其強調對於既是學術著作又是思想理論著作的研究對象，「並不是人為地將它們捏合在一起，而是要尋找二者的溝通處，使之融合為一個整體」。所以，思想學術史（或者學術思想史）的研究儘管使學術現象與問題成為思想史的研究對象和素材，但終歸依然是思想史的研究，即侯外廬先生主張的「特定歷史條件下產生的具有自己時代特色的思想演變的歷史」〔註131〕，可以簡稱為「思想的歷史」〔註132〕。這裡注重的是純

---

〔註128〕在張豈之教授指導和主編的「西部人文叢書」等中有一定的反映。
〔註129〕張豈之：《序》，載張豈之主編，王宇信、方光華、李健超撰述：《中國近代史學學術史》，中國社會科學出版社，1996年，第1頁。
〔註130〕張豈之：《五十年中國古代思想史研究》，《中國史研究》1999年第4期，第6～17頁。
〔註131〕侯外廬：《序》，載侯外廬、邱漢生、張豈之主編：《宋明理學史》（上），人民出版社，1997年第2版，第3頁。
〔註132〕關於思想史研究方法的討論和反思，也是思想史研究的重要內容。如有些

粹、典型的思想史，是邏輯而歷史地再現學術問題與思想學說相互影響的歷史，
所以採用的基本方法也屬於思想史的研究方法。

### 2. 歷史與邏輯相統一

歷史與邏輯相統一，既是歷史學研究的基本原則，也是其重要的方法。
拙著試圖強調在對《詩經》學學術現象的歷史研究中，重視其中內隱的規律，
並加強理解和抽象，揭示其邏輯的演變過程。這個原則體現了對歷史現象的
主體理解和抽象把握，是歷史研究中或弱或強存在的必然現象，也是體現歷
史研究科學性和學術性的重要方面。

### 3. 分析和綜合、抽象和歸納相結合

分析和綜合、抽象和歸納相結合，也是進行學術研究的基本方法。就本
論題的研究而言，基礎是宋代《詩經》學豐富的史料，通過對這些材料的全
面閱讀和提煉歸納，逐步形成論文的思路和結構，並進一步補充和強化對一
些思想學術問題的反思和討論。因此，分析和綜合、抽象和歸納相結合的方
法，在所選題目的研究和寫作中也佔有相當重要的地位。

### 4. 努力加強史料考辨

對歷史學科來說，史料的考辨是進行學術研究的基礎環節。《詩經》學本
身歷來眾說紛紜，難於裁奪，尤其是自宋代《詩經》學起，這種傾向越來越
明顯。作為思想學術史史料的《詩經》學觀點，考辨主要體現在兩個方面：
一是《詩經》學作品的真偽、時代及學術傾向和相關學術問題的探討等；一
是《詩經》學觀點的繼承沿革，突顯和「剔除」作為思想學術史研究對象的

---

學者將「思想」理解為「觀念」，肇源於德國古典哲學「理念」展開的歷史，
注重規律性和邏輯性，中國哲學史的一些著作屬於這一類，如蕭𦀰夫、李
錦全《中國哲學史》等，後隨著觀念史向文化史的轉移，注重觀念向政治、
經濟、社會的滲透影響，如余英時《士與中國文化》、《中國近世宗教倫理
與商人精神》等，注重思想史和政治、文化、社會之間的現實聯繫（參見
〔美〕艾爾曼（Benjamin A. Elman）：《中國文化史的新方向：一些有待討
論的意見——代中文版序》，趙剛譯本，載〔美〕艾爾曼（Benjamin A.
Elman）：《經學、政治和宗族——中華帝國晚期常州今文學派研究》，趙剛
譯本，江蘇人民出版社，1998 年，第 6 頁，第 8 頁）。另外是具體的表達方
式和歷史觀，由精英分子的典型思想而及大眾的一般的社會思潮，由明晰、
抽象、概括而及渾融、具體、描述（參見葛兆光：《中國思想史》（導論：
思想史的寫法），復旦大學出版社，2001 年，第 11 頁）也不失為思想史研
究的一種嘗試、借鑒和探索。

《詩經》學學者的獨有的思想。筆者不揣冒昧，在此試作努力。

## 5. 列表統計方法

針對與思想相關的一些學術問題的爭辯和討論，爲獲得較客觀、準確、全面和有說服力的論證，筆者採取了一定的統計分析的方法。集中體現在九幅表的統計分析（其中一幅借鑒了莫礪鋒先生的研究成果）中，涉及宋代《詩經》學的特點與位置、《詩本義》解《詩》的兩種方法、歐陽修對待《詩序》毛《傳》鄭《箋》學術態度比較、《詩解》是否爲「雜說」、《詩經集傳》與《詩序》的關係、《詩疑》刪詩目錄所缺詩篇的名稱和學術原因等問題。

此外，對當前比較時興的闡釋學方法，這裡保持謹慎的參考態度。

隨著建立中國的闡釋學〔註133〕的呼聲的不斷提高〔註134〕。二十一世紀伊始，洪漢鼎先生主編的《中國詮釋學》（第一輯）〔註135〕集中了多篇內地和臺灣學者的論文，對結合中國古代文化和經典實際、探索解釋學中國化的思路和實踐啓迪良多，但不少學者（如黃俊傑等）只是謹慎地以「中國古代的解釋學經驗和傳統」來指稱歷史上客觀存在的解釋學現象，認爲解釋學是一個嚴密的系統性很強的學科名詞，不能輕易使用，以防和現代意義上的解釋學含義混淆。這個時期，出現的比較早並有較強系統性的中國解釋學專著是周光慶著的《中國古典解釋學導論》〔註136〕，儘管從嚴格意義上來說，該著還不是對中國古代解釋學經驗和傳統的系統總結，但作者從語言學和接受美學出發，比較集中地探討了古代典籍解釋中的語言學問題和由此而形成的詁訓傳體式，突出了經典文本對歷代讀者的「召喚性」結構，將中國古代解釋學所涉及的方面分爲語言解釋、歷史解釋和心理解釋三種，並對董仲舒的《春秋》解釋、王弼的《老子》解釋、朱熹的《四書》解釋、戴震的《孟子》解

釋的方法論體系進行了個案研究。可貴的是該著突出了古代典籍解釋的文化性，「中國古典解釋學，原本是理解和解釋古代文化經典的技藝之學，因而在成立以後最爲關注的始終是解釋方法論的創立、變革與完善，並以此爲前導，進而重視文本論、目的論的建設，而其旨趣，則主要表現爲文化經典解釋的效果性」〔註137〕，即探究天人之際、闡發人本思想、弘揚經世精神，儘管對不同的學派和典籍，未必皆能體現作者所說的這些主題特徵，但作者探索中國古典解釋傳統中的以一貫之的思路和線索值得肯定；至於語言解釋、歷史解釋和心理解釋，據筆者分析，這幾個方面都屬於文本解釋，是按照解釋方法分類的，是共時的而不是歷時的，中國古典解釋學的演進規律和結構系統，還需進一步深入研究，分部門的研究尤爲必要，黃俊傑先生的《孟子思想史論》（卷一、卷二）〔註138〕即是這方面的例子，筆者意欲對宋代《詩經》學進行思想學術史的考察，其初衷也正在於此。也許，隨著這些分門別類、分時分段研究的不斷深入，中國的傳統解釋學才能眞正建立起來，中國的思想史、學術史、文化史及其交叉研究也才會不斷深化。

## （二）研究價值

作爲思想史的研究對象，《詩經》及古人對《詩經》的注釋闡發形成的《詩經》學，未得到一貫的深入的關注，可能因爲涉及思想素材不集中、不系統、難度大等原因。拙著試圖在《詩經》學與思想史之間建立橋梁，既進一步繼承和開拓思想史研究的學術視野與選材範圍，又在思想觀念的深層次上探索某一歷史階段（宋代）《詩經》學學術發展的內在邏輯，從而突顯某些表面的學術爭鳴和學術觀點蘊藏的深層思想價值，使《詩經》學的學術發展和《詩經》學的思想發展緊密結合起來，《詩經》學的歷史即成爲《詩經》學思想學術的歷史。

宋代《詩經》學既是宋代思想學術的有機組成部分，同時也是宋代思想學術的集中載體，顯示當時《詩經》學的思想學術特色和風貌，對人們進一步深入認識宋代《詩經》學的發展狀況及當時學者的思想學術貢獻大有裨益。因此，這裡論述的重點將集中在理學背景下《詩經》學的展開過程與闡釋方

---

〔註137〕周光慶：《緒論：重建中國的古典解釋學》，載周光慶：《中國古典解釋學導論》，中華書局，2002年，第9頁。
〔註138〕黃俊傑：《孟子思想史論》（卷一），臺北東大圖書公司，1991年；黃俊傑：《孟子思想史論》（卷二），臺北中央研究院中國文哲研究所籌備處，1997年。

式上，試圖透過紛繁的學術問題鈎沉、概括其中扼要的思想演進脈絡。其意義至少體現在以下方面：

1. 嘗試對《詩經》學進行較系統的思想學術史研究，發掘宋代《詩經》學在思想學術方面的價值。

2. 有助於加深對宋代《詩經》學思想學術史演變的系統認識。

3. 有助於進一步突出宋代《詩經》學的義理性特徵及其與理學的關係。

4. 宋代對典籍與傳統文化的接受態度、致用取向及重「涵泳」「自得」的方法在今天依然有較強的現實意義。

5. 圍繞一些相關的具體學術問題展開討論，有助於開闊思路，或許會對進一步澄清某些《詩經》學學術問題提供參考和助益。

概而言之，通過對《詩經》學的思想學術史考察，一方面，有助於從思想學術史角度觀照和解釋一些單純從文學領域難以理解的問題；一方面，可以進一步豐富和擴展思想史和學術史的研究領域和史料範圍，宋代《詩經》學也是思想史的研究對象和思想的承載方式。

# 第一章　宋代《詩經》學的相關概念、研究資料與階段劃分

　　前文主要圍繞《詩經》和《詩經》學辨析以及對它們進行思想學術史研究的可能和嘗試展開。如果具體到宋代《詩經》學和理學關係的考察，則會涉及不少思想學術問題，包括方法資料等。首先是幾個相互交叉、又不完全相等的概念辨析，即宋學、理學、義理之學與宋代《詩經》學。這組概念對理解宋代《詩經》學很有幫助，這裡略作辨析。

## 第一節　宋學・理學・義理之學・宋代《詩經》學

### 一、「宋學」與「理學」的內涵

　　關於「宋學」和「理學」的關係與內涵，不少學者已作過探討。鄧廣銘先生提出要將二者區別開來，「理學是從宋學中衍生出來的一個支派，我們卻不應該把理學等同於宋學」〔註1〕。漆俠先生進一步認為「宋學」的外延遠較「理學」大，「宋學可以包蘊理學，而理學則僅僅是宋學的一個支派」〔註2〕，並結合兩宋的政治社會實踐反思「事功」與「心性」之間的關係，認為南宋的理學是宋學的「衰落」和「蛻變」，而浙東事功派則與理學相抗衡〔註3〕。這種理學概念是比較狹小的，在北宋的新學（王安石）與朔學（司馬光）、濂

---

〔註1〕鄧廣銘：《略談宋學》，載《鄧廣銘治史叢稿》，北京大學出版社，1997年，第165頁；此文又見於鄧廣銘：《北宋政治改革家王安石・附錄》，河北教育出版社，2000年，第390〜405頁。
〔註2〕漆俠：《宋學的發展和演變》，河北人民出版社，2002年，第5頁。
〔註3〕漆俠：《宋學的發展和演變》，河北人民出版社，2002年，第7頁。

學（周敦頤）、關學（張載）、洛學（二程）、蜀學（三蘇）的繁多學派中，只包括北宋關學張載、洛學二程，南宋的閩學朱熹、心學陸九淵及其所屬學派，承前啓後的則是程門高足楊時等，如果將朱陸視爲二程的繼承和發展，則這種理學會縮略爲關學和洛學兩支。與當時學者及後代學者對理學或道學的淵源追溯略有出入〔註4〕，因此本書的「理學」概念較漆俠先生的略大，但較「宋學」小，根據侯外廬、邱漢生、張豈之等先生的研究及學術間的關聯〔註5〕，結合各家的《詩經》學研究實際，未將王安石、呂祖謙等排除在理學之外，也許這樣可以更全面地與一般所說的「正統」的理學家及其理學思想進行比較。關於理學的內涵和外延爭辯者甚多，有代表性的如張岱年先生認爲廣義的「理學」指「『氣』一元論、『理』一元論、『心』一元論三派」〔註6〕；而陳植鍔先生則認爲「理學」是兩宋學者自稱本朝學術的專名，體現了宋代學術「義理」和「性理」兩種途徑，並非特指程朱理學，通過史實的考察使「理學」在更加廣闊的範圍上與「宋學」等同起來〔註7〕。

比較有爭議的是荊公「新學」，宋代已經有學者認爲王安石的學問是「道德性命之學」，但今人對此有不同的理解。

蔡卞論及荊公學術時認爲：「自先王澤竭，國異家殊，由漢迄唐，源流浸深。宋興，文物盛矣，然不知道德性命之理。安石奮乎百世之下，追堯舜三代，通乎晝夜陰陽所不能測而入於神。初著《雜說》數萬言，世謂其言與孟軻相上下，於是天下之士始原道德之意，窺性命之端云」〔註8〕。由蔡卞的評價可以看出「道德性命之學」肇端於荊公新學，但這種「道德性命之學」的內涵到底是什麼，與後世有怎樣的關係？據漆俠先生的考察，王安石的「性命之理，道德之意」〔註9〕就在於辯證法思想，認爲王安石「大量地吸收消化

---

〔註4〕如孝宗時員興宗認爲蜀學、洛學、新學「皆以所長，經緯吾道」、「蘇學長於經濟、洛學長於性理，臨川學長於名數，誠能通三而貫一，明性理以辨名數，充爲經濟，則孔氏之道滿門矣，豈不休哉」（員興宗：《九華集》卷九《蘇氏程氏王氏三家之學是非策》）。

〔註5〕參見《中國思想通史》（第四卷）與《宋明理學史》。

〔註6〕張岱年：《論宋明理學的基本性質》，載任繼愈主編：《「儒教問題」爭論集》，宗教文化出版社，2000年，第51頁。

〔註7〕陳植鍔：《宋學通論》，《中國社會科學》1988年第4期。

〔註8〕趙希弁編：《郡齋讀書志》卷二《後志》，《四庫全書（文淵閣本）》（第674冊），第394頁；另《郡齋讀書志》卷四下略同。按：此處「雜說」指《淮南雜說》。

〔註9〕《臨川先生文集》卷六十五《洪範傳》，四部叢刊本。

了《老子》哲學中的樸素辯證法，用來觀察自然界及一些社會現象，給儒家學說注射了新的血液，使之產生了新的昇華」〔註10〕，筆者通過《詩經新義》的輯佚著作對王安石《詩經》學所作的思想學術史考察結論與此在有些方面比較接近，既說明《詩經新義》在思想上的確能反映王安石的學術面貌，又在思想學術上啓迪並成就了洛學，尤其是天道與人道之間的關係上，宋學中的這兩個重要流派的思想狀況也表現於他們的《詩經》學學術現象中。

高宗趙構紹興年間（1131～1135）曾展開對王學的反思，對王安石的批評也比較多。顯示出理學內部的政見爭執與學術糾紛。有學者研究認爲有關紹興年間（包括以後的慶元黨禁）學術之爭的起因似乎是，以程氏學相標榜的一批人威脅到習王氏學的另一批官僚的政治權益，但更深刻的原因與理學的道德哲學性質有關，往往以「變學風」作爲「嚴黨禁」的根本手段，南宋政局因而與理學學術情結糾纏在一起〔註11〕。既說明了直至南宋初期，王學依然有自己的影響，以及學術和政治在特定歷史條件下的複雜糾葛。但更能啓發人的是，同爲「道德性命」之學而相互攻訐，顯示了具體的學術思想的差異，正如《中國思想通史》（第四卷）所說是屬於理學內部的問題，蒙培元先生也以學術異同看待這種分歧〔註12〕。

如果從學術上追溯，理學大興則始於孝宗朝。陳亮說「二十年之間，道德性命之說一興，迭相唱和，不知其所從來。後生小子讀書未成句讀，執筆未免手顫者，已能拾其遺說，高自譽道，非議前輩，以爲不足學矣」〔註13〕，鄧廣銘先生結合《送吳允成運幹序》考證此文作於1190年前，上推二十年，「道德性命之學」是在「宋孝宗即位初期，亦即隆興、乾道年間（1163～1173）」〔註14〕發展的。這種考察對探討《詩經》學在南宋的轉向和飛快發展有決定

〔註10〕　漆俠：《宋學的發展和演變》，河北人民出版社，2002年，第19頁。
〔註11〕　謝思煒：《唐宋詩學論集》，商務印書館，2003年，第243頁。
〔註12〕　「在理學形成過程中，出現了各種不同的學說，但是它們又有共同特點，這就是他們都提倡儒家的『道德性命』之學，廣泛探討人生的意義和價值，探討人和自然界的關係以及人在宇宙中的地位，逐漸發展爲形而上的天人合一之學，並由此構成了時代的思想洪流，成爲宋元明以後的主導思想。」（蒙培元：《緒論：論理學形成三階段》，載蒙培元：《理學的演變——從朱熹到王夫之戴震》，福建人民出版社，1998年第2版，第1頁）
〔註13〕　《陳亮集》卷十五《送王仲德序》，中華書局，1974年，第178頁。
〔註14〕　鄧廣銘：《略談宋學》，載《鄧廣銘治史叢稿》，北京大學出版社，1997年，第164頁。

作用，尤其是重視道德義理。而《四書》學的勃興也基本在這個時期，並終成為經書「義理之淵藪」〔註15〕，也就是理解經書的準備和基礎，所謂「《四子》，『六經』之階梯」〔註16〕。

## 二、漢宋學術與義理之學

儘管唐代中葉以後由《春秋》學開始，啖助、趙匡、陸淳等的經說新風至宋有一個漸變的過程，甚至宋初《五經正義》的權威地位依然得到保留。但疑古之風綿亙未斷，至慶曆之際，在政治和學術的多方促使下而大放光彩。司馬光和陸游都描述過這個情景〔註17〕，這兩段資料見於王應麟《困學紀聞》卷八，為研究宋代學術者所常引，人們幾已耳熟能詳，由此可見漢宋學風的實質性變化始於慶曆之際，且蔚為大觀。陳鍾凡先生對這種新學風的情況和價值進行了具體的說明，「蓋宋人不信傳注，進而議及本經也。排《繫辭》者歐陽修，毀《周禮》者修及蘇軾蘇轍，疑《孟子》者李覯司馬光，譏《書》者蘇軾，黜《詩敘》者晁說之鄭樵朱熹，自考證家視之，慶曆以來，學風之變，荒經蔑古，莫茲為甚。然懷疑之風既著，治學之道日新，諸儒乃能捨訓詁而言性與天道，以造成近代之『新儒學』也」〔註18〕，陳鍾凡先生對宋學的疑古學風突破思維定勢、重鑄學術新風的作用有中肯的評價，它促進了學術的轉向和發展，即「捨訓詁而言性與天道」，開創了「新儒學」，但同時也帶來了空疏不實的弊端。

漆俠先生從微觀和宏觀角度比較漢、宋之學的差異：

以義理之學的宋學代替了漢學的章句之學，其主要的、基本的

---

〔註15〕〔宋〕王柏：《詩疑》，顧頡剛校點本，景山書社，1930年，第34頁。

〔註16〕《朱子語類輯略》卷五，叢書集成初編本，第138頁。按：緊接一句是「《近思錄》，《四子》之階梯」。

〔註17〕司馬光說「新進後生，口傳耳剽，讀《易》未識卦爻，已謂《十翼》非孔子之言。讀《禮》未知篇數，已謂《周官》為戰國之書。讀《詩》未盡《周南》《召南》，已謂毛鄭為章句之學。讀《春秋》未知十二公，已謂《三傳》可束之高閣」（〔宋〕王應麟：《困學紀聞》卷八引司馬光《論風俗箚子》）；陸游也說「唐及國初，學者不敢議孔安國鄭康成，況聖人乎？自慶曆後，諸儒發明經旨，非前人所及。然排《繫辭》，毀《周禮》，疑《孟子》，譏《書》之《胤征》《顧命》，黜《詩》之《序》。不難於議經，況傳注乎？」（《困學紀聞》卷八引陸務觀說）

〔註18〕陳鍾凡：《兩宋思想述評》，商務印書館，1933年，第9頁。按：陳先生所謂的「近代」指「自趙宋始，下訖清季（公曆九六○～九一二）」（陳鍾凡：《兩宋思想述評》，第1頁）。

> 區別在於：漢儒治經，從章句訓詁方面入手，亦即從細微處入手，
> 達到通經的目的；而宋儒則擺脫了漢儒章句之學的束縛，從經的要
> 旨、大義、義理之所在，亦即從宏觀方面著眼，來理解經典的涵義，
> 達到通經的目的。總之，從方法論上說，漢學屬於微觀類型，而宋
> 學屬於宏觀類型。在我國古代學術發展史上，宋學確實開創了學術
> 探索的新局面，並表現了它獨特的新思路和新方法。〔註19〕

宋人側重以義理解釋經典，體現了一種新的闡釋方式和價值取向，在儒家幾
種主要經典研究中均有反映，最具代表性的是「《四書》」。從理學的創建來說，
基本上是依靠注釋闡發儒家經典來表達理學思想，並導致經學箋注的沒落，
「事實上，宋明理學正是在不同的義理發揮中形成發展起來的」〔註20〕。

　　宋代學術的整體特點，《四庫全書總目提要・經部總敘》認為「擺落漢唐，
獨研義理。凡經師舊說，俱排斥以為不足信。其學務別是非，及其弊也悍，
學脈旁分，攀緣日眾，驅除異己，務定一尊」〔註21〕。清代李慈銘認為「紬
繹經文，體玩自得，乃宋歐陽氏以後之法。唐以前家法皆重訓詁，而不為《序》
外之說，所以可貴也」〔註22〕，總括兩種不同的學術方法，尤其是以「紬繹
經文，體玩自得」概括宋代《詩經》學的方法特徵，頗中肯綮。並將這種方
法溯至歐陽修，與《四庫全書》的編者看法相同。

　　如果從治經的方法和風格角度考慮，的確如此。但在宋代學者，則以義
理的粗和精、支離和渾融來作區分的標準，漢宋學術的演變何嘗不是遞進的
深入的過程？這是側重義理自身的角度，甚至可以將宏觀與微觀倒置而言，
也能反映其學術風格和特點。「惟本朝理學，遠過漢唐，始復有師道」〔註23〕。
此種現象很多，如王安石「尊孟抑荀」與司馬光「尊荀抑孟」，漆俠先生指出，
「從天道觀這個根本問題上看，司馬光在事實上則是繼承了孟子、董仲舒以
來的天道觀和天命論，而王安石則繼承了荀子的天道論和人定勝天的思想」
〔註24〕，他們的思想和主張就呈現出表面的悖離，必須結合具體的歷史和思

---

〔註19〕 漆俠：《宋學的發展和演變》，河北人民出版社，2002年，第5頁。

〔註20〕 田文棠：《中國文化源流視野》，西安：陝西人民出版社，2003年，第286頁。

〔註21〕 《四庫全書總目提要》卷一《經部總敘》。

〔註22〕 〔清〕李慈銘：《越縵堂讀書記》（經部：詩類「《毛詩後箋》，清胡承珙撰」
　　　　條），由雲龍輯本，世紀出版集團上海書店出版社，2000年，第39頁。

〔註23〕 〔宋〕陸九淵：《陸九淵集》卷一《書・與李省幹》，鍾哲點校本，中華書局，
　　　　1980年，第14頁。

〔註24〕 漆俠：《宋學的發展和演變》，河北人民出版社，2002年，第24頁。

想學術史料考察才能掌握，這體現了思想學術史研究的複雜性和難度。

對經典和某個時期的思想來說，往往在二者各有側重的同時，又體現出它們的緊密交融，如《四書》學就是二者融合的一個成功形態。在解讀《詩經》文本上，「文學的方法」與「義理的方法」的區別也可從這個角度得到一定的理解。它們也只是各有側重而已，因爲從「詩言志」、「詩緣情」、「風骨興寄」、「文以載道」等起，文學形式與思想內容就緊密地結合在一起，所以以義理解《詩》就有可能揭示作品的文學方面的因素，朱熹《詩經集傳》就揭示了一部分詩歌的情詩面目與藝術特點。不過，一般而論，側重文學解《詩》，比較注意作品藝術上的特點，如形象、章節結構、往復、修辭、用詞、鍊字、叶韻等；側重義理解《詩》，則比較注意作品解讀中領悟到的禮義人倫、天理性命等因素。而《詩經》的自覺集中的文學研究則在「五四」以後，漢宋則主要屬於義理研究。漢代更多著眼於章句和以禮解《詩》，而宋代則深入至禮義人倫的決定因素——天理性命性情上，更多著眼於性理和以理解《詩》，是《詩經》義理解釋的深化和開拓。至如以「義理之學」命名宋代學術（包括《詩經》學），即突出了這一點，同時也是對「義理之學」概念的狹義使用。

不少學者對宋代的重義理的解經方法進行了較具體的勾勒：「重理性，指斥神秘的讖緯之學」，「重名理，強調經典的內在邏輯性」，「重哲理，從學術體系需要出發決定對經典的取捨」，「重倫理，以道德標準爲取捨」〔註25〕。宋晞先生將宋代學術精神具體化爲博學與善疑、身心之修養、倫常與名分及經國與濟世等四個方面〔註26〕，並對《宋史》卷四百二十七《道學傳》「聖人之意，性命道德之歸也」作出新的解釋：

> 曰性命，則考索宇宙問題，是爲哲學中形而上學而並及認識論之事；曰道德，則爲倫理學獲人生哲學之事，而其道必始於身心之修養也。兩宋三百多年間，大師輩出，學說繁興，其探究性命道體之說，由多歸宿於人事。至於道德存養，則討論尤爲精詳。故大較言之，宋儒除建立純粹哲學之思想系統外，其最所究心講論者，尤爲身心修養，倫常名分，乃至軍國經濟實用之務。〔註27〕

---

〔註25〕 李學勤主編，朱漢民等：《中國學術史》（宋元卷），江西教育出版社，2001年，第 534～543 頁。

〔註26〕 宋晞：《論宋代學術之精神》，載張其凡、范立舟主編：《宋代歷史文化研究》（續編），人民出版社，2003 年，第 109～119 頁。

〔註27〕 宋晞：《論宋代學術之精神》，載張其凡、范立舟主編：《宋代歷史文化研究》

前者將義理具體化爲理性、名理、哲理、倫理等方面；後者則根據當時學者
對「性命」與「道德」理論關係的理解，既突出了二者的側重點，又勾勒了
它們的聯繫，即「多歸宿於人事」，因而重視修養、倫常和經世。

　　即使在宋代學者對文學性較強的詩歌及其作者流派的評價上，也能看出這
種重義理的思路，如宋代對陶淵明、杜甫推崇甚高，「宋人則大致是以『道眼』
觀陶、杜的」，「宋代隨著性理之學的興起和主靜尚淡的人生態度的流行，陶的
地位才逐漸提升」〔註 28〕，「宋人認爲杜甫所知的『道』則主要是儒家之道，
但卻大致不是漢儒的傳統儒家之道，而主要是理學化的儒家之道」〔註 29〕，如
范溫就認爲「世俗喜綺麗，知文者能輕之；後生好風花，老大即厭之。然文章
論當理不當理耳，苟當於理，則綺麗、風花，同入於妙；苟不當理，則一切皆
爲長語」（范溫《潛溪詩眼》），評杜甫「穿花蛺蝶深深見，點水蜻蜓款款飛」、
「落花遊絲白日靜，鳴鳩乳燕青春深」爲「皆出於風花，然窮盡性理，移奪造
化」（范溫《潛溪詩眼》），宋末陳仁子也概括爲「世之詩，陶者自沖淡處悟入，
杜者自忠義處悟入」（陳仁子《牧萊脞語》），可見宋代審美趣味的變化及其與
理學的關係。

　　如果「擺落漢唐」可以溯至柳開、劉敞、歐陽修等，以歐陽修爲代表，
則「獨研義理」可以追至王安石、程顥程頤兩兄弟，以二程爲代表。

　　二程解《詩》重視「致思」和「明理」（《程氏遺書》卷十八）。有學者認
爲「『義理』乃二程《詩》學的核心範疇」，「『義理』是二程《詩》學的新創，
也是宋代《詩》學理學化的重要表現。『義理』的最高範疇是『天理』」〔註 30〕，
如果從二程「自家體貼出來」〔註 31〕的「天理」角度理解，這種「義理」意
義上的《詩經》學研究，的確肇端於二程，至南宋而蔚爲大觀；但是以「義
理」爲二程《詩經》學的新創，卻是一種誤解，因爲這種風氣在漢代也有，
從宋代及以後對漢宋學術的稱謂上可以看到這種證據。

　　《伐柯》「伐柯伐柯，其則不遠」，《韓詩外傳》作「原天命，治心術，理

---

　　（續編），人民出版社，2003 年，第 112 頁。
〔註 28〕蕭華榮：《中國詩學思想史》，華東師範大學出版社，1996 年，第 171 頁。
〔註 29〕蕭華榮：《中國詩學思想史》，華東師範大學出版社，1996 年，第 173 頁。
〔註 30〕譚德興：《試論程顥程頤的〈詩〉學思想》，載中國詩經學會編：《詩經研究叢
　　　　刊》（第六輯），第 100 頁。
〔註 31〕《宋元學案》卷十三《明道學案上》，第五冊，商務印書館，1934 年，第 31
　　　　頁。黃百家在按語中認爲「天理」是儒學區別於佛學的根本點，也是程顥學
　　　　術「立宗」所在。

好惡，適性情，而治道備矣，四者不求於外，不假於人，反諸己而已。《詩》曰：『伐柯伐柯，其則不遠。』」范家相解爲「《外傳》引詩，即《中庸》以人治人之意，非斷章取義，右引此二句皆如是解。《毛傳》曰『以其所願乎上交乎下，以其所願乎下事乎上，不遠求也』，引《大學》，正與韓同，蓋美周公之善，因人情以治人也」〔註32〕，由范氏分析可以看出，漢代《詩經》解釋中也有反己而求的義理之說，並直接上承《禮記》，漢代也有「義理之學」，又如《孔疏》在《關雎》部分解釋《毛傳》不訓《序》是因爲其置於篇首而「義理易明」〔註33〕。但要注意《韓詩外傳》的權威性和可靠性，可參考《四庫全書總目提要》「《韓詩外傳》」條，因該書曾遭後人改動，該條被列爲「存目」類。徐復觀先生在《兩漢思想史》第三卷《〈韓詩外傳〉的研究》中明顯將《韓詩外傳》作爲思想的載體來看，並在體裁風格上勾勒出其影響脈絡。該文第五部分《〈韓詩傳〉中的基本思想及其與諸家的關係》，依據《韓詩外傳》把握韓嬰的思想，敘述其與荀子學說的關係，以及體現出的儒、道思想等〔註34〕，這屬於思想學術史的範圍。同時第六部分《〈韓詩傳〉中突出的問題》，涉及「士的問題的突出」、「『士節』的強調」、「養親及君親間的矛盾」、「婦女地位的被重視」〔註35〕，則是歷史學的態度。可見，徐復觀先生事實上已確認了《韓詩外傳》作爲史料的準確性和可靠性。同時，界定漢代義理之學的本質及特徵，除禮義之說外，也有心性內容，而我們這裡所說的「義理之學」主要指心性之學，而漢代承繼先秦典籍，有其因素，但遠不如宋之系統精微。

宋代學者對其所用的「義理」的概念和屬性有一定的描述，有助於我們理解。

「義理」的用法也許最早出自《孟子》〔註36〕，朱熹《孟子集注·告子

〔註32〕 〔清〕范家相：《三家詩拾遺》卷六，叢書集成初編本，第85頁。

〔註33〕 《毛詩正義》卷一《周南關雎詁訓傳第一》，第1頁。

〔註34〕 徐復觀：《兩漢思想史》（第三卷），華東師範大學出版社，2001年，第14～19頁。

〔註35〕 徐復觀：《兩漢思想史》（第三卷），華東師範大學出版社，2001年，第20～28頁。

〔註36〕 「口之於味也，有同耆（嗜）焉；耳之於聲也，有同聽焉；目之於色也，有同美焉。至於心，獨無所同然乎？心之所同然者何也？謂理也，義也。聖人先得我心之所同然耳。故理義之悅我心，猶芻豢之悅我口。」（《孟子·告子上》）

章句上》引「程子曰：『在物爲理，處物爲義，體用之謂也。孟子言人心無不悅理義者，但聖人則先知先覺乎此耳，非有以異於人也。』程子又曰：『理義之悅我心，猶芻豢之悅我口，此語親切有味。須實體察得理義之悅心，眞猶芻豢之悅口，始得。』」〔註37〕，據說程頤對《孟子解》不滿意而已焚毀該書，今傳爲藍田呂氏講義（見《二程集》），此語不知是否與《孟子解》有關。

張載認爲「義理無形體。要說則且說得去，其行持則索人工夫，故下學者所以鞭後而趨齊也」〔註38〕，「道德性命是長在不死之物也，己身則死，此則常在」〔註39〕，「天下義理只容有一個是，無兩個是」〔註40〕，點出了「義理」的抽象、恒常、唯一等幾個特徵。

陸九淵則將「義理」與「良心」聯繫起來，「常俗汩沒於貧富、貴賤、利害、得喪、聲色、嗜欲之間，喪失其良心，不顧義理，極爲可哀」〔註41〕，「人之所以爲人者，惟此心而已。一有不得其正，則當如救焦溺而求所以正之者」〔註42〕，「義理所在，人心同然，縱有蒙蔽移奪，豈能終泯，患人之不能反求深思耳。此心苟存，則修身、齊家、治國、平天下一也；處貧賤、富貴、死生、禍福亦一也。故君子素其位而行，不願乎其外」〔註43〕。

由程、張、陸的論述看，宋代學者所稱的「義理」一般是「道德性命」之理，基本是指無形體的，不異於人的，於人生至爲重要的，有賴踐行的，具有親切、永恒和排中（邏輯學排中律意義上的「排中」）品格的同心或共識，實際上指並非僅以外在規範、規則形式存在的倫理道德。

也許正是在這種意義上，夏君虞先生認爲「義理之學」是「心學」（不僅僅限於陸王心學，還包括程朱理學等）的別名，「義理學爲研究心之體用之學，

〔註37〕　《孟子集注》卷十一《告子章句上》，載〔宋〕朱熹：《四書章句集注》，第330頁。

〔註38〕　《張子語錄·語錄中》，載〔宋〕張載：《張載集》，中華書局，1978年，第322頁。

〔註39〕　《經學理窟·義理》，載〔宋〕張載：《張載集》，中華書局，1978年，第273頁。

〔註40〕　《經學理窟·義理》，載〔宋〕張載：《張載集》，中華書局，1978年，第275頁。

〔註41〕　〔宋〕陸九淵：《陸九淵集》卷四《書·與符復仲》，鍾哲點校本，第59～60頁。

〔註42〕　〔宋〕陸九淵：《陸九淵集》卷六《書·與傅全美》，鍾哲點校本，第76頁。

〔註43〕　〔宋〕陸九淵：《陸九淵集》卷二十《序贈·鄧文苑求言往中都》，鍾哲點校本，第255～256頁。

乃一完全心學之別名。所以謂之義理學，而不逕稱之爲心學者，蓋以此學研究之對象，以心之義理爲主，而不著重心之物質」〔註44〕。

## 三、理學與宋代《詩經》學

我們這裡的「宋代《詩經》學」特指兩宋的《詩經》研究，而非洪湛侯先生在學術方法和風格意義上使用的「詩經宋學」概念（參見洪湛侯《詩經學史》），後者的外延要較前者寬泛一些，元明清的一些《詩經》學研究也必須加以考察。

日本著名漢學家內藤湖南（1866～1934）認爲「宋代則是近世的開始，其間包含了唐末至五代一段過渡期」〔註45〕，又說：

> 經學的變化在唐已出現先兆。漢魏六朝之風一直傳至唐代初期，經學重家法和師法，倡導古代傳下來的學說，但不允許改變師承，另立新說。當然，亦有人想出種種方法，多次近乎公然的嘗試變更舊說，不過未有成功。當時的著述大多以義疏爲主。義疏是對經書中注的詳細解說，原則是疏不破注。然而到了唐代中葉，開始有人懷疑舊有注疏，要建立一家之言。最早的是有關《春秋》的新說。到了宋代，這個傾向極度發達，學者自稱從遺經發現千古不傳的遺義，全部用本身的見解去作新的解釋，成爲一時風尚。〔註46〕

這段論述今天已比較常見了，儘管對「宋代近世說」還有不少爭議（如漆俠先生等），但是同陳寅恪先生等看法近似，都是將唐中葉與宋代聯繫起來加以認識，而且對宋代「因文見義」的解經方法把握得很準確。「宋代理學作爲一個重要解經流派，主要通過解經、注疏和議論經義來表達己意，闡發理學微言大義」〔註47〕。馮曉庭總結唐代後期新學風所呈現的的幾個方面「一是《春秋》學的勃興，一是所謂疑經疑傳，另一項則是『回歸原典』運動」〔註48〕，

---

〔註44〕 夏君虞：《宋學概論》第一章《何謂宋學》，商務印書館，1937 年，第 8 頁。

〔註45〕 內藤湖南：《概括的唐宋時代觀》，載劉俊文主編：《日本學者研究中國史論著選譯》（第一卷 通論），黃約瑟譯本，中華書局，1992 年，第 10 頁。

〔註46〕 內藤湖南：《概括的唐宋時代觀》，載劉俊文主編：《日本學者研究中國史論著選譯》（第一卷 通論），黃約瑟譯本，中華書局，1992 年，第 16 頁。

〔註47〕 吳雁南、秦學頎、李禹階主編：《中國經學史》，福建人民出版社，2001 年，第 332 頁。

〔註48〕 馮曉庭：《宋初古文學家的經學觀析論》，載彭林主編：《經學研究論文選》，上海書店出版社，2001 年，第 34 頁。

淵源於唐代中葉以後的新學風綿延至宋代而成爲風尚，在該文中，作者還將以己意解經、繼承韓柳「道統」的角色歸至較歐陽修年長的柳開。柳開是古文運動的倡導者，歷來《詩經》學未將其作爲宋代《詩經》學的開創者，但是他「《詩》之立言，不執其體，幾與《易》象同奧，若玄之是箋，皆可削去之耳」（《補亡先生傳》）的認識新穎不俗，爲新義誕生提供了可能。但是未從記載中發現其現實的影響，宋人也多溯至周敦頤、歐陽修。

謝无量先生認爲「漢唐訓詁學，束縛思想太甚。至宋代乃起一大反動。學者主張自由研究眞理，不拘守注疏。對於群經，每用自己之主見，求古人之精神。說《詩》諸家，也多半如此」，「宋代可謂經術革命時期」〔註 49〕，以「對於群經，每用自己之主見，求古人之精神」來概括宋學的整體特點，並認爲宋代《詩經》學也同樣不例外。漢宋《詩經》學的差異則主要體現在探討「義理」的側重點和方式上。

漢、宋《詩經》學皆是「義理」之學，只是略有偏重，或者說是旨趣和方法各有千秋而已。前者側重外在的禮儀規範，後者注重內在的心性修養；前者突出章句訓詁，後者強調涵泳體會；前者以禮和史解《詩》，後者以理和《四書》解《詩》；前者周密繁瑣，後者平易簡約；前者家法森嚴，後者兼收並蓄。總之，漢、宋《詩經》學的演變體現了《詩經》學由外向內、由繁向約的文本復歸傾向〔註 50〕，同時在理學及《四書》學的促進下逐步走向注重心性的精微義理闡說。在這種注重「因文見義」或「以詩解詩」、溝通古今人情事理的基礎上，涉及到不少《詩經》學的基本問題，如樂歌和徒歌、孔子是否刪《詩》、淫詩的認定、對漢唐學術的再認識和再評價、詩歌的性質和作者、笙詩的聲和辭以及對詩歌意味的涵泳等，《詩經》文本的不少文學因素和面紗已被有意無意地揭開；同時《詩經》學的文化性和學術性也得到進一步的增強，成爲把握宋代理學和《詩經》學研究的共同途徑，也是進一步推進《詩經》學和理學研究的薄弱環節和重要方面〔註 51〕。

〔註 49〕 謝无量：《詩經研究》，商務印書館，1923 年初版，1935 年第 1 版，第 44 頁。
　　　　 按：「說《詩》諸家」中的書名號爲筆者所加。
〔註 50〕 有些學者稱爲「元典復歸」或「復歸原典」。
〔註 51〕 思想學術與《詩經》學的領域已開始被關注，夏傳才先生《元代經學的社會歷史背景和程朱之學的發展》一文就被認爲「反映了《詩經》學史的研究進入研究薄弱的領域」，參見林祥徵：《夏傳才先生對現代〈詩經〉學的貢獻》，載中國詩經學會編：《詩經研究叢刊》（第六輯），學苑出版社，2004 年，第258 頁。

　　宋代與漢代在《詩經》學研究上，雖都重視文本闡釋所顯彰的倫理道德價值，即重義理之學，但宋代的義理之學之所以以義理自標，更重要的是關注個體心性修養，將人倫與天理、心性與命緊密地結合起來，在修身致理的同時實現家庭、人際、政治關係的和諧，實現家庭和睦、國家興盛、天下太平的儒家理念。在《詩經》學（關於《詩經》的研究，經學時代體現爲義理解釋）中也有鮮明的體現。漢代及漢以前，重得賢，得賢和「禮」又緊密地關聯在一起〔註52〕，如《南有嘉魚》、《南山有臺》等，《詩序》即解爲「樂與賢也。太平之君子至誠，樂與賢者共之也」，「樂得賢也。得賢則能爲邦家立太平之基矣」〔註53〕，因此就更重視禮學的揭示。而宋代則漸多凝聚於個人的修養上，以獲修齊治平之效，如朱子等解《關雎》，便與漢代解爲「美后妃」〔註54〕不同，其實，「美后妃」也是「得賢」或幫助「得賢」的一種置換性表達或具體體現；又如《毛詩》對《卷耳》《兔罝》等的解釋，朱子解爲「美文王」，視爲文王修齊的結果，解釋視點轉歸至個體的心性修養上，突出了理學與禮學在內在心性與外在規範重點強調的差異，也顯示了理學帶給《詩經》學的更內在、更關注心性的學術品格。同時，儘管對理學家而言，《詩經》不如「四書」純醇，但畢竟這種視野使《詩經》或多或少顯示了理學家在「四書」中標舉的義理，這也應是宋代《詩經》學對理學的貢獻。因此，宋代《詩經》學也有深致精微、簡約深刻的特點，重視以簡御繁、執一御萬的義理。

　　借《詩》以明道、解道本是儒家經典解釋的久遠傳統，至宋而大明。《詩

---

〔註52〕 如穆生與楚元王父子等。「楚元王交字游，高祖同父少弟也。好書，多材藝。少時嘗與魯穆生、白生、申公俱受《詩》於浮丘伯。伯者，孫卿門人也。及秦焚書，各別去」「元王好《詩》，諸子皆讀《詩》，申公始爲《詩》傳，號《魯詩》。元王亦次之《詩》傳，號曰《元王詩》，世或有之」，「初，元王敬禮申公等，穆生不耆（嗜）酒，元王每置酒，常爲穆生設醴。及王戊即位，常設，後忘設焉。穆生退曰：『可以逝矣！醴酒不設，王之意怠，不去，楚人將鉗我於市。』稱疾臥。申公、白生強起之曰：『獨不念先王之德與（歟）？今王一旦失小禮，何足至此！』穆生曰：『《易》稱『知幾其神乎！幾者動之微，吉凶之先見者也。君子見幾而作，不俟終日。』先王之所以禮吾三人者，爲道之存故也；今而忽之，是忘道也。忘道之人，胡可與久處！豈爲區區之禮哉！』遂謝病去。申公、白生獨留。」（《漢書·楚元王傳》）所引《易傳》文字與今本略有不同，「知幾，其神乎。君子上交不諂，下交不瀆，其知幾乎。幾者，動之微，吉凶之先見者也。君子見幾而作，不俟終日」（《周易·繫辭下》）。

〔註53〕 〔漢〕毛萇傳述，〔宋〕朱熹辨說：《詩序》，叢書集成初編本，第30頁。

〔註54〕 當然這是《毛詩》的看法，三家《詩》皆以爲刺詩，但後來《毛詩》居於一尊，這種說法的影響尤遠。

經》的文學解釋與義理解釋本不是矛盾的，中國古代文學史上有側重形式的線索，漢大賦、南北朝駢體文、四聲八病，「詩緣情以綺靡」（陸機《文賦》、劉勰《文心雕龍》等），但佔主導的則是言志傳統（《尚書》、《毛詩序》）、經國取向（曹丕《典文》）、意味宗旨（鍾嶸《詩品》）、載道關懷（韓愈《送陳秀才彤序》），因此，在經學時代，解經的義理取向不僅取決於對經學的價值和地位的認定，與文學史中重「志」、「道」的傳統也密切相關。

　　但這並不意味著他們對現實就不重視，經學的價值取向使他們有強烈的現實意識，在《詩經》研究中也往往寄寓著現實的關懷。除探討一些心性義理命題外，往往會涉及許多現實問題，有的甚至相當具體，並具有一定的針對性，在《詩經》研究中也是如此。《定之方中》第三章「靈雨既零，命彼倌人，星言夙駕，說於桑田。匪直也人，秉心塞淵，騋牝三千」，劉瑾《詩傳通釋》「土介甫又曰：上章既言城市宮室，於是言其政事。蓋人君先辨方正位，體國經野，然後可以施政事云。古人戴星而出，戴星而入，必是身耐勞苦，方能率得人」〔註55〕；《干旄》，《讀詩記》「王氏曰：以『素絲組馬』〔註56〕以好賢者，臣子之好善也。人君之好善，則非特如此，必與之食天祿，其天位焉」〔註57〕，詳述國君的榜樣作用，因爲爲經筵講習之作，所以進諫國君的意圖很明顯。借《詩經》言政事，也是王安石《詩經》學的特點之一，這個關注現實的傳統在南宋的《詩經》學中得到了進一步的弘揚，如朱熹、袁燮等。《殷武》，《讀詩記》「王氏曰」「四夷事中國，乃常道也」〔註58〕，這種「常道」意識也和當時的現實處境緊密聯繫在一起。《楊龜山先生集》卷六《辨日錄》引王安石《神宗日錄》：「余奏：『既立結吳延徵，即須處分王韶招捉木徵，然後蕃部無向背，專附延徵。』云云。潞〔註59〕曰：『夷狄自夷狄，略近勤遠，非義。即自己深入險阻，費運饋，不可不計下梢。』曰：『秦漢以後事不足論。如《詩》稱高宗奮伐荊楚，深入其阻，如火烈烈，則莫我敢遏，非是不攻夷狄。如火烈烈，其師必眾；師眾必用糧食，非是不費運饋。如鎮洮更是中國地，久爲夷狄所陷，今來經略爾，不至勞費。』」〔註60〕引《詩》論

---

〔註55〕《詩義鉤沉》卷三《鄘柏舟義第四》，第46頁。
〔註56〕點校者按：聽彝堂本作「素絲良馬」。
〔註57〕《詩義鉤沉》卷三《鄘柏舟義第四》，第48頁。
〔註58〕《詩義鉤沉》卷二十《那義第三十》，第307頁。
〔註59〕點校者按：指文彥博。
〔註60〕《詩義鉤沉》卷二十《那義第三十》，第307頁。

時事，蘊藏著王安石對時事局勢的看法，更體現了他的夷夏觀念和常道思想。

所以，宋代《詩經》學的特徵也許可以簡略概括如下：經學屬性的本質、義理之學的內核、簡直明易的風格、注重心性的傾向與經世事功的關懷。

朱熹《大學章句序》說：

> 及孟子沒（歿）而其傳泯焉，則其書雖存，而知者鮮矣！自是以來，俗儒記誦詞章之習，其功倍於小學而無用；異端虛無寂滅之教，其高過於大學而無實。其他權謀術數，一切以就功名之說，與夫百家眾技之流，所以惑世誣民、充塞仁義者，又紛然雜出乎其間。使其君子不幸而不得聞大道之要，其小人不幸而不得蒙至治之澤，晦盲否塞，反覆沈痼，以及五季之衰，而壞亂極矣！〔註61〕

這段可以顯示宋代尤其是程朱理學家對待典籍闡釋方法轉變的原因，也是《詩經》闡釋沾溉上心性義理的主要原因，包括大道湮沒、五代之亂對宋人的刺激和啓示等因素。當然，在他們看來，《詩經》在闡述義理上不如《四書》那麼純粹，這就有可能使他們在解讀《詩經》文本時揭示其文學上的一些特點，從而對《詩經》（作為文學文本）研究自身作出不可忽視的貢獻，如朱熹等。同時，他們的理學思想和義理闡發的努力也會在解讀中得到體現，因而經過宋代思想家（尤其是理學家）解讀而形成的《詩經》學文本也就成為研究他們思想和學術的資料。所以《宋史·道學傳》稱「迄宋南渡，新安朱熹得程氏正傳，其學加親切焉。大抵以格物致知為先，明善誠身為要，凡《詩》、《書》、六藝之文，與夫孔、孟之遺言，顛錯於秦火，支離於漢儒，幽沈於魏、晉、六朝者，至是皆煥然而大明，秩然而各得其所。此宋儒之學所以度越諸子，而上接孟氏者歟」〔註62〕。

當然這只是理學家的自我評價，至於理學家所奢談的「性命」之理，「十六字心傳」的真偽也被後世學者所懷疑。皮錫瑞說「王應麟曰：《仲虺之誥》，言仁之始也；《湯誥》，言性之始也；《太甲》，言誠之始也；《說命》，言學之始也，皆見於《商書》。『自古在昔，先民有作。溫恭朝夕，執事有恪』，亦見於《商頌》，孔子之傳有自來矣」〔註63〕，王應麟所舉例證分別見於今

---

〔註61〕 〔宋〕朱熹撰《四書章句集注》，中華書局，1983年，第2頁。

〔註62〕 《宋史》卷四百二十七《列傳第一百八十六·道學一》，第12710頁。

〔註63〕 〔清〕皮錫瑞：《經學通論》一《書經·論偽古文言仁言性言誠乃偽孔襲孔學非孔學出偽書》，中華書局，1954年，第95頁。

本《尙書》《仲虺之誥》「克寬克仁，彰信兆民」，《湯誥》「若有恒性，克綏厥猷惟後」，《太甲下》「鬼神無常享，享於克誠」，《說命下》「學於古訓乃有獲。事不師古，以克永世，匪說攸聞。惟學，遜志務時敏，厥修乃來。允懷於茲，道積於厥躬。惟斅學半，念終始典於學，厥德修罔覺」，「見於《商頌》」的《商頌》指《商頌‧那》。針對王應麟的例證，皮錫瑞認爲「《商書》四篇，皆出僞孔古文」，「王氏所舉《商書》四篇之語，惟學之一字，實出《說命》，其餘皆未可據。宋儒講性理，故於古文雖知其僞，而不能不引以爲證。其最尊信者『危微精一』十六字之傳，考『人心之危，道心之微』二語，出《荀子》引《道經》〔註64〕……惟『允執厥中』出《論語》《堯曰》篇」〔註65〕，「惟學之一字，實出《說命》」，皮氏認爲《禮記‧文王世子》引「《兌命》曰」〔註66〕，鄭玄注「兌」爲「說」，故可信。「人心之危，道心之微」出《荀子》引《道經》，則見於《荀子‧解蔽篇第二十一》。皮錫瑞懷疑宋人的性理全部歸屬於其所標稱的「道統」，「十六字」在今天也被認爲是拼湊的產物。但宋人藉此來闡說心性之理，並滲透於儒家典籍的解讀，則是不爭的事實，在宋代《詩經》學中也多能找到這種印痕，尤其是心學家的《詩經》研究。

因而，這個時期的《詩經》學與作爲宋學分支的理學發展階段大體吻合。

## 第二節　宋代《詩經》學研究資料、階段劃分及其依據

### 一、宋代《詩經》學研究資料

宋代《詩經》學研究資料儘管散佚不少，但保存下來的也異常豐富，有的是專門著作，有的則散見於各種集傳類《詩經》學作品、序跋及文集中。

鄭樵《通志》列「《詩》十二種九十部九百四十二卷」〔註67〕，但未標存佚情況，絕大多數是漢晉到隋唐時期的著作，所載宋代著作甚爲寥寥，難以窺察宋代《詩經》學的發展狀況。

---

〔註64〕張岱年先生則認爲「所謂『道經』是否書名，已不可考」（張岱年：《中國古典哲學概念範疇要論》，中國社會科學出版社，1989年，第237頁）。

〔註65〕〔清〕皮錫瑞：《經學通論》一《書經‧論僞古文言仁言性言誠乃僞孔襲孔學非孔學出僞書》，中華書局，1954年，第95頁。

〔註66〕即《兌命》曰：「念終始典於學。」

〔註67〕《通志》卷六十三《藝文一‧藝文略第一》，第758頁。

南宋呂祖謙《呂氏家塾讀詩記》所引四十四家，按所列姓氏統計，當然還有以作品區分而未標姓氏的，量也很大，未統計在內。陸侃如認為「共引古今人四十四家，古今書四十一種」，今有學者統計認為在八十家上下〔註68〕。四十四家中，漢唐九家，宋占三十五家，實為宋代《詩經》學之淵藪。正如朱熹所評，「呂氏家塾之書，兼總眾說，鉅細不遺，挈領持綱，首尾該貫。既足以息夫同異之爭，而其述作之體，則雖融會通徹，渾然若出於一家之言，而一字之訓、一事之義，亦未嘗不謹其說之所自。及其斷以己意，雖或超然出於前人意慮之表，而謙讓退託，未嘗敢有輕議前人之心也」〔註69〕。蔣見元、朱傑人先生認為「宋代《詩經》學資料，賴此書得以保存，是研究我國宋代《詩》學彌足珍貴的寶庫。僅此一點，《讀詩記》就已找到了它在《詩經》研究史上的位置」〔註70〕。

漢唐九家，有毛萇、孔安國（實應為孔穎達，見後文）、鄭玄、何休、陸璣、杜預、郭璞、韋昭、韓愈。宋三十五家，有明道程氏、伊川程氏、橫渠張氏、成都范氏、滎陽呂氏、藍田呂氏、上蔡謝氏、龜山楊氏、廬陵歐陽氏、眉山蘇氏、眉山蘇氏、後山陳氏、臨川王氏、永嘉陳氏、延平羅氏、武夷胡氏、建安游氏、河東侯氏、河南尹氏、南豐曾氏、元城劉氏、三山李氏、長樂劉氏、莆田鄭氏、永嘉鄭氏、長樂王氏、山陰陸氏、渤海胡氏、什方張氏、導江鮮于氏、董氏、徐氏、邱氏、南軒張氏、晦庵朱氏等。呂祖謙所引宋代《詩經》學三十五家，與王柏所說的「三十餘家」數量大體相當。

據王柏考察，宋代之前和宋代的《詩經》學著作，大略如下：

> 凡《詩》家疏義等學合十有二種，九十餘家，至本朝又三十餘家，無非推尊毛鄭，崇尚《小序》。學者惑於同而忘其異，遂信其傳之之果的也。〔註71〕

這可能是南宋末期所存宋代《詩經》研究的大致情況和基本傾向，因南渡及戰亂頻仍，文化典籍屢遭流散，雖歷經宋朝政府多次有意識整理征集修撰，但散佚之作頗多。《詩經》學著作也是如此，根據劉毓慶《歷代詩經著述考（先秦～元代）》所列目錄統計，兩宋共有 304 部（篇），今存（包括輯本）共 86

〔註68〕杜海軍：《呂祖謙文學研究》，學苑出版社，2003 年，第 189 頁。

〔註69〕《呂氏家塾讀詩記・原序》，叢書集成初編本，第 1 頁。

〔註70〕蔣見元、朱傑人：《詩經要籍解題》，上海古籍出版社，1996 年，第 41 頁。

〔註71〕〔宋〕王柏：《詩疑》，顧頡剛校點本，景山書社，1930 年，第 37～38 頁。按：「其傳之之果的也」句疑衍一「之」字。

部（篇），大多已散佚或不見〔註72〕。《四庫全書》所錄及至今一些輯佚的專著或集傳類作品也總共三十來部，與王柏所列數目也許相差不很遠，是否王氏所見，已不得而知。但王柏的評價是不準確的，宋代雖多排駁鄭，但對《序》與《毛傳》的懷疑有一個漸進的過程，並不是每一家都恪遵成說，據現存資料看，絕大多數持理性的態度，但王柏的看法也暗示了《詩經》學前視野色彩的濃鬱，宋代《詩經》學奠基於懷疑的基礎上，並對《毛》《鄭》《序》說有一定的繼承和反思。在該文中，王柏尤其懷疑陸璣關於《毛詩》傳承淵源的看法。

　　《宋史·藝文志》記載兩宋及宋前《詩經》學著作總共為「八十二部，一千一百二十卷，陳寅《詩傳》以下不著錄十四部，二百四十五卷」〔註73〕，總共 96 部、1365 卷，其中漢唐著作超不過 10 部、150 卷。整體可見宋代《詩經》學的規模宏大，發展迅速。

　　僅就《四庫全書總目提要》所列比較集中系統的宋代《詩經》學專著和集傳類著作，與各代《詩經》研究及宋代「五經」和《四書》的研究作縱向和橫向比較（見表 1 和表 2），也能初步發現宋代《詩經》學的一些特色和概貌。當然，我們不能完全漠視當時學術著作在流傳過程中的歷史篩汰現象，也許置於我們面前的著作僅是當時極少的一部分，陳寅恪先生有類似精彩的分析和無奈的感慨〔註74〕，但畢竟可以從一個側面揭示宋代《詩經》學學術研究的基本旨趣與整體態勢。

## 表 1：宋代與其它各代《詩經》研究著作比較簡表

|  | 先秦 | 漢 | 吳 | 唐 | 宋 | 元 | 明 | 清 |
|---|---|---|---|---|---|---|---|---|
| 總目 | 1 | 2 | 2 | 1 | 18 | 7 | 10 | 22 |
| 存目 | 0 | 0 | 0 | 0 | 3 | 0 | 44 | 35 |
| 總計 | 1 | 2 | 2 | 1 | 21 | 7 | 54 | 57 |
| 備註 | 即《詩序》 | 含附錄所列 1 種 |  |  |  |  |  |  |

〔註72〕 劉毓慶：《歷代詩經著述考（先秦～元代）》，中華書局，2002 年。
〔註73〕 《宋史》卷二百零二《志第一百五十五·藝文一》，第 5048 頁。
〔註74〕 參見陳寅恪：《馮友蘭中國哲學史上冊審查報告》，載《陳寅恪集·金明館叢稿二編》，生活·讀書·新知三聯書店，2001 年，第 279 頁。

表2：宋代「五經」及《四書》研究著作比較簡表

|  | 詩類 | 易類 | 書類 | 禮類 | 春秋類 | 四書類 |
|---|---|---|---|---|---|---|
| 總目 | 18 | 56 | 22 | 25 | 38 | 22 |
| 存目 | 3 | 7 | 3 | 3 | 5 | 6 |
| 總計 | 21 | 63 | 25 | 28 | 43 | 28 |
| 備註 |  | 含託名之作3種 |  | 含附錄所列3種，偽書4種，有異義者1種 | 含偽書2種 | 含託名之作5種 |

　　由表1可以發現，如果作縱向角度的比較，宋代《詩經》學雖不能與明、清相較，但與其它各代比較則呈現出相當壯觀的態勢。如果說，宋代以前的漢唐《詩經》學研究還比較集中，《詩經》學歧義紛出，超越前代，已不能像漢唐定於一尊，正是自宋代開始。宋代《詩經》學自身也得到更廣泛深入的發展，且自成風格，在《詩經》學史上佔有相當重要的地位。

　　由表2也可以發現，儘管宋代《詩經》學在橫向角度的比較中顯得較其他學科門類略薄弱一點，僅就《四庫全書》的編者所搜集到的有關宋代《詩經》學的著作來看，無論是從總體數量上，還是從總目與存目所列的著作數目上，都明顯少於《易》類、《書》類、《禮》類、《春秋》類著作，尤其是《易》類著作，這在一定程度上反映了宋代易學的興盛，宋代學者對《易》的重視。如果結合宋代理學的發展考察，這種分析也是符合歷史和學術實際的，也就是說我們這種分析和比較是有效度和信度的，可以作為討論宋代《詩經》學的基礎。即使同新興的《四書》學相比，也似乎稍遜一籌，同樣也反映了宋代學術的理論特色與治學重點，那麼，這種學科分佈產生的原因到底是什麼，《詩經》學在宋代究竟處於一種怎樣的地位，人們是怎樣認識它的，為什麼會產生這種情況，皆是值得深入思考的問題。

　　在史料方面，對於未有專門《詩經》學著作流傳的重要學者，則將從其文集等中試作鉤沉和輯佚，如張載、謝良佐、楊時、陸九淵等，其他學者則參考《經義考》、《經義考補正》、《宋元學案》及一些筆記史料努力嘗試補充，一鱗半爪，彌足珍貴。

## 二、宋代《詩經》學的階段劃分及依據

### （一）宋代至清代關於宋代《詩經》學的階段劃分和基本認識

朱熹在淳熙壬寅（1182）九月己卯爲《呂氏家塾讀詩記》寫的《序》（初編本稱爲《原序》）中說：

> 《詩》自齊、魯、韓氏之說不傳，而天下之學者，盡宗毛氏。
> 毛氏之學，傳者亦眾，而王《述》之類，今皆不存，則推衍毛說者，
> 又獨鄭氏之《箋》而已。唐初諸儒爲作《疏義》，因僞踵陋，百千萬
> 言，而不能有以出乎二氏之區域。至於本朝，劉侍讀、歐陽公、王
> 丞相、蘇黃門、河南程氏、橫渠張氏，始用己意有所發明。雖其淺
> 深得失，有不能同，然自是之後，三百五篇之微詞奧義，乃可得而
> 尋繹。蓋不待講於齊、魯、韓氏之傳，而學者已知《詩》之不專於
> 毛、鄭矣。及其既久，求者益眾，說者愈多，同異紛紜，爭立門户，
> 無復推讓祖述之意，則學者無所適從，而或反以爲病。〔註75〕

朱熹簡明地敘述了漢唐《詩經》學與宋代《詩經》學的不同。前者突出了毛
鄭的影響。後者則扼要地概括爲兩個階段，即劉敞、歐陽修、王安石、蘇轍、
二程、張載「始用己意有所發明」；南宋後觀點眾多，紛紜難從，漸有集眾家
之說加以裁奪的《呂氏家塾讀詩記》類作品。當然，朱熹自己的《詩經集傳》
也屬於這一類，甚至使其他各家廢而不行，連他自己也覺得不好（《朱子語類》
卷八十）。

朱德潤爲鄭樵《詩傳訓詁》作的《序》中說：

> 漢儒專門訓詁一經之旨，揚鑣分路，使後世學者莫適，而經之
> 本文亦乖戾破碎。至宋濂洛諸儒出，然後諸經之旨粲然明白。今考
> 載籍《詩》傳，自伊川、歐、蘇諸先生發其理趣，南渡後李迂仲、
> 張南軒、呂東萊、戴岷隱、嚴華谷諸先生又各自名家。而方今學者
> 咸宗朱氏者，豈非以其義明理暢足以發詩人比興之旨趣，辭簡意備
> 足以廣詩人賦詠之性情乎？〔註76〕

朱德潤將宋代經學的實質性變化追溯至濂洛諸儒，而《詩經》學則基本劃分

---

〔註75〕　《呂氏家塾讀詩記・原序》，叢書集成初編本，第1頁。按：「王《述》」當指
　　　　　王肅《毛詩注》（二十卷），已佚。
〔註76〕　〔清〕朱彝尊編，朱昆田校：《經義考》卷一百零六，乾隆四十二年（1777
　　　　　年）本，第2頁。

為三個階段，首先是程頤、歐陽修、蘇轍「發其理趣」，其次是南宋李樗、張栻、呂祖謙、戴溪、嚴粲等各自名家，最後是朱熹《詩經》學獨尊局面的形成。總體上也是一歷時的劃分，但不甚嚴格。

與楊簡有書信來往的樓鑰說：

> 由漢以至本朝，千餘年間，號為通經者不過經述毛鄭，莫詳於孔穎達之《疏》，不敢以一語違忤二家，自不相侔者，皆曲為說以通之。韓文公，大儒也，其上書所引《菁菁者莪》，猶規規然守其說。惟歐陽公《本義》之作，始有以開百世之惑，曾不輕議二家之短長，而能指其不然，以深持詩人之意。其後王文公、蘇文定公、伊川程先生各著其說，更相發明，愈益昭著，其實自歐陽氏發之。〔註77〕

這裡，雖未明晰地劃分宋代整個《詩經》學的演變階段，但根據漢宋《詩經》學的轉折關鍵來確定歐陽修《詩本義》在宋代《詩經》學中的重要地位，「始有以開百世之惑」，並認為王安石、蘇轍、程頤等祖歐陽修而「各著其說，更相發明，愈益昭著」。在肯定歐陽修的開創作用上，《四庫全書總目提要》編者的結論也不過如此。

黃震《讀詩一得》，一卷，《經義考》作「存」，黃震《自序》說：

> 《毛詩》注釋簡古，鄭氏雖以禮說《詩》，於人情或不通，及多改字之弊，然亦多有足以裨《毛詩》之未及者。至孔氏《疏義》出而二家之說遂明。本朝伊川與歐、蘇諸公又為發其理趣，《詩》益煥然矣。南渡後，李迂仲集諸家為之辨而去取之，南軒、東萊止集諸家可取者，視李氏為徑，而東萊之《詩記》獨行。岷隱戴氏遂為《續詩記》，建昌段氏又用《詩記》之法為《集解》，華谷嚴氏又用其法為《詩緝》，諸家之要者多在焉，此讀《詩》之本說也。雪山王公質、夾漈鄭公樵始皆去《序》而言《詩》，與諸家之說不同。晦庵先生因鄭公之說盡去美刺，探求古始，其說頗驚俗，雖東萊不能無疑焉。夫《詩》非《序》莫知其所自作，去之千載之下，欲一旦盡去自昔相傳之說，別求其說於茫冥之中，誠亦難事。然其指《桑中》、《溱洧》為鄭衛之音，則其辭曉然。諸儒安得迴護而謂之雅音。若謂《甫

---

〔註77〕 〔清〕朱彝尊編，朱昆田校：《經義考》卷一百零四，乾隆四十二年（1777年）本，第3頁。按：「違忤二家」的「二家」指毛鄭；「曲為說」，劉毓慶《歷代詩經著述考（先秦～元代）》作「為曲說」（劉著第134頁）。

田》、《大田》諸篇皆非刺詩，自今讀之，皆藹然治世之音。若謂成
王不敢康之，成王爲周成王，則其說實出於《國語》，亦文義之曉然
者，其餘改易固不可一一盡知。若其發理之精到，措詞之簡潔，讀
之使人瞭然，亦孰有加於晦庵之《詩傳》者哉？學者當以晦庵《詩
傳》爲主，至其改易古說，間有於意未能遽曉者，則以諸家參之，
庶乎得之矣。〔註78〕

可見，黃震對朱熹《詩經集傳》膺服有加，但正如《四庫全書總目提要》認
爲的那樣，不無懷疑；如果從學者認識上說，尊崇朱氏《集傳》似乎在這個
時候已經漸漸地開始了。黃震持論較平允，既明確了鄭玄以禮解《詩》有不
合人情的地方，但又未全盤否定。對《孔疏》也多有褒獎。就宋代《詩經》
學言，黃震基本是按對待《詩序》的態度來勾勒的。北宋程頤、歐陽修、蘇
轍等「發其理趣」。南宋則有李樗、張栻、呂祖謙不同方式的集傳類作品，呂
氏獨著，並影響至戴溪、段昌武和嚴粲。這是後來常說的所謂尊《序》派。
黃震認爲「去《序》言《詩》」則有王質、鄭樵等，朱熹受鄭樵的影響，以己
意解《詩》。這是後來常說的所謂廢《序》派。黃氏對朱熹的「淫詩說」也未
全部否定，而多有推尊《集傳》之意。值得一提的是，黃震的劃分方法對《四
庫全書》的編者及現當代《詩經》學史（或研究史）影響深遠，凡以「尊《序》」
（或崇《序》）「廢《序》」（或「斥《序》」）對立來敘述宋代《詩經》學演變
者，即直接或間接地受其啓發和牢籠。

　　王柏《詩可言集》，《宋志》作二十卷，《經義考》作「未見」。方回〔註79〕
在給王柏《詩可言集》作的《序》中說：

　　　　《可言集》，前後二十卷，金華魯齋王公柏之所著也，此集專以
評詩，故曰《可言》。前集取文公《文集》、《語錄》等所論三百五篇
之所以作及《詩》之教之體之學，而及於《騷》；次取文公所論漢以
來至宋及題跋近世諸公詩。後集各專一類，而論其詩者二十三人，曰
濂溪、橫渠、龜山、羅豫章、李延平、徐逸平、胡文定、致堂、五峰、

---

〔註78〕　〔清〕朱彝尊編，朱昆田校：《經義考》卷一百一十，乾隆四十二年（1777
　　　　　年）本，第3～4頁。
〔註79〕　宋代和元代各有一「方回」：宋方回撰有《左史呂公家傳》、《監簿呂公家傳》，
　　　　　載《四庫》本《左史諫草》（〔宋〕呂午撰）；元方回撰有《續古今考》，載《四
　　　　　庫》本《古今考》（〔宋〕魏了翁撰），還撰有《桐江續集》、《文選顏鮑謝詩評》，
　　　　　編有《瀛奎律髓》等。此處「方回」究竟是哪一位，待考。

朱韋齋、劉屏山、潘默成、呂紫微、曾文清、文公、宣公、成公、黃谷城、黃勉齋、程蒙齋、許毅齋、劉筐嶧、劉漫塘，附見者五人，曰劉靜春、曾景建、趙昌父、方伯謨、李果齋。其第十三卷專取漢唐山夫人《房中樂》，然則其立論可謂嚴矣。文公、成公於「思無邪」各爲一說，前輩謂之未了公案。「《詩三百》，一言以蔽之，曰思無邪」，自古及今皆謂作詩者思無邪，文公獨不謂然，《論語集注》謂「凡詩之言，善者可以感發人之善心，惡者可以懲創人之逸志」，觀此固已爲詩之言有善有惡，作詩之人不皆思無邪矣。猶未也，《文集》第七十卷「讀東萊《詩記》」，乃有云：孔子之稱「思無邪」也，以爲《詩》三百篇勸善懲惡，雖其要歸無不出於正，然未有若此言之約而盡者爾，非以作詩之人所思皆無邪也。今考東萊所說見《桑中》詩後，謂詩人以「無邪之思」作之，學者當以「無邪之思」讀之。文公則辨之曰：彼雖以有邪之思作之，而我以無邪之思讀之。二公之說不同如此。又「雅」、「鄭」二字，文公謂《桑中》、《溱洧》即是鄭聲衛樂，《二雅》乃雅也；成公謂《桑中》、《溱洧》亦是雅聲，彼桑間濮上已放之矣。予嘗詳錄二先生異說於《思無邪》章。今魯齋但紀（記）文公之說，而不紀（記）成公之說，雖引成公《讀詩記》所說十有三條，而《桑中》詩後一條不錄，無乃以文公之說爲是耶？別見魯齋《詩》說，則謂今之三百五篇非盡夫子之三百五篇。〔註80〕

這段材料雖然涉及的問題較多，如王柏《詩可言》與朱熹《詩經》學的關係，朱熹與呂祖謙圍繞鄭衛之音的爭論以及王柏對待二者的態度等。從宋代《詩經》學史角度分析，這段材料不僅有助於理解南宋末年王柏的《詩經》學思想，而且因爲其涉及到眾多《詩經》學家，儘管《詩可言》已不知著落，但據此名單，可以發現其中有不少是平時我們所稱的「理學家」，當然所論的「詩」不僅僅是《詩經》的詩。但也許能暗示這些理學家與詩及《詩經》存在著一定的關係。

## （二）現當代《詩經》學史研究對宋代《詩經》學發展階段的認識

謝无量的《詩經研究》是較早的一部具有現代意義的《詩經》學研究著

---

〔註80〕〔清〕朱彝尊編，朱昆田校：《經義考》卷一百一十，乾隆四十二年（1777年）本，第4～5頁。按：所引「《論語集注》謂」句見《論語集注》卷一《學而》；「勤善懲惡」之「勤」當作「勸」；「觀此固已爲詩之言有善有惡」的「爲」疑爲「謂」之訛。

作。全書分爲五章，依次是《詩經總論》（包括《詩經》的來歷、義例及《詩序》與篇次、詩經學流傳及注家研究）、《詩經與當時社會之情勢》（包括古代固有之思想、國家制度與《詩經》、家族禮制與《詩經》）、《詩經的歷史上考證》（包括對周室、邶鄘衛、鄭、齊、晉、秦、陳、檜曹的史證）、《詩經的道德觀》（包括家庭、個人、國家的道德）、《詩經的文藝觀》（包括詩形及詩韻、《詩經》的修辭法）。基本是材料的類編和條理，但規模初具，指出了多個有待深化的新研究領域。關於漢宋《詩經》學的演變及宋代《詩經》學的發展，他說：

> 漢唐訓詁學，束縛思想太甚。至宋代乃起一大反動。學者主張自由研究眞理，不拘守注疏。對於群經，每用自己之主見，求古人之精神。說《詩》諸家，也多半如此。

> 王得臣、程大昌議《詩序》，實自蘇轍發端。

> 宋代可謂經術革命時期。及朱子出，乃確開一詩學之新局面。
〔註81〕

> 要之古代詩學，至北宋即破壞無遺。或疑《毛詩》，疑《鄭箋》，疑《小序》。乃至從古所信之「六義」、「四始」、大小、正變等說，無一不發生問題。朱子出爲之折衷去取，議論稍定。自是《朱注》大行，毛鄭之學，又漸漸衰了。〔註82〕

> 《呂氏家塾讀詩記》仍墨守毛鄭。嚴粲《詩緝》，又宗呂氏。
〔註83〕

肯定了蘇轍議《序》、呂祖謙《呂氏家塾讀詩記》對南宋《詩經》學的影響，尤其是突出了朱熹《詩經》學的重要地位，但並未超邁前人論述。

　　胡樸安繼承前人的研究成果，分析更加細膩周密，他在所著《詩經學》的《宋元明詩經學》部分中說：

> 自唐以來，說《詩》者悉宗毛鄭，謹守《小序》；至宋而新意日增，舊說幾廢。宋人說《詩》略分三派：一廢《小序》派，二存《小序》派，三名物訓詁派。非《小序》一派，其傳最盛。推原所始，

---

〔註81〕　前述三則材料均見於謝无量：《詩經研究》，商務印書館，1923 年初版，1935年第 1 版，第 44 頁。按：「《詩》」、「《詩序》」的書名號爲筆者所加。
〔註82〕　謝无量：《詩經研究》，商務印書館，1923 年初版，1935 年第 1 版，第 45 頁。
〔註83〕　謝无量：《詩經研究》，商務印書館，1923 年初版，1935 年第 1 版，第 45 頁。

實發於歐陽修之《毛詩本義》。〔註84〕

修著《本義》，雖不輕議毛鄭，然亦不確守毛鄭。觀其所言，已開宋人以己意說經之始。嗣後蘇轍作《詩集傳》以廣其義。其說以《詩》之《小序》，反覆繁重，類非一人之詞，疑爲毛公之學，衛宏之所集錄，則是對於《小序》，已略有懷疑之意矣。迨至鄭樵作《詩辨妄》，王質作《詩總聞》，毛鄭之義，廢棄無餘矣。〔註85〕

《詩辨妄》六卷，專攻毛鄭之妄，削去《小序》，而以己意說之也。質之《詩總聞》，雖不字字攻詆《小序》，然毅然自用，別出心裁，勇銳之氣，幾掃前說而一空之。此皆廢《小序》之最力者也。朱子作《詩集傳》，頗用調和之說。故雖雜採毛鄭，然卒廢《小序》不用。自是讀《詩》者，幾不知有《小序》矣。《小序》既廢，《詩》義多晦。鄭衛之風，悉爲淫奔之詩。鄭風尤甚。〔註86〕

朱子廢《小序》說《詩》。其傳最盛。一時說《詩》者，雖非朱子的（嫡）傳，大概悉受朱子之影響，破舊說而持新義。若楊簡之《慈湖詩傳》，袁燮之《絜齋毛詩經筵講義》，皆排斥《序》《傳》，說以義理。楊氏之學，出於陸九淵，高明之過，勇於疑古。其說《詩》也，……思想之所至，遂多新說……穿鑿無根，此其蔽也。袁氏說《詩》，注重時事。……雖經筵之體，義重獻納，然持論不衷於古矣。蓋宋人說《詩》，自朱子而後，多以《集傳》爲宗。如輔廣之《詩童子問》，朱鑒之《詩遺說》，尤其顯然者。又有王柏者著《詩疑》。王爲朱子三傳弟子〔註87〕，其《詩》學亦出於朱子。但其攻斥毛鄭，改刪經文，至削《詩》三十餘篇，並移其篇次，爲變本加厲耳。此一派也。呂氏祖謙，與朱子同時。……後朱子改從鄭樵之說，不用《小序》；呂氏仍守毛鄭。……呂氏《讀詩記》所採朱子之說，而朱子特加以否認也。然呂氏之書，亦頗傳誦於一時。有戴溪者著《續呂氏讀詩記》，以《毛傳》爲宗，折衷眾說。於名物訓詁，頗爲詳悉。

---

〔註84〕 胡樸安：《詩經學》，商務印書館，1928 年初版，1933 年第 1 版，第 97 頁。
〔註85〕 胡樸安：《詩經學》，商務印書館，1928 年初版，1933 年第 1 版，第 97 頁。
〔註86〕 胡樸安：《詩經學》，商務印書館，1928 年初版，1933 年第 1 版，第 97～98頁。
〔註87〕 胡樸安原注：柏師何基，基師黃榦，黃榦師朱子。

不廢古訓，而亦時有新說。……又有嚴粲者著《詩緝》，以呂氏《讀詩記》爲主。……又有段昌武者著《毛詩集解》，大致亦仿呂氏《讀詩記》。……呂氏本《小序》以說《詩》，戴氏嚴氏段氏，皆本呂氏而不廢《小序》，然新說亦時時有之，此又一派也。蔡氏卞王氏應麟，在宋儒之中，其學頗爲徵實。蔡氏著《毛詩名物解》，踵陸氏之例爲之，而徵引加博。王氏著《詩考》，搜集三家《詩》遺說，勒爲一書；……搜集三家《詩》，其業剏於王氏，有足多者。王氏又著《詩地理考》……此又一派也。〔註88〕

相較而言，胡樸安的勾勒比較清晰和流暢，儘管還多沒有完全跳出黃震所劃分的範圍，但愈益細緻清楚。他將宋代《詩經》學劃分爲三派，其中第三派「名物訓詁派」還值得進一步商榷（參見第六章第一節與第九章第三節）。其他對歐陽修的評價、廢《序》的沿革、《詩經集傳》和《呂氏家塾讀詩記》影響的概括，前人也多有論及。在此，胡樸安的貢獻不僅在於較清晰完備地勾畫出宋代《詩經》學的脈絡，更重要的是注意到陸學學者如楊簡、袁燮等的《詩經》學風格和意義，而這一點則是此前人們不甚注意或輕視的內容。近代學者劉師培《經學教科書》也以歐陽修爲新風氣的開創者，以攻《序》宗《序》劃分脈絡，但已以「惟以義理擅長」〔註89〕概括陸學學者的《詩經》學研究，可惜文字極爲簡短，性質類同人物和作品簡要目錄，只是略具眉目。

金公亮在通俗的學術著作《詩經學 ABC》中說：

　　三家詩既亡，只存《毛詩》獨行於世，又經孔穎達作疏，於是毛說成爲《詩》學界中的權威，凡研究《詩經》的人，沒有敢於反抗的，直到歐陽修、蘇轍、鄭樵、朱熹出來，才開始對於舊說加以攻擊。歐陽修作《詩本義》、蘇轍作《詩集傳》，已經表示對於舊說不信任；鄭樵《詩辨妄》更是徹底，痛罵《詩序》的荒謬，極多創見，傳統的《詩經學》，在學術上的地位，因之大爲動搖。朱熹的《詩序辨說》、《詩集傳》，廢《序》言《詩》，別出新解，遂起而握詩學界的牛耳。此外如程大昌、王質、楊簡等亦都是新派健將。當時正

---

〔註88〕　胡樸安：《詩經學》，商務印書館，1928 年初版，1933 年第 1 版，第 97～100 頁。

〔註89〕　劉師培：《中國中古文學史講義》（含《漢魏六朝專家文研究》、《經學教科書》、《兩漢學術發微論》），中國人民大學出版社，2004 年，第 208 頁。

統派的學者有范處義、呂祖謙、嚴粲、馬端臨等，仍舊擁護毛、鄭，
不過勢力不大，終不能戰勝新派。〔註90〕

金公亮未跳出「正統派」與「新派」，即尊《序》派與斥《序》派二元對立的思
維模式，與五四前後的風氣有關。同時末一句論述正統派勢力不大，終不能戰
勝云云，不成事實，也有些簡單化處理。與《詩經學 ABC》同時的還有傅斯年
《詩經講義稿》。《詩經講義稿》也基本以對待《詩序》的態度來描述，但將重
點集中在朱熹與王應麟兩人身上。他高度評價朱熹《詩經》學成果，認爲《詩
經集傳》「卻是文公在經學上最大一個貢獻，拿著本文解《詩》義，一些陋說不
能附會，而文學的作用赤裸裸地重露出來」，但批評其未將這種方法貫徹到《二
雅》、《二南》、《豳風》詩上；認爲王應麟的《詩考》、《詩地理考》「開近代三百
年樸學之源」。傅先生對宋代《詩經》學整體評價也比較高，「現在我們就朱彝
尊的《經義考》看去，已經可以覺得宋朝人經學思想之解放，眼光之明銳，自
然一切妄論謬說層出不窮，然跳梁狐鳴，其中也有可以創業重統者」〔註91〕。

當代《詩經》學的奠基之作《〈詩經〉研究史概要》在《宋學〈詩經〉研
究中的幾個問題》涉及《思辨學風與〈詩經〉研究的革新》、《廢序和尊序的
論爭》、《〈詩集傳〉——〈詩經〉研究的第三個里程碑》、《王柏的〈詩疑〉及
其刪詩問題》、《〈詩經〉考據學的產生》，將宋代《詩經》學發展分爲「三個
時期：北宋時期；南宋初到朱熹完成《詩集傳》的時期；理宗以後的南宋後
期」〔註92〕，廢序和尊序則依舊是一條重要線索。《詩經學史》在宋代部分雖
較詳備，資料豐富，但基本格局未有實質性變化，包括六章，依次是《宋代
疑經改經蔚成風氣》、《北宋〈詩〉學革新浪濤滾滾》（包括歐陽修、王安石、
蘇轍、）、《關於反〈序〉存〈序〉的論爭》（將楊簡列入反《序》行列）、《「詩
經宋學」的形成及其權威著作〈詩集傳〉》、《南宋的重要〈詩〉家》、《宋代學
者已注意到〈詩〉的文學特點》〔註93〕。戴維的《詩經研究史》基本也是如
此，但要單薄零碎的多。《中國歷代詩經學》在《宋朝詩經學》部分涉及《宋
朝經學背景》、《宋朝經學之發展趨勢》、《歐、呂、朱之詩經學》等，並將宋

---

〔註90〕金公亮：《詩經學 ABC》第十一《詩經學的流派》，世界書局 1929 年，第 140
　　　　頁。按：「傳統的《詩經學》」中的「《詩經學》」，疑標號爲作者偶誤。
〔註91〕傅斯年：《詩經講義稿》（含《中國古代文學史講義》），中國人民大學出版社，
　　　　2004 年，第 10 頁。
〔註92〕夏傳才：《〈詩經〉研究史概要·序》，中州書畫社，1982 年，第 132 頁。
〔註93〕洪湛侯編：《詩經學史》，中華書局，2002 年，第 285～409 頁。

代《詩經》學細分爲八個流派（議論毛傳鄭箋派、刪削唐人注疏派、廢小序派、存毛鄭小序派、名物訓詁派、圖譜派、借詩寓意派、三家詩派）〔註94〕，較胡樸安更瑣碎，標準亦不一致，但尊序和廢序也被視爲重要的線索，人物專章之所以選歐陽、呂、朱三人，或許這是一個重要依據。

綜上所述，《詩經》學史上關於宋代《詩經》學發展階段的劃分依據主要是漢宋《詩經》學的轉變、對待《詩序》的態度、朱呂《詩經》學典籍的影響三項（少數涉及到具體的學術方法，如胡樸安將《毛詩名物解》、《詩考》、《詩地理考》獨立出來而定爲「名物訓詁派」），佔主導的則是「對待《詩序》的態度」。宋代《詩經》學的學術思想和學術方法未被充分考慮在內。本書將突出宋代《詩經》學的思想學術內涵，藉以觀照宋代《詩經》學與思想之間的關係，當然作爲思想學術史的考察方式，一些和思想相關的學術內容探討也自不可避免。因而這個依據也可大略描述爲宋代《詩經》學與理學的關係、《詩經》學的思想內容和價值及沿革、具有思想學術意義的學術問題的探討、歷史的觀照視角等，其中前兩項是重點。

從這個思想學術史角度分析，這個時期的《詩經》學與作爲宋學分支的理學發展階段大體吻合。兼顧《詩經》學以義理解《詩》的發展及宋代理學和歷史的實際，這裡不採取「三期說」，而定爲「五期說」，以試作思想學術史的歷史和邏輯相統一的考察。分爲五個階段：宋代《詩經》學與理學相互影響的萌芽階段，慶曆之際，涉及宋學與理學的奠基者「宋初三先生」、柳開、劉敞、歐陽修、蘇轍等，以歐陽修、蘇轍爲代表；漢宋《詩經》學的過渡與以義理解《詩》逐步形成階段，以王安石、張載、二程爲代表；兩宋之際《詩經》學，徽宗政和三年（1113）至孝宗隆興、乾道年間（1163～1173），標誌著宋代《詩經》學與理學緊密結合的進一步延續，並爲以己意言《詩》準備條件，代表人物有程門傳人楊時等，並及鄭樵、王質；宋代《詩經》學逐步調整和集大成的階段，主要在孝宗、光宗、寧宗朝，代表人物有朱熹、陸九淵（以及楊簡、袁燮等）和呂祖謙；宋代《詩經》學的日益衰落與理學階段，理宗寶慶三年（1227）以後，雖然重視理學，表彰「四書」，但《詩經》學義理創新不夠，《詩經》研究呈現出多樣化的發展（如理學、考證學等），以王柏、戴溪、王應麟等爲代表。

本書探討宋代《詩經》學和理學的關係，擬從橫向、縱向交叉角度入手，

〔註94〕林葉連：《中國歷代詩經學》，臺灣學生書局，1993年，第246～248頁。

横向按專題形式，涉及宋代學者的《詩經》觀、學術淵源以及具體的學術方
法的流變及與理學的關係，縱向則按時間順序，涉及《詩經》學著作和觀點
的義理性和思想價值的方面，二者在各有側重點的同時又相互交叉，時有照
應。這種安排源於對思想史和學術史內在的關係的理解和考慮。

# 第二章　宋代《詩經》學流變的思想學術原因考略

　　宋代《詩經》學的心性義理及不恪守《毛詩》的《詩序》、《傳》、《箋》的解《詩》新風尚和方法的形成，與宋代慶曆前後疑古、疑經的學術思潮的影響緊密相關。宋人對宋前《詩經》解釋的懷疑態度整體上體現了一個漸次深入的過程和脈絡，即疑鄭→疑毛→疑《序》→疑經→改經，這不純粹是一個單純的歷時性展開次序，僅就主次而言。這種宋學興起的內外遠近、直接間接的多重原因，前代學人多有論及，比較典型的有陳鍾凡、金毓黻、侯外廬、鄧廣銘、漆俠等先生，主要集中在宋代學術與政治經濟變革、右文環境、書院興起、佛學啓迪、對五代的反思，甚至活字版印刷技術發明的影響等方面〔註1〕。

　　宋代統治者的「右文」政策和經筵講習風氣也是促進經學發展的重要因素。「唐有宏文、集賢、史館，〔註2〕皆圖冊之府。本朝草昧，至熙寧始大備，乃直左升龍門建秘書省，聚書養賢。其間並三者皆在，故號三館秘閣，以盛

---

〔註1〕陳鍾凡先生在《兩宋思想述評》中對其原因有集中分析，分為外因（陳先生稱外緣）、內因（陳先生稱主因），內因又包括遠因、近因。外因即宋代伊始，太祖、太宗、眞宗、仁宗等統治者對儒學的提倡，對儒士的推崇（仁宗時宋郊等上奏「先策論，則文詞者留心於治亂矣；簡程序，則宏博者得以馳騁矣；問大義，則執經者不專於記誦矣」（《宋史・選舉志》、《宋史紀事本末》卷三十八「學校科舉制」章）。遠因具體爲四個方面，即儒學之革新、道家之復起、佛教之調和、西教之東漸（包括景教、祆教、摩尼教、天方教），近因則「在書院之設立」（包括四大私立書院，即嵩陽、嶽麓、睢陽、白鹿洞，並有由私立改爲國立的）（陳鍾凡：《兩宋思想述評》，商務印書館，1933年，第8～14頁）。

〔註2〕點校者按：吳本作「集賢、宏文」。

大一時，目之爲木天也。中更天聖火，後再立，〔註3〕視舊亦甚偉」〔註4〕，宋代開國初，即以宰相兼任大學士，總領三館，宋太宗以後，「右文」政策更加明確。「崇政殿說書，祖宗時有之。崇寧中初除二人，皆以隱逸起。蔡寶者，以嫡子能讓其官與庶兄而不出，用其學行修飭召。呂瓛者，亦以高節文學有盛名，隱居弗仕，數召不起，始起，仍逐其性，乃詔以方士服隨班朝謁，入侍經筵焉。亦熙朝之盛舉也」〔註5〕，約略可見當時經筵講習的風氣和歷史。宋代《詩經》學不少著作就是經筵講習的講義，如袁燮《絜齋毛詩經筵講義》等，朱熹立朝四十餘日，也曾擔任過皇帝的侍講。

關於宋代《詩經》學原因的勘察或多或少因襲了宋學的部分。某種意義上說，鑒於宋代《詩經》學和宋學之間的從屬關係，這種分析是有道理的，但也更應突出《詩經》學學術演變的內部原因。每一種學術現象都有其自身的內在規律，但基本的法則不外是繼承與變革（包括創新）。美國著名漢學家費正清（John King Fairbank）、賴肖爾（E. O. Reischauer）在考察理學興起的原因時認爲主要有兩個方面：「首先是中國在外族侵略下產生的『內轉』」〔註6〕，「儒學復興的另一個原因是中國古代政治理想取得了顯著的成效」，「理學並不僅僅是前秦和兩漢儒學的繼承和發展。它部分是對傳統的重新發現，部分是全新的創造」〔註7〕。對宋代《詩經》學來說也是如此。

研究這個階段的《詩經》學演變，不僅僅應注意其疑古改經、以己意解《詩》、重視義理玩味等方面，漢唐《詩經》學研究是宋代學者不可迴避的學術資源，宋學的新氣象實際上早在唐代中葉以後就已嶄露端倪，而這千餘年的《詩經》學研究不僅是宋代學者要辨別清理的負累，同時也暗含著助長新學術的滋養。

---

〔註3〕點校者按：吳本「後」作「復」。

〔註4〕〔宋〕蔡絛：《鐵圍山叢談》卷一，馮惠民、沈錫麟點校本，中華書局，1983年，第15頁。

〔註5〕〔宋〕蔡絛：《鐵圍山叢談》卷二，馮惠民、沈錫麟點校本，中華書局，1983年，第27頁。

〔註6〕〔美〕費正清（John King Fairbank）、賴肖爾（E. O. Reischauer）：《中國：傳統與變遷》，張沛、張源、顧思兼譯本，世界知識出版社，2002年，第167頁。

〔註7〕〔美〕費正清（John King Fairbank）、賴肖爾（E. O. Reischauer）：《中國：傳統與變遷》，張沛、張源、顧思兼譯本，世界知識出版社，2002年，第168頁。

# 第一節　宋代學者對漢唐《詩經》學的態度和評價

宋代學者對漢唐《詩經》學的批判與肯定相互共存，因而在整體上宋代《詩經》學不是純粹意義上的白手起家，另造爐竈，而是在先儒的基礎上評價反思，遙承先秦孔孟解《詩》的爲學傳統，從而以心性義理自標，與漢唐成並立態勢，但如果就學術研究的學理角度分析，未嘗不是一個深化的過程。如果簡單地表示，即由「禮」向「理」的躍進，但古人不是將道器、形上和形下割裂開來把握，他們的道是渾融（一非二）、充滿生機（生）和活力（變）的，所以這種躍進式的概括雖簡明但很難避免粗糙蒼白的嫌疑。

對漢唐《詩經》學的反思與《毛詩正義》的性質有關，「《毛詩正義》統一了漢學的《詩經》研究，也停止了對《詩經》的自由研究；它是漢學《詩經》學的集大成著作，又是漢學《詩經》學的終結」〔註8〕，而唐代中期的成伯璵則率先懷疑《詩序》，並被蘇轍繼承和發揚。成伯璵《毛詩指說》「就在《詩序》作者的問題上，反對漢學《詩經》學的傳統注疏。雖然他的意見也是無根據的臆斷，但對《毛詩正義》一字一義不可易的法規，打破了一個缺口，開始了自由立說的新學風」〔註9〕，「漢學體系的《詩經》學醞釀著向宋學體系的重大轉變」〔註10〕，將宋代《詩經》學「自由立說」的新風氣追溯至唐代中晚期無疑是符合歷史和邏輯的。

## 一、宋代學者對漢唐《詩經》學的基本看法

事實上，宋人對漢唐《詩經》學的反思和評價是相當自覺的，留下了豐富的資料。撮舉一二：

> 孫復曰：「專守毛萇鄭康成之說而求於《詩》，吾未見其能盡於《詩》者也。專守孔安國之說而求於《書》，吾未見其能盡於《書》者也。」〔註11〕

> 李覯曰：「鄭氏之學，其實不能該《禮》之本，但隨章句而解之。句東則東，句西則西，百端千緒，莫有統率。」〔註12〕

〔註8〕 夏傳才：《詩經研究史概要》，中州書畫社，1982年，第104頁。
〔註9〕 夏傳才：《詩經研究史概要》，中州書畫社，1982年，第104～105頁。
〔註10〕 夏傳才：《詩經研究史概要》，中州書畫社，1982年，第105頁。
〔註11〕 〔宋〕孫復：《孫明復小集·寄范天章書二》，《四庫全書（文淵閣本）》（第1090冊），第171頁。
〔註12〕 〔宋〕李覯：《直講李先生文集》卷二《禮論第五》，四部叢刊初編本，第31

歐陽修曰：「夫毛鄭之失，患於自信其學而曲遂其說也。」〔註13〕

張載云：「漢儒極有知仁義者，但心與迹異。」〔註14〕

二程云：「漢儒如毛萇、董仲舒，最得聖賢之意，然見道不甚分明。下此，即至楊（揚）雄，規模窄狹。道即性也。言性已錯，更何所得？」〔註15〕

郭雍曰：「大抵自漢以來，學者以利祿爲心，明經衹欲取青紫而已，責以聖人之道，固不可得而聞也。」〔註16〕

鄭樵曰：「亂先王之典籍，而紛惑其說，使後學至今不知大道之本，自漢儒始。」〔註17〕

陸九淵云：「陸子嘗問學者曰：『有自信處否？』對曰：『只是信幾個子曰。』陸子徐語之曰：『漢儒幾個杜撰子曰，足下信得過否？』學者不能對，問曰：『先生所信者若何？』曰：『九淵只是信此心。』」〔註18〕

陳傅良云：「彼二鄭諸儒，崎嶇章句，窺測皆薄物細故。」〔註19〕

葉適云：「後之學《詩》者，不順其義之所出而於性情輕別之，不極其志之所至而於正變強分之，守虛會而迷實得，以薄意而疑雅言，則有蔽而無獲矣。」〔註20〕

這樣的言論難以一一枚舉，值得重視的是，宋代學者多從漢代學術對「大道」的作用（多爲遮蔽作用）角度論述，顯示了宋代學術包括《詩經》學的學術

---

頁。
〔註13〕〔宋〕歐陽修：《詩本義》卷十四《時世論》，《四庫全書（文淵閣本）》（第70冊），第290頁。
〔註14〕《經學理窟·學大原上》，載〔宋〕張載：《張載集》，中華書局，1978年，第280頁。
〔註15〕《河南程氏遺書》卷一，載《二程集》，第7頁。
〔註16〕〔宋〕郭雍：《郭氏傳家易說·自序》，《四庫全書（文淵閣本）》（第13冊），第3頁。
〔註17〕〔宋〕周孚：《非詩辨妄》，叢書集成初編本，第5頁。
〔註18〕《宋元學案》卷七十七《槐堂諸儒學案·知州危驪塘先生稹傳》，商務印書館，1934年，第27頁。
〔註19〕《止齋集》卷四十《進〈周禮說〉序》，《四庫全書（文淵閣本）》（第1150冊），第811頁。
〔註20〕〔宋〕葉適：《習學記言序目》卷六《毛詩》，中華書局，1977年，第64頁。

追求，即「明道」。

　　至於宋代《詩經》學與漢唐學術的複雜關係，以及宋代《詩經》學的歷時性演變，南宋學者多有論及，如程大昌、魏了翁、林希逸等人。

　　程大昌《詩論》的寫作目的就是針對儒者恪守漢儒成說，「三代以下，儒者孰不談經，而獨尊信漢說者，意其近古，或有所本也。夫古語之可以證經者，遠在六經未作之前，而經文之在古簡者，親預聖人授證之數，則其審的可據，豈不愈於或有師承者哉？而世人止循傳習之舊說，無乃捨其所當據，而格其所不當據，是敢於違古背聖人，而不敢於違背漢儒也。嗚呼！此《詩論》之所爲作也」〔註21〕。並認爲「《周官》之書，先夫子有之，其籤章所歟逸詩，有豳雅、豳頌而無豳風，則又可以見成周之前無風而有詩雅、頌，正與季札所見名稱相應也。……足以見雅之體可以包風，風之義不得抗雅，其證甚明也。……若不信《周官》、季札、夫子，而堅據荀況、左氏、漢儒以爲定則，正恐捨形徇影，失本太遠也」〔註22〕。有幾點需要注意：一是程大昌用的「風」是「其詩孔碩，其風肆好」的風格之風，以解「六義」之「風」，與《毛詩》「上以風化下，下以風刺上」，「一國之事繫乎一人之本」之「風」不同；一是程大昌認爲荀況學術「人性本惡，其善者僞也」「已明戾夫子，不可信據矣」〔註23〕，同時荀、左誤認季札《衛風》之「風」〔註24〕，而致後儒以冠國風，《毛詩》正因循此〔註25〕。

　　程大昌還說，「左氏之非邱明，前輩多疑之。其最不掩者有曰『虞不臘矣』，世未更秦，未有臘名，是不獨不與夫子同時，亦恐世數相去差遠矣。又況其託說於『君子曰』者，乃明出左氏臆見，故如指《采蘩》、《采蘋》爲風，援引頌文而冠商、魯其上，皆春秋以後語，非如季札所列，是其魯府古藏本眞也。豈可概徇世傳，疑其授諸夫子也哉？荀況之出，雖附近夫子，其源流乃出子弓。子弓者，古云仲弓也，雍之所得，既非參賜之比，而況之言又不純師也」〔註26〕，從左氏與左邱明的關係、時世及荀學源流以辯左、荀之不可據信，可見，宋時對荀學的貶抑；孟學復興，由唐末至宋，也是不可低估的

---

〔註21〕　〔宋〕程大昌：《詩論・序》，叢書集成初編本，第1頁。
〔註22〕　〔宋〕程大昌：《詩論・詩論七》，叢書集成初編本，第7頁。
〔註23〕　〔宋〕程大昌：《詩論・詩論五》，叢書集成初編本，第5頁。
〔註24〕　〔宋〕程大昌：《詩論・詩論七》，叢書集成初編本，第7頁。
〔註25〕　〔宋〕程大昌：《詩論・詩論六》，叢書集成初編本，第6頁。
〔註26〕　〔宋〕程大昌：《詩論・詩論五》，叢書集成初編本，第5頁。

原因；程大昌對季札觀樂一段至信不疑，是其論《詩》體例、入樂問題的重要依據，但當代還有一些學者對此段材料持懷疑態度，可備一說。

魏了翁有《毛詩要義》，《宋志》作二十卷，《經義考》作「未見」。但他在給錢文子《白石詩傳》作的《序》中說：

> 古之言《詩》以見志者，載於《魯論》、《左傳》及《子思》、《孟子》諸書，與今之爲《詩》事實、文義、音韻、章句之不合者蓋十六七，而貫融精粗耦合事變，不啻自其口出。大抵作者本諸性情之正，而說者亦以發其性情之實，不拘拘於文辭也……所謂《傳》者，千百家中一人耳，而一時好尚，遂定爲學者之正鵠，佔畢訓故悉惟其意，違之則曰是非經指也。以他書且不可，況言《詩》乎？《詩》之專於毛鄭，其來已久，捨是誠無所宗，然其間有淺闇（暗）拘迫之說，非皆毛鄭之過。《序》文自一言而下皆歷世講師因文起義、傅會穿鑿之說，乃敢與經文錯行，而人不以爲疑。《毛傳》簡要平實，無臆說，無改字。與《序》文無所與，猶足以存舊聞，開來哲。至鄭氏，惟《序》是信，則往往遷就迎合，傅以三《禮》。彼其於《詩》於《禮》，文同而釋異，已且不能以自信也，而流及後世，則皆推之，以爲不可遷之宗。迨我國朝之盛，然後歐、蘇、程、張諸儒昉以聖賢之意是正其說，人知末師之不可盡信，則相與辨《序》文、正古音、破改字之謬，鬭專門之隘，各有以自靖自獻，極於近世，呂成公集眾善、存異本，朱文公復古經，主叶韻，然後興觀群怨之旨可以吟詠體習，庶幾其無遺憾矣。〔註27〕

這裡所說的呂祖謙「存異本」實際上是指《呂氏家塾讀詩記》引用了不少源自《經典釋文》、《說文》、《爾雅》等典籍中的三家《詩》文字。雖然魏了翁推崇《毛傳》，貶低《詩序》和《鄭箋》，但指出宋代《詩經》學學者在思想上「以聖賢之意是正其說」對漢唐學術的糾正和推進，這個傾向還體現在考證、文獻、音韻等具體的學術領域。

林希逸爲嚴粲《詩緝》作的《序》中說：

> 「六經」皆厄於傳疏，《詩》爲甚。我朝歐、蘇、王、劉諸鉅儒，雖擺落毛鄭舊說，爭出新意，而得失互有之。東萊呂氏始集百家所

---

〔註27〕〔清〕朱彝尊編，朱昆田校：《經義考》卷一百零九，乾隆四十二年（1777年）本，第1～2頁。

長，極意條理，頗見詩人趣味，然疏缺渙散，要未爲全書，……艾
軒林先生嘗曰：「鄭康成以三《禮》之學箋傳古《詩》，難與論言外
之旨矣。」艾軒終身不著書，遺言間得於前一輩鄉長老……烏（鳴）
乎（呼）！《詩》於是乎盡之矣，《易》盡於伊川，《春秋》盡於文
定，《中庸》、《大學》、《語》、《孟》盡於考亭，繼自今，吾知此書與
並行也。然則華谷何以度越諸子若是哉？……蓋嘗窮諸家閫奧，而
獨得風雅餘味，故能以詩言詩，此《箋》、《傳》所以瞠乎其後也……。

〔註 28〕

艾軒先生對鄭玄以禮解《詩》批評甚烈，認爲難以與其探討詩歌的言外之意，
至於是否指《詩經》的文學意味，則不能貿然臆斷。同時林希逸認爲嚴粲《詩
緝》「度越諸子」，是宋代《詩經》研究的極致，也未免太多溢美之詞。但是
獨列「以詩言詩」卻相當有見地，它是宋代《詩經》學區別於漢唐《詩經》
學的基本特點和方法，也是這個階段《詩經》研究之所以取得眾多成果、別
具新意的重要原因之一。

　　這種「以詩言詩」的說法至南宋末較普遍了，或稱爲「即詩論詩」〔註
29〕，不難發現與歐陽修「因文見義」的承革關係，但是更加重視對文本的
依賴，甚至有的學者對諸家紛紜的解說已無調和興趣，「反古」的傾向進一
步增強，不僅是擺落漢唐，甚至連兩宋的《詩經》學也不理會了，出現了一
些《毛詩玄談》之類的作品。《詩經》學的空疏衰落及某一家的獨尊可能已
不可避免。

　　姚隆《詩解》，《經義考》作「佚」，黃淵《序》中說「心動物也，《詩》
亦動物也，豈可以言語求哉？惟不說者爲上矣。夫子絃歌而取三百十有三篇，
斷之以『思無邪』一語，即詩論詩，他無文字。洙泗言《詩》，特子貢、子夏
見於《魯論》耳」〔註 30〕，這種看法拘泥於《論語》所載聖人言《詩》甚少，
以不言爲言，就有受道家和禪宗影響的迹象。其實，孔子對《詩》的見解，

---

〔註 28〕　〔清〕朱彝尊編，朱昆田校：《經義考》卷一百零九，乾隆四十二年（1777
　　　　　年）本，第 5～6 頁。

〔註 29〕　〔清〕朱彝尊編，朱昆田校：《經義考》卷一百一十，乾隆四十二年（1777
　　　　　年）本，第 3 頁。

〔註 30〕　〔清〕朱彝尊編，朱昆田校：《經義考》卷一百一十，乾隆四十二年（1777
　　　　　年）本，第 3 頁。按：「夫子絃歌而取三百十有三篇」疑誤，一般作三百一十
　　　　　一首或三百零五篇。

在《論語》中有十餘處，見於《學而》、《爲政》、《八佾》、《述而》、《子路》、《衛靈公》、《季氏》、《陽貨》等篇，還可見於《禮記》等，上海博物館藏楚國竹簡《孔子詩論》，學術界已展開深入的研究，已有多部專著，博士論文《金石簡帛詩經研究》〔註31〕也有反映。

## 二、歐陽修對漢唐《詩經》學的反思

歐陽修批判地評價漢唐學者的《詩經》研究成果，主要集中在以禮解《詩》與神學附會上，從而奠定了宋代《詩經》學注重文本和理性解《詩》的基本精神。

他批評《序》和毛鄭的地方較多，也多中肯綮，持理性態度。《鵲巢》「論曰：據詩但言維鳩居之，而《序》言德如鳲鳩，乃可以配。鄭氏因謂鳲鳩有均一之德。以今物理考之，失自《序》始，而鄭氏又增之爾，且詩人本義直謂鵲有成巢，鳩來居爾，初無配義，況鵲鳩異巢，類不能作配也」〔註32〕。《沔水》「論曰：《序》言『《沔水》，規宣王也』，則是規正宣王之過失爾。今考詩文及《箋》、《傳》，乃是刺諸侯驕恣不朝及妄相侵伐等事，了不及宣王也。蓋《箋》、《傳》未得詩人之本義爾」〔註33〕，主要駁斥《傳》、《箋》未得詩歌的本義，實際上連《序》的「規宣王」也無疑否定了〔註34〕。

批評毛鄭以禮說《詩》，如《竹竿》，毛鄭以禮說詩，以淇水喻禮，「不唯淇水喻禮，義自不倫，且上章以淇水喻夫家，下章又以淇水喻禮，詩人不必二三其意，雜亂以惑人也」〔註35〕，在《褰裳》中批評「鄭謂大國之卿，當天子之上士者，亦拘儒之說也」〔註36〕。批評毛鄭附會的地方很多，如以「三德」附會「三英」，《鄭風·羔裘》「論曰：『羔裘晏兮，三英粲兮』，毛鄭皆以

---

〔註31〕 於茀：《金石簡帛詩經研究》，北京大學出版社，2004 年。

〔註32〕 〔宋〕歐陽修：《詩本義》卷二《鵲巢》，《四庫全書（文淵閣本）》（第 70 冊），第 189 頁。

〔註33〕 〔宋〕歐陽修：《詩本義》卷六《沔水》，《四庫全書（文淵閣本）》（第 70 冊），第 224 頁。

〔註34〕 但是在該詩「本義曰」中又敘述海納百川的胸懷、恩德，謹勤不忘懷柔不守法度者，親友而敬禮守法度者，而曲爲《序》「規宣王」辨說，前後不甚一致。

〔註35〕 〔宋〕歐陽修：《詩本義》卷三《竹竿》，《四庫全書（文淵閣本）》（第 70 冊），第 202 頁。

〔註36〕 〔宋〕歐陽修：《詩本義》卷四《褰裳》，《四庫全書（文淵閣本）》（第 70 冊），第 207 頁。

『三英』爲『三德』者，本無所據，蓋旁取《書》之『三德』，曲爲附麗爾。『六經』所在，『三』數甚多，苟可曲以附麗，則何說不可？」〔註37〕《衡門》「論曰：毛鄭解『衡門之下，可以棲遲』，其義是矣。自『泌之洋洋』以下，鄭解爲任用賢人，則詩無明文，大抵毛鄭之失，在於穿鑿，皆此類也。鄭改『樂』爲『療』，謂飲水『療』饑，理豈然哉？」〔註38〕

《賓之初筵》，歐陽修認爲鄭玄以時間早晚分，君主先周旋中禮，後失禮敗俗，一時爲賢君，一時又爲昏主，不合人情，而代之以「陳古刺今」，以時間古今分，變共時爲歷時，其「刺意」更加明顯，且暗合《序》說。並且指出「鄭氏不分別之，此其所以爲大失也。鄭氏長於禮學，其以禮家之說曲爲附會，詩人之意，本未必然，義或可通，亦不爲害也」〔註39〕，儘管對鄭玄的看法並沒有完全否定，但明顯指責他以禮學附會《詩經》。

針對毛、鄭、杜預《左傳注》對「和羹」的解釋而大發議論，實際上揭示了經典解釋學的鮮明特點，《烈祖》「論曰：……以此見先儒各用其意爲解，以就成己說，豈是詩人本意也」，而歐陽修一改毛、鄭、杜等釋「和羹」爲君臣和濟的禮學詮釋，而代爲「調和此羹之人，謂膳夫也」〔註40〕，還以詩歌的文本本義，解釋簡明直白。儘管歐陽修還不能完全擺脫漢唐傳統，但以己意解《詩》、不受傳統傳注拘束的方法已經很鮮明，很自覺了，對宋代的《詩經》學研究方法的形成有開啓之功。

對於鄭玄解《詩》的禮學依據，歐陽修也多有質疑，「今之所謂《周禮》者，不完之書也，其禮樂制度，蓋有周之大法焉，至其考之於事，則繁雜而難行者多，故自漢興，『六經』復出，而《周禮》獨不爲諸儒所取，至或以爲瀆亂不驗之書，獨鄭氏尤推尊之」〔註41〕。

---

〔註37〕　〔宋〕歐陽修：《詩本義》卷四《羔裘》，《四庫全書（文淵閣本）》（第70冊），第205頁。按：《尚書·周書·洪範》載：「三德：一曰正直，二曰剛克，三曰柔克。平康，正直；強弗友，剛克；燮友，柔克。沉潛，剛克；高明，柔克。」

〔註38〕　〔宋〕歐陽修：《詩本義》卷五《衡門》，《四庫全書（文淵閣本）》（第70冊），第211頁。

〔註39〕　〔宋〕歐陽修：《詩本義》卷九《賓之初筵》，《四庫全書（文淵閣本）》（第70冊），第246頁。

〔註40〕　〔宋〕歐陽修：《詩本義》卷十二《烈祖》，《四庫全書（文淵閣本）》（第70冊），第278頁。

〔註41〕　〔宋〕歐陽修：《詩本義》卷十四《齒問》，《四庫全書（文淵閣本）》（第70冊），第292頁。

歐陽修在《思文、臣工》中斥責鄭玄襲用今文尚書《偽泰誓》解「白魚赤鳥」之事〔註42〕，極力擯除附會。《長發》「論曰：帝立子生商。帝，上帝也，而鄭以爲黑帝，鄭惑讖緯，其不經之說汩亂『六經』者不可勝數。學者稍知正道自能識爲非聖之言。然今著於《箋》以害詩義，不可以不去也。至『玄王桓撥』，又云承黑帝而立子者，亦宜去也。《書》稱『格王，正厥事』、『寧，王遺我大寶龜』，《商頌》亦云『武王載旆』之類甚多，蓋古人往往以美稱加王爾。玄者，深微之謂也。老氏言『玄之又玄』，是矣，不必爲黑矣」〔註43〕，不信讖緯神學與五行終始之說，一掃漢人的神學解說與附會，顯示了宋人的思辨性和理性精神。

當然在批評毛鄭附會的同時，歐陽修有時又形成新的附會，除過經學觀念之外，更多是因爲認「興」爲「比」，在這一點上並未完全擺脫毛鄭的影響，如《東方之日》「論曰：……以詩文考之，日月非喻君臣，毛鄭固皆失之矣」〔註44〕，「本義曰：東方之日，日之初升也。蓋言彼姝者子，顏色奮然，美盛如日之升也」〔註45〕，儘管破除了以日月喻君臣的舊附會，但又滑入了以日月喻女色之美的新附會，實質都是認「興」作「比」。

宋代《詩經》學學者受這種矛盾困擾者並非歐陽修一人。但就對漢唐學術的總結反思，以及在宋代《詩經》學上的歷史地位而言，歐陽修是比較典型的。

# 第二節　宋代《詩經》學與三家《詩》的關係

與其他經典不同，《詩經》文本具有文學性，語言含蓄，有節奏和詩意，所以理學家重視涵泳體味、誦讀深思的方式，在不同程度上會觸及和折射出其文學性，如對清代的「獨立思考派」就有深遠的影響。但如果考慮到《詩

---

〔註42〕　〔宋〕歐陽修：《詩本義》卷十二《思文、臣工》，《四庫全書（文淵閣本）》（第70冊），第272頁。

〔註43〕　〔宋〕歐陽修：《詩本義》卷十二《長發》，《四庫全書（文淵閣本）》（第70冊），第278頁。按：此爲歐陽修在《詩本義》中引用《老子》唯一一例，見《道德經》第一章。以後學者引用篇章漸增。

〔註44〕　〔宋〕歐陽修：《詩本義》卷四《東方之日》，《四庫全書（文淵閣本）》（第70冊），第208頁。

〔註45〕　〔宋〕歐陽修：《詩本義》卷四《東方之日》，《四庫全書（文淵閣本）》（第70冊），第208頁。

經》學自身的學術變遷史，則不能不重視宋代學者對齊、魯、韓三家《詩》的重視及其中解《詩》的心性義理性萌芽，是滋生和助長《詩經》學新風氣的土壤。這個問題，已引起了學者們的重視，「自漢儒把『情性』範疇引入《詩》學，『情性』便成為了中國古代詩學重點關注的對象。圍繞著對情性的討論又產生了一系列詩學命題。宋代《詩》學的變革與發展，與情性問題的深入研究密不可分」〔註46〕。

　　據典籍（如《隋書・經籍志》、《經典釋文・敘錄》及宋人的一些序跋）記載，齊《詩》亡於魏，魯《詩》亡於西晉，韓《詩》亡於五代之際或北宋，《韓詩外傳》雖存，但無傳之者，並因篇目與《漢書・藝文志》不符而受到一些學者的懷疑，如范處義、陳振孫等。但是在《史記》、《漢書》、《後漢書》等典籍的注解中存在著大量的三家《詩》的章句，朱熹已經注意到這個問題，在他的啓發下，王應麟著手考訂，撰成《詩考》〔註47〕，開創了三家《詩》輯佚研究的風氣，在清代蔚然成為顯學〔註48〕。而在宋代重視三家《詩》的學者遠不止朱、王二人，不少人曾經涉獵或對其較熟悉，打破《毛詩》封閉獨尊的局面而對其《序》、《傳》、《箋》加以理性的反思，三家《詩》鳳毛麟角的客觀反駁和啓發不容忽視和低估，其中的心性義理解釋萌芽更值得重視。

　　宋代《詩經》學的復興與轉向與對三家《詩》的關注與吸納有關。皮錫瑞承認「朱子《集傳》，間本三家，實亦有勝於毛鄭者。而漢宋強爭，今古莫辨」〔註49〕，胡樸安認為「惟有一語，可斷言者，三家《詩》之必非合於《詩》之本義是也。三家《詩》既不合於《詩》之本義；則後人本三家《詩》之遺說，以駁《毛傳》者，可謂失所依據矣」〔註50〕，胡氏堅信《詩序》、《毛傳》〔註51〕，之所以這樣批評，針對的正是宋代《詩經》學。可見他們已捕捉到

---

〔註46〕　譚德興：《試論程顥程頤的〈詩〉學思想》，載中國詩經學會編：《詩經研究叢刊》（第六輯），第108頁。

〔註47〕　〔宋〕王應麟：《詩考・序》。

〔註48〕　清代有范家相《三家詩拾遺》、丁晏《三家詩補注》、馮登府《三家詩異文疏證》、阮元《三家詩補遺》、陳喬樅《三家詩遺說考》與《四家詩異文考》等。

〔註49〕　〔清〕皮錫瑞：《經學通論》二《詩經・論〈詩〉比他經尤難明其難明者有八》，第2頁。

〔註50〕　胡樸安：《詩經學》，商務印書館，1928年初版，1933年第1版，第69頁。

〔註51〕　胡樸安：《詩經學》，商務印書館，1928年初版，1933年第1版，第21、69頁。

宋代《詩經》學與三家《詩》之間的蛛絲馬迹。洪邁說：「今惟存《外傳》十卷。慶曆中，將作監主簿李用章序之，命工刊刻於杭。」〔註52〕根據洪邁的記載，在慶曆年間，依然在刊刻《韓詩外傳》十卷本，而這個時期正是宋代疑經、疑古思潮的興盛期，也是《詩經》學新風氣的形成時期。不能不說《韓詩外傳》（及《魯詩》、《齊詩》斷章）與宋代《詩經》研究新風之間存在著一種關聯。

　　因此，注重《詩經》心性義理致思，可溯源於三家《詩》，尤其是齊《詩》的情性觀。這也是合乎邏輯的自然的過程，當然三家《詩》（尤其是齊《詩》）解《詩》是有一定自由度的。

## 一、宋代重視三家《詩》的學者及觀點

　　《魯詩》、《齊詩》、《韓詩》，班固〔註53〕認為它們「咸非其本義」，「孔子純取周詩，上採殷，下取魯，凡三百五篇，遭秦而全者，以其諷誦，不獨在竹帛故也。漢興，魯申公為《詩》訓故，而齊轅固、燕韓生皆為之傳。或取《春秋》，採雜說，咸非其本義。與不得已，魯最為近之。三家皆列於學官。又有毛公之學，自謂子夏所傳，而河間獻王好之，未得立」〔註54〕。至於班固判斷的標準今已難考，但似乎是有「本義」的，不過，可以肯定的是他也沒有將這個「本義」賦予《毛詩》，宋代歐陽修即從此著手，後成為有宋三百年學者的共同追求。如果和其他解《詩》的學者比較一下，我們會發現，宋代《詩經》研究是以不同層次的恢復「本義」為旨歸的，歐陽修和蘇轍還更多側重詩的表層義，即合乎人情事理的詩歌意義層次，而朱熹等南宋學者已進入所謂的深層義，即天理心性層次，銜接二者的則是王安石和程頤、張載等，這是我們從思想學術史角度考察宋代《詩經》學發展概況的整體認識。

---

〔註52〕〔宋〕洪邁：《容齋隨筆·容齋續筆》卷八《韓嬰詩》，上海古籍出版社，1996年，第310頁。

〔註53〕如《漢書·藝文志》抄襲劉歆《七略》成立，也可以代表劉歆父子（《七略》本於劉向的《別錄》）的觀點。但向、歆是楚元王後代，久習《魯詩》，漢代注重家法和師法，似不應有菲薄之語。元王與申公又同師浮丘伯，元王並作《元王詩》，或與《魯詩》不遠，或略有新義，「元王好《詩》，諸子皆讀《詩》，申公始為《詩》傳，號《魯詩》。元王亦次之《詩》傳，號曰《元王詩》，世或有之」（《漢書·楚元王傳》）。

〔註54〕《漢書》卷三十《藝文志第十》，第1708頁。

三家《詩》中，《齊詩》與《魯詩》亡佚較早。「《齊詩》，魏代已亡；《魯詩》亡於西晉；《韓詩》雖存，無傳之者」〔註55〕，根據《隋書·經籍志》的記載，《齊詩》、《魯詩》的亡佚時間比較明確，歷來也少有爭議。《魯詩》至宋依然有人引用，所以直至清代還有學者懷疑直至北宋《魯詩》尚存〔註56〕，根據《隋書·經籍志》及《宋史·藝文志》等分析，這種可能性比較小，況且三家《詩》在《列女傳》、《說苑》、《文選注》等中有不少保留，宋人也可藉這些典籍把握其學術觀點。唯有《韓詩》亡佚時間爭議頗大，基本有三種說法，即五代說〔註57〕、北宋說〔註58〕和兩宋之際說〔註59〕。曾有學者考察北宋還有人經常引用《韓詩》，但至南宋已不見引用，因此推斷亡於兩宋之際，但也只是臆測。《韓詩》亡於北宋的說法比較可靠，北宋還有人讀過此書（如劉安世、晁說之等）。當然南宋可能還有僞《齊詩》的情況〔註60〕，必須作謹慎的判斷。王應麟《詩考》在《韓詩》部分，有些文字的出處直接標明源於《韓詩內傳》，能否證明在南宋末年還能見到這部書，也值得進一步研究。

首先，宋代學者對三家《詩》與《毛詩》之間的相互辯駁比較重視，並

〔註55〕《隋書》卷三十二《志第二十七·經籍一》，第 918 頁。

〔註56〕「晁說之《詩序》曰：『《魯詩》以《卷耳》、《鵲巢》、《采蘩》、《采蘋》，皆康王時詩，今無所考。』意《魯詩》在北宋時，或尚未亡耶？」（范家相：《三家詩拾遺》卷三《卷耳》，叢書集成初編本，第 41 頁）

〔註57〕「樵《自序》略曰」「迨五代之後《韓詩》亦亡」（〔清〕朱彝尊編，朱昆田校：《經義考》卷一百零六《鄭樵〈詩辨妄〉》，乾隆四十二年（1777 年）本，第 1 頁）；「到五代時，《韓詩內傳》亦亡，現在只存《外傳》，非嬰傳《詩》之詳者，其遺說亦時見於他書，與毛義絕異」（金公亮：《詩經學 ABC》，第 140 頁）。

〔註58〕「《齊詩》魏代已亡，《魯詩》不過江東，《韓詩》雖在，無傳之者，後卒亡於北宋，僅存《外傳》，亦非完帙，於是三家古義盡失」（〔清〕皮錫瑞：《經學通論》二《詩經·論〈關雎〉刺康王晏朝詩人作詩之義〈關雎〉爲正風之首孔子定〈詩〉之義漢人已明言之》，第 5 頁）；「韓氏直傳到北宋時始亡，現在所存，只有《韓詩外傳》了」（謝无量：《詩經研究》，第 34 頁），按：疑「韓氏」的「氏」爲「詩」之訛，「《韓詩外傳》」書名號爲筆者所加。

〔註59〕「漢代傳《詩》者四家，《隋書·經籍志》稱《齊詩》亡於魏，《魯詩》亡於西晉，惟《韓詩》存。宋修《太平御覽》，多引《韓詩》，《崇文總目》亦著錄，劉安世、晁說之尚時時述其遺說，而南渡儒者，不復涉及，知亡於政和建炎間也。自鄭樵以後，說《詩》者務立新義，以摧擊漢儒爲能，三家之遺文，遂散佚而不可復問。」（《三家詩拾遺·提要》，叢書集成初編本，第 1 頁）按：朱熹《詩經集傳》似還有引用，待考。

〔註60〕〔清〕朱彝尊編，朱昆田校：《經義考》卷一百零五，乾隆四十二年（1777年）本，第 4 頁。

在學術思路上得到啓發。因而對《毛詩》獨傳，《序》、《傳》、《箋》、《疏》的獨行展開了反思，這種思維方式和學術思路顯示了宋代學者積極開拓、試圖超越漢唐學術、另闢蹊徑的努力，對《序》、《箋》、《傳》、《疏》的懷疑在所難免。這種傾向在南宋特別明顯。

鄭樵曰：

> 《毛詩》自鄭氏既箋之後，而學者篤信鄭玄，故此《詩》專行，三家遂廢。《齊詩》亡於魏，《魯詩》亡於西晉，隋唐之世，猶有《韓詩》可據，迨五代之後《韓詩》亦亡，致今學者只憑毛氏，且以《序》爲子夏所作，更不敢擬議。蓋事無兩造之辭，則獄有偏聽之惑。臣爲作《詩辨妄》六卷，可以見其得失。〔註61〕

慨歎三家《詩》亡佚後，《毛詩》獨行，沒有爭辯比較者，如斷案「事無兩造之辭，則獄有偏聽之惑」，導致學者對《毛詩》及《詩序》的墨守。「鄭子曰：漢人尚三家而不取毛氏者，往往非不取其義也。但以妄誕之故，故爲時人所鄙」〔註62〕，雖未必有充分的依據，但可見鄭樵對《毛詩》的排斥態度，而對三家《詩》則多有寬容。

章如愚曰：

> 《詩序》之壞《詩》，無異三《傳》之壞《春秋》，然三《傳》之壞《春秋》而《春秋》存，《詩序》之壞《詩》而《詩》亡。三《傳》好爲巧說以壞《春秋》，非不酷也，然其三家之學自相彈射，後儒又有啖、趙之徒能以辨其非，故世人頗知三《傳》之非《春秋》也，是以《春秋》猶存。乃若《詩序》之作，既無學三家者以攻之，又無先儒以言之，俗學相傳以爲出於子夏，妄者又直以爲聖人。知求其義，又只就《序》中求之，學者自兒童時讀《詩》，即先讀《序》，已入肌骨矣。嗚呼！《詩》安得不亡乎？〔註63〕

認爲《詩序》堵塞拘泥了《詩》，「壞《詩》而《詩》亡」，成爲後來學《詩》者的前見和障礙，《詩》義自失。這種情形，章如愚認爲除過《詩序》的影響

---

〔註61〕 《通志》卷六十三《藝文一》，第 757 頁。《經義考》所引多出「樵《自序》略曰」等字樣（〔清〕朱彝尊編，朱昆田校：《經義考》卷一百零六，乾隆四十二年（1777 年）本，第 1 頁）。

〔註62〕 〔宋〕周孚：《非詩辨妄》，叢書集成初編本，第 3 頁。

〔註63〕 〔清〕朱彝尊編，朱昆田校：《經義考》卷九十九，乾隆四十二年（1777 年）本，第 14 頁。

外，還有兩個原因不得不考慮，即沒有三家《詩》的辯駁和學者們的辨析。

王柏曰：

> 漢初齊、魯、韓三家之《詩》，並列學官，惟毛萇最後出，鄭康
> 成爲之箋，學者篤信康成，《毛詩》假康成爲重，盛行於世。毛、鄭
> 既孤行而三家遂絕，不得參伍錯綜，以訂其是非，學者惑於同而忘
> 其異矣。〔註64〕

王柏也認爲因爲三家《詩》的亡佚，使《毛詩》「不得參伍錯綜，以訂其是非，
學者惑於同而忘其異矣」。依據三家《詩》可以訂正《毛詩》的錯誤，打破學
者守同忘異的局面。

更有甚者，將對《毛詩》的懷疑追溯至荀子。「紫芝《自序》曰」：

> 荀卿號爲知信「六經」、尊孔氏者，觀其著書，輒時取詩人之辭
> 以證其說，卒致失其本旨者甚多。比古人之學最爲疏繆（謬）……
> 諸君子有意於學《詩》，願以孔子、孟子、子夏、子貢爲之師，以求
> 詩人之大體，而更以荀卿爲戒焉，則庶乎其有得也。〔註65〕

因爲據《隋書·經籍志》和《經典釋文·敘錄》等記載，四家《詩》的傳播
皆與荀子有關。程大昌認爲「漢人贅目《國風》以參《雅》、《頌》，其源流正
自況出也」〔註66〕，「漢世詩派，大抵皆自況出也」〔註67〕。馬宗霍《中國經
學史》第四篇《秦火以前之經學》說：「《經典·敘錄》述荀卿受《詩》於根
牟子，上接曾申之傳，以授大毛公，是爲《毛詩》之學。〔註68〕《漢書·楚
元王交傳》言魯申公受《詩》於浮丘伯，伯者孫卿門人。《儒林傳》言申公以
《詩經》爲《訓故》以教，是爲《魯詩》之學。〔註69〕而《韓詩外傳》引《荀
卿子》以說《詩》者四十有四，是荀卿於《詩》兼開三家也。」〔註70〕因此，

---

〔註64〕　〔清〕朱彝尊編，朱昆田校：《經義考》卷一百零一，乾隆四十二年（1777
　　　　　年）本，第4頁。

〔註65〕　〔清〕朱彝尊編，朱昆田校：《經義考》卷一百零五，乾隆四十二年（1777
　　　　　年）本，第2〜3頁。

〔註66〕　〔宋〕程大昌：《詩論·詩論六》，叢書集成初編本，第5頁。

〔註67〕　〔宋〕程大昌：《詩論·詩論六》，叢書集成初編本，第6頁。

〔註68〕　原注：「《大略》篇言『霜降逆女』與《詩·陳風·東門之楊》《毛傳》同義，《孔
　　　　　疏》引《荀子》語，並云毛公親事荀卿，故亦以秋冬爲昏（婚）之正時。又《毛
　　　　　詩傳》以『平平』爲『辨治』，以『五十矢』爲『束』，皆與《荀子》同。」

〔註69〕　原注：「《非相》篇引《角弓》詩『宴然聿消』，王先謙曰：『此詩《毛》作見
　　　　　睍，《韓》作晛睍，《魯》作宴然。』是魯出於荀之證。」

〔註70〕　馬宗霍：《中國經學史》，商務印書館，1936年，1998年影印第1版，第25

當時有人就直接將這種對《詩》的謬解歸於荀子，雖過多臆斷之風，但目的也是爲「正本清源」，爲探討新的解《詩》方向努力和論證。其中「求詩人之大體」正體現了心性義理的旨趣。

其次，宋代《詩經》學者對三家《詩》並不陌生。據其自述，不少人從小就受到三家《詩》的浸淫薰陶，儘管可能是不系統的、片段的。劉安世就說：「嘗記少年讀《韓詩》有《雨無極》篇，《序》云：『正大夫刺幽王也。』首云『雨無其極，傷我稼穡。浩浩昊天，不駿其德』。詩中云正大夫離居，豈非《序》所謂正大夫乎？」〔註71〕在三家《詩》中，因爲《韓詩外傳》尚存，儘管學者的意見不一，同時《韓詩》後亡，輯佚作品中關於《韓詩》的部分也往往最多，如王應麟的《詩考》，所以學者圍繞《韓詩》討論三家《詩》的情況就比較多。

歐陽修曰：

> 韓嬰之書至唐猶在，今其存者十篇而已。《漢志》嬰書五十篇，今但存其《外傳》，非嬰傳《詩》之詳者，而其遺說，時見於他書，與毛之義絕異，而人亦不信。去聖既遠，誦習各殊，至於考《風》、《雅》之正變以知王政之興衰，其善惡美刺不可不察焉。〔註72〕

歐陽修認爲當時已不能看到《韓詩》了，也許更傾向於亡佚於五代之際的看法，對人們不甚相信的《韓詩外傳》十篇也持審慎的態度，肯定《韓詩外傳》對理解「正變」「美刺」有助益。「自聖人沒（歿），『六經』多失，其傳一經之學分爲數家，不勝其異說也。當漢之初，《詩》之說分爲齊、魯、韓三家，晚而毛氏之《詩》始出，久之，三家之學皆廢而《毛詩》獨行，以至於今不絕。今齊、魯之學沒不復見，而《韓詩》遺說往往見於他書，至其經文亦不同，如『逶迤』『鬱夷』之類是也，然不見其終始，亦莫知其是非。自漢以來，學者多矣，其卒捨三家而從毛公者，蓋以其源流所自，得聖人之旨多歟？」〔註73〕歐陽修已經注意到三家《詩》的問題，而且指

---

頁。
〔註71〕〔清〕朱彝尊編，朱昆田校：《經義考》卷一百，乾隆四十二年（1777年）本，第8頁。
〔註72〕〔清〕朱彝尊編，朱昆田校：《經義考》卷一百，乾隆四十二年（1777年）本，第8頁。
〔註73〕〔宋〕歐陽修：《詩本義》卷十四《序問》，《四庫全書（文淵閣本）》（第70冊），第294頁。

出《韓詩》遺說多見於他書，對朱熹和王應麟的三家《詩》研究可能有啓發，但王應麟只追溯至朱熹〔註74〕。

《董氏（逌）廣川詩故》：

> 《中興藝文志》：董逌撰，逌謂班固言《魯詩》最近，今徒於他書時得之。《齊詩》所存不全，或疑後人詫爲，然章句間有自立處，此不可易者。《韓詩》雖亡闕，《外傳》及章句猶存。《毛詩訓故》爲備，以最後出，故獨傳。乃據毛氏以考正於三家，且論《詩序》決非子夏所作。〔註75〕

陳振孫也認爲「逌說兼取三家，不專毛鄭」，但是懷疑董逌「《齊詩》尙存」的說法〔註76〕，與《中興藝文志》比較看，陳振孫似有誤解。

范處義曰：

> 竊謂《韓詩》世罕有之，未必其眞，韓氏之傳授妄矣。〔註77〕

這是南宋學者懷疑現有《韓詩》之學〔註78〕，尤其是其傳授淵源。陳振孫也認爲「《外傳》多於舊，蓋多雜說，不專解《詩》，不知果當時本書否也」〔註79〕。可見，宋時已有人對《韓詩外傳》產生懷疑了。晁公武評《韓詩外傳》「雖非解經之深者，然文辭清婉，有先秦風」〔註80〕，雖對其深度不以爲然，但又從文學風格角度予以肯定。

呂祖謙對三家《詩》也並不陌生：

> 魯、齊、韓、毛，師讀既異，義亦不同，以魯、齊、韓之義尚可見者較之，獨《毛詩》率與經傳合。《關雎》，正風之首，三家者乃以爲刺，餘可知矣，是則《毛詩》之義最爲得其眞也。間有反覆煩重，時失經旨，如《葛覃》、《卷耳》之類，蘇氏以爲非一人之辭，

---

〔註74〕〔宋〕王應麟：《詩考·序》。

〔註75〕〔清〕朱彝尊編，朱昆田校：《經義考》卷一百零五，乾隆四十二年（1777年）本，第4頁。

〔註76〕〔清〕朱彝尊編，朱昆田校：《經義考》卷一百零五，乾隆四十二年（1777年）本，第4頁。

〔註77〕〔清〕朱彝尊編，朱昆田校：《經義考》卷一百，乾隆四十二年（1777年）本，第8頁。

〔註78〕疑指《韓詩外傳》。

〔註79〕〔清〕朱彝尊編，朱昆田校：《經義考》卷一百，乾隆四十二年（1777年）本，第9頁。

〔註80〕〔清〕朱彝尊編，朱昆田校：《經義考》卷一百，乾隆四十二年（1777年）本，第8頁。

蓋近之，至於止存其首一言，而盡去其餘，則失之易矣。〔註81〕

這節文字還被朱熹《詩序辨說》引用，略有出入〔註82〕。呂氏引《說苑》（應為《魯詩》說）「宋襄公為太子，請於桓公曰：『請使目夷立。』公曰：『何故？』對曰：『臣之舅在衛，愛臣，若終立則不可以往。』」「味此詩而推其母子之心，蓋不相遠，所載似可信也，不曰欲見母而曰欲見舅者，恐傷其父之意也。母之慈，子之孝，皆止於義而不敢過焉，不幸處母子之變者，可以觀矣」〔註83〕。《讀詩記》多引《經典釋文》以見三家《詩》（尤其是《韓詩》）與《毛詩》的異同。

朱彝尊《經義考》還說：

> 王應麟曰：「曹氏《詩說》謂《齊詩》先《采蘋》而後《草蟲》。」
> 又曰：「四月秀葽，諸儒不詳其名，《說文》引劉向說，以為苦葽。曹氏以《爾雅》、《本草》證之，知其為遠志。」又曰：「旱麓，毛氏云旱山名也。曹氏按《地理志》漢中南鄭縣有旱山，沱水所出，東北入漢。」〔註84〕

可見，曹粹中解《詩》也是兼采四家，以三家《詩》正《毛詩》。

王應麟對《韓詩》的可靠性比較自信，他引用《韓詩》來解證思想史中的一些疑難問題，解決荀子《非十二子》與思孟的關係，發人深思。「申毛之《詩》皆出《荀卿子》，而《韓詩外傳》多引荀書」，「荀卿《非十二子》，《韓詩外傳》引之，只云『十子』，而無子思、孟子。愚謂荀卿非子思、孟子，蓋其門人如韓非、李斯之流託其師以毀聖賢，當以《韓詩》為正」〔註85〕。在已有思想史研究中，不甚發現這段材料，無論其結論是否屬於臆測，但畢竟發現了一個問題，並為思想史研究開拓史料範圍提供了一個示例。

## 二、三家《詩》的心性義理解《詩》萌芽

宋代《詩經》學在一定程度上突出了宋學注重心性義理的特點，而這種

---

〔註81〕 〔宋〕呂祖謙：《呂氏家塾讀詩記》卷二《周南》，叢書集成初編本，第24～25頁。

〔註82〕 〔漢〕毛萇傳述，〔宋〕朱熹辨說：《詩序》，叢書集成初編本，第49頁。

〔註83〕 〔宋〕呂祖謙：《呂氏家塾讀詩記》卷六，叢書集成初編本，第121頁。

〔註84〕 〔清〕朱彝尊編，朱昆田校：《經義考》卷一百零五，乾隆四十二年（1777年）本，第5頁。按：「曹《詩說》」指《曹氏（粹中）放齋詩說》，《宋志》作三十卷，《經義考》作「未見」。

〔註85〕 〔清〕朱彝尊編，朱昆田校：《經義考》卷一百，乾隆四十二年（1777年）本，第9頁。

旨趣在漢代《詩經》研究中也時有反映。前文已指出，今已有學者注意到漢宋《詩經》學關於「情性」討論的內在聯繫。在此，僅針對三家《詩》的心性義理觀點略作分述。

司馬遷指出「《詩》三百篇，大抵賢聖發憤之所爲作也」，突出了《詩經》作品和創作者心境性情的關係，「人皆意有所鬱結，不得通其道也，故述往事，思來者」〔註86〕，揭示詩作是意有所淤塞的產物，並藉以宣泄通暢鬱結的意。後來劉歆認爲「《詩》以言情。情者，性之符也」〔註87〕，一方面揭示了《詩》「言情」的本質，較先秦至漢初的「言志」更加具體，並開啓了魏晉南北朝「詩緣情而綺靡」的「緣情」詩說；另一方面突顯了情與性內外相符的關係，「情者，性之符也」。這個論述儘管還很粗疏，但性與情的關係後來被理學家奢談，認爲性靜情動，本於人心，性發而爲情，所以李侗等人便教導人要觀情未發之前的心的氣象，即觀性，自然較劉歆的說法要深刻細膩的多，可視爲對「情者，性之符也」的深化。

藉《詩》以寄寓和闡述倫理綱常的義理，在漢代《詩》說中也能找到痕迹，並有和心性結合在一起加以討論的情況。《大戴禮·保傅篇》載「《春秋》之元，《詩》之《關雎》，《禮》之《冠》、《昏（婚）》，《易》之《乾》、《坤》，皆愼始敬終云爾」〔註88〕，就將《詩經》中的《關雎》和注重心性的「愼始敬終」聯繫起來，「愼」「敬」以後成爲理學家工夫論或實踐論的重要內容。班固說「有五常之道，故日五經，《樂》仁《書》義《禮》禮《易》智《詩》信也，人情有五性，懷五常，不能自成，是以聖人象天五常之道，而明之以教人，成其德也」〔註89〕，也是以「信」來標誌《詩》的倫理特徵，並將包括「信」的「五常」與「五性」相聯繫。

這種情形在《齊詩》〔註90〕和緯書中比較多見。

翼奉說「《詩》有五際，君臣、父子、兄弟、夫婦、朋友」〔註91〕，此條

---

〔註86〕《史記》卷一百三十《太史公自序第七十》，第3300頁。
〔註87〕〔清〕朱彝尊編，朱昆田校：《經義考》卷九十八，乾隆四十二年（1777年）本，第1頁。
〔註88〕《大戴禮·保傅篇》。
〔註89〕〔漢〕班固：《白虎通德論·五經》。
〔註90〕屬於皮錫瑞所說「漢有一種天人之學而齊學尤盛」的「齊學」（《經學歷史》，第106頁）。
〔註91〕〔清〕朱彝尊編，朱昆田校：《經義考》卷九十八，乾隆四十二年（1777年）本，第2頁。

不見於今之《漢書·翼奉傳》〔註92〕，不知所自，或是竄入了應劭的注解文字〔註93〕。其中的「五際」即後來常說的「五常」，五種社會倫理道德，包括「三綱」，當然據周予同先生《經學歷史》注，認為「三綱」的說法出自《禮緯·含文嘉》〔註94〕。關於「五際」，一般多根據顏師古的注和《詩緯·汎曆樞》解為陰陽更替的五個階段。顏師古的注為「陰陽始終際會之歲，於此則有變改之政也」，《詩緯·汎曆樞》作「亥為革命，一際也。亥又為天門，出入候聽，二際也。卯為陰陽交際，三際也。午為陽謝陰興，四際也。酉為陰盛陽微，五際也」〔註95〕。翼奉還說：

> 臣聞之於師曰，天地設位，懸日月，布星辰，分陰陽，定四時，列五行，以視聖人，名之曰道。聖人見道，然後知王治之象，故畫州土，建君臣，立律曆，陳成敗，以視賢者，名之曰經。賢者見經，然後知人道之務，則《詩》、《書》、《易》、《春秋》、《禮》、《樂》是也。《易》有陰陽，《詩》有五際，《春秋》有災異，皆列終始，推得失，考天心，以言王道之安危。〔註96〕

在天人相與的總體框架下，構設了一個由道至經的「見道」「明道」過程，閱讀經籍的目的是「知人道」，無怪他強調「詩之為學，情性而已」〔註97〕。值得注意的是這段文字中「考天心」的「天心」也是宋代《詩經》學常見的語彙。「天心」的概念在朱熹《詩經集傳》、袁燮《絜齋毛詩經筵講義》、戴溪《續呂氏家塾讀詩記》中尤為常見，也常見於謝枋得《詩傳注疏》等。

《詩緯·含神霧》明確地說「《詩》者，天地之心，君德之祖，百福之宗，萬物之戶也」，又說「詩者，持也。在於敦厚之教，自持其心；諷刺之道，可以扶持邦家者也」〔註98〕。前者指出《詩經》在天地、君德、百福、萬物四個方面的根本、起源、途徑意義；後者強調《詩經》在「自持其心」與「扶持邦家」方面的心性義理功能，劉勰明顯受到這種看法的影響，認為「言之文也，

---

〔註92〕 《漢書·翼奉傳》僅作「《詩》有五際」。

〔註93〕 《漢書》卷七十五《眭兩夏侯京翼李傳第四十五·翼奉》，第3173頁。

〔註94〕 皮錫瑞：《經學歷史》，周予同注釋本，中華書局，1959年，第112頁。「三綱謂：君為臣綱，父為子綱，夫為妻綱。」

〔註95〕 皮錫瑞：《經學歷史》，周予同注釋本，中華書局，1959年，第107頁。

〔註96〕 《漢書》卷七十五《眭兩夏侯京翼李傳第四十五·翼奉》，第3172～3173頁。

〔註97〕 《漢書》卷七十五《眭兩夏侯京翼李傳第四十五·翼奉》，第3170頁。

〔註98〕 〔清〕朱彝尊編，朱昆田校：《經義考》卷九十八，乾隆四十二年（1777年）本，第1頁。

天地之心哉」、「詩者，持也，持人情性」〔註99〕，這一點被宋代《詩經》學繼承下來並作了進一步發揮。《春秋演孔圖》說「《詩》含五際六情」〔註100〕，《春秋說·題辭》說「《詩》者，天文之精，生辰之度，人心之操也。在事爲詩，未發爲謀，恬淡爲心，思慮爲志，故詩之爲言志也」〔註101〕，都指出《詩》具有操持心性的功能。

探討《詩經》的心性義理功能，往往和關於《詩》「歌」和「詩」、「樂」和「徒」本質的討論聯繫在一起。唐代成伯璵《毛詩指說》也說：

> 《詩·含神霧》云：「詩者，持也。在於敦厚之教，自持其心；諷刺之道，可以扶持邦家者也。」鄭玄云：「詩者，承也。政善則下民承而贊詠之，政惡則諷刺之。」梁簡文云：「詩者，思也，辭也。發慮在心謂之思，言見其懷抱者也。在辭爲詩，在樂爲歌，其本一也。」故云「好作歌以訊之」，是也。詩人先繫其辭，然後播之樂曲。大（太）康之亂，五子之歌，文近於詩，載於夏典；殷湯之盛而有頌聲，文武克成王業，周公能致太平，四始六義，煥然昭著。幽厲板蕩，則變雅著。自茲以往，美刺相雜矣。〔註102〕

這裡涉及的問題比較多，除承繼有漢代「風雅正變」的認識外，對詩和歌的關係作了辨析〔註103〕，認爲他們只是載體和方式不同，而根本是一致的，都是人們情思的表現，所以詩的「樂歌」和「徒歌」、「徒詩」的問題還不突出，而在宋代這個問題就因對漢代以禮解《詩》的懷疑而變得尖銳起來。

主張「聲歌之說」者（如鄭樵等）所反對的實質正是漢代拘泥於文字進行解說的方法和現象。如果詩爲樂歌，則文字後起，文字與聲歌之間無必然的對應聯繫，當然，這種觀點已將口頭語言和書面文字的關係絕對化而使其

---

〔註99〕分別見於《文心雕龍》《原道》、《明詩》篇。

〔註100〕《經義考》卷九十八，乾隆四十二年（1777年）本，第2頁。朱彝尊並按：「即六義也。」

〔註101〕〔清〕朱彝尊編，朱昆田校：《經義考》卷九十八，乾隆四十二年（1777年）本，第2頁。

〔註102〕〔唐〕成伯璵：《毛詩指說·解說第二》，《四庫全書（文淵閣本）》（第70冊），第171頁。按：「載於夏典」指《尚書》中的《夏書·五子之歌》。

〔註103〕成伯璵還認爲「《虞書》曰：『工以納言，時而颺之。』此君臣相戒，歌詩之漸也。詩發於言，言繫乎辭，裁成曲度，謂之文章，引而伸之，以成歌詠。歌有折衷，音有清濁，音律相諧，即樂之用也」（〔唐〕成伯璵：《毛詩指說·文體第四》，《四庫全書（文淵閣本）》（第70冊），第177頁）。

對立起來。但宋代學者的初衷是反對和突破已有的成說，認爲從本來就不可靠的文字再去解讀義理，自然是緣木求魚和謬以千里了。這種認識啓示了宋代以理解《詩》的簡約與不拘泥文字的風氣，儘管他們並不輕視文字。

對詩的定義的回顧，使人們認識到《詩》的義理闡發傳統的深遠，而注重心性已是其中應有之義，宋代理學家側重其中心性修齊之理的集中突破本是有基礎的。

## 第三節　宋代《詩經》學與《四書》學的關係

宋代《詩經》學極重視心性義理，與理學尤其是《四書》學有密切的關係，體現了古人對《詩經》文本文化性的重視，甚至這個時期的《詩經》學在某種意義上已經成爲理學的傳播途徑和體現方式。

侯外廬、邱漢生、張豈之等先生在《宋明理學史》中認爲宋代理學家著重研究的經典，首先是《易》、其次是《春秋》、再次是《詩》、《書》、《禮》，「儒家經典中，闡釋最多的，則爲《四書》」「理學家注釋儒家經典，把它納入理學軌轍。他們的辦法是用理學觀點進行注釋，用理學家的言論思想進行注釋」〔註104〕。具體到《詩經》學作品，認爲「陸九淵弟子楊簡的《慈湖詩傳》，解釋詩篇，每每大段發揮他自己的義理，即發揮陸九淵心學的義理。這種做法，完全不像漢儒經注，倒成了他自己的心學講義」〔註105〕。夏傳才先生在《詩經研究史概要》中確定朱熹的《詩經集傳》在《詩經》學史上「第三個里程碑」地位時也充分考慮到這種理學思想基礎，「朱熹的《詩集傳》是宋學《詩經》研究的集大成著作。它以理學爲思想基礎，集中宋人訓詁、考據的研究成果，又初步地注意到《詩經》的文學特點」〔註106〕。

但如果就思想學術史來說，有些問題需要做較細緻的勘察。肇於唐中葉以後的學術新風，對古代「道統」的重新發現，韓愈將思孟一派突出到學術的前沿，學術研究的旨趣和風氣逐漸在變化，集中體現是對《中庸》的重視。作爲對當時佛學研究的吸收和反抗，唐代學者發現這部書中蘊含著精微的義

〔註104〕侯外廬、邱漢生、張豈之主編：《宋明理學史·緒論》（上），人民出版社，1997年第2版，第11頁。

〔註105〕侯外廬、邱漢生、張豈之主編：《宋明理學史·緒論》（上），人民出版社，1997年第2版，第12頁。

〔註106〕夏傳才：《《詩經》研究史概要·序》，中州書畫社，1982年，第3頁。

理，可資彌補儒學本身理論性、系統性不強的不足。韓愈的學生和朋友李翱《復性書》就將心性義理的探討放在首位，儘管有學者認爲《復性書》多受佛學的影響，「其實陰習釋家之旨」〔註107〕，但在宋初不少人已注意到《復性書》和《中庸》之間的關係。歐陽修認爲《復性書》是《中庸》的注疏，范仲淹對《中庸》特別重視，並向張載推薦。關於這段材料引用者較多。這個過程漆俠先生曾作過梳理。此外，僧者智圓（號中庸子）提倡《中庸》，司馬光著《中庸廣義》等。但是在張載、二程的努力下，不僅僅局限於《中庸》，漸波及《大學》、《論語》、《孟子》，至朱熹而成爲獨立的《四書》。張載表彰《論》《孟》，引《中庸》的地方很多，《大學》較少；二程修改《大學》章句次序，作《中庸解》、《孟子解》、《論語解》；朱熹作《章句集注》首列《大學》，在去世之前一直刪定的就是《大學章句》，可見《四書》之學的發展次第。從二程起，《大學》作爲修身的入手處，漸趨重要。《論語》、《孟子》則是參酌的資料，《中庸》則是精微的至高境界。朱熹的高足陳淳進一步細分了四者之間的次序，不僅突出《大學》「實群經之綱領，而學者所當最先講明者也」，而且認爲《中庸》「上達」之意多，「下學」之意少，不是初學者所能理解的〔註108〕。作爲一種學術思想和流派（本文未從政治意識角度使用「理學」一詞）的理學，它主要體現和內蘊於理學家對經典的闡釋中，包括《四書》和《五經》。南宋末期的王柏就指出朱熹以《四書》解經的事實，「專以《四書》爲義理之淵藪」〔註109〕，所以《四書》學也就可以代表和反映理學學術思想。宋代《詩經》學和理學的關係中包括著和《四書》學的關係，而這是一個歷史與邏輯相統一的過程。

　　理學的集中問題是關於「天理」的體認和踐履，程顥曾說「天理」是自家體貼出來的，而「天理」一詞實並不始自於宋代學者。「天理」在《禮記》中出現了兩處，都在《樂記》篇中〔註110〕。程顥、程頤兄弟關於「天理」的

〔註107〕　章太炎《國學講演錄‧諸子略說》。
〔註108〕　〔宋〕陳淳：《北溪字義‧嚴陵講義‧讀書次第》，熊國禎、高流水點校本，中華書局，1983年，第79頁。
〔註109〕　〔宋〕王柏：《詩疑》，顧頡剛校點本，景山書社，1930年，第34頁。
〔註110〕　《禮記‧樂記第十九》：「人生而靜，天之性也；惑於物而動，性之欲也。物至知知，然後好惡形焉。好惡無節於內，知誘於外，不能反躬，天理滅矣。夫物之感人無窮，而人之好惡無節，則是物至而人化物也。人化物也者，滅天理而窮人欲者也。於是有悖逆詐僞之心，有淫佚作亂之事。是故，強者脅弱，眾者暴寡，知（智）者詐愚，勇者苦怯，疾病不養，老幼孤獨不得其所，

學術觀點便有一定差異，後分蘗出朱陸異同，構成理學的主體。在《四書》學的形成過程中能體現出關於「天理」的探討脈絡，這個脈絡在宋代《詩經》學中同樣也存在，不同的是，以《大學》爲起點的「修齊治平」思想得到了一定反映，所以在經典闡釋方面，討論宋代《詩經》學與理學的關係問題，在一定程度上與《四書》學相聯繫，南宋尤其明顯。

在宋代《詩經》學中，《四書》的影響痕迹依稀可辨。作爲宋代《詩經》學奠基者的歐陽修，在《詩本義》中引用《大學》、《中庸》、《論語》、《孟子》的情況還不十分多見，儘管他對《中庸》的重要性已有足夠的重視。但是不乏一些近似的論述。歐陽修解《大雅・文王之什・思齊》：

> 本義曰：「文王幼育於賢母，長得賢妃之助，以成其德，其德廣被，由內及外，由近及遠，自親者始，故曰刑於寡妻，至於兄弟，以御於家邦。……毛謂性與天合者，是也。詩人既述文王修身之善，能和敬於人神，而出處有常度，又述其遇事之聰明，所爲皆中理。」〔註111〕

值得注意的是，這種重修身、由己及人、由內及外、由近及遠的觀念在宋代逐漸成爲佔主導的觀念，並和《大學》「三綱領」〔註112〕、「八條目」〔註113〕聯繫起來，至朱熹等人將其提到《詩經》首篇《關雎》釋義中，成爲理解《詩經》的基礎和指導，僅由此，即可看出理學尤其是《四書》學對《詩經》研究的影響，並且是根本性的影響，使《詩經》闡釋由注重外在的禮義規範而轉向更加強調內在的心性修養〔註114〕，而這種風氣和旨趣在歐陽修解《思齊》中已充分顯露了出來，其語句表達形式對朱熹也有直接的啓發。同樣的例子還有不少，如關於《小雅・鹿鳴之什・伐木》、《大雅・蕩之什・蕩》等的釋義。

---

此大亂之道也。」已經初步涉及性靜欲動、欲攝於性的「性欲」關係和天理人欲之辯的討論。

〔註111〕 〔宋〕歐陽修：《詩本義》卷十《思齊》，《四庫全書（文淵閣本）》（第70冊），第254～255頁。

〔註112〕 「《大學》之道，在明明德，在親民，在止於至善。」（〔宋〕朱熹：《四書章句集注》，第3頁）

〔註113〕 「古之欲明明德於天下者，先治其國；欲治其國者，先齊其家；欲齊其家者，先修其身；欲修其身者，先正其心；欲正其心者，先誠其意；欲誠其意者，先致其知；致知在格物。」（《四書章句集注》，第3頁）

〔註114〕 與《毛詩正義》《關雎》、《思齊》、《文王》等條釋義比較更加明顯。

王安石《詩經》學輯佚著作中，也能發現些許例證。《陳風·澤陂》，《李黃集解》（李）作「鄭氏以蒲喻男，以荷喻女，陂中之物喻淫風由同姓。王氏則以澤爲君，以陂爲臣」〔註115〕，可見，鄭玄、王安石均未超出《詩序》「刺時也。言靈公君臣淫於其國，男女相說（悅），憂思感傷焉」的釋義範圍，只是在理解喻體的本體上略有差異，但都體現了陰陽相對的概念和思維模式。在該詩中，《李黃集解》（李）又說「王氏曰：《東門之枌》，《宛丘》之應也。《澤陂》，《株林》之應也。……苟以至誠爲之，則未必無應。苟無其應，則是誠之未至爾」〔註116〕，表面顯示了王安石進一步發揮和拓展《毛詩》「《騶虞》爲《關雎》之應」的思想，探究反映在詩歌內容之間義理上的因果關係，這種思維方式也可以在朱熹的《詩經集傳》、呂祖謙的《呂氏家塾讀詩記》等中看到；而實質上則突顯了「誠」的重要，這個「誠」的命題，後來在頗重《大學》、《中庸》、《論語》、《孟子》的程顥、程頤學說中得到進一步弘揚，成爲該學說境界說與工夫論的重要內容，並綿亙至南宋朱陸之學。王安石主張「意誠而心正，心正則無所爲而不正」〔註117〕，這正是《大學》「八條目」的思路取向。如果筆者所察不謬，在歐陽修《詩本義》中未見一例引用《大學》的地方，而在《詩義鉤沉》中則能找到一鱗半爪，如《魯頌·駉之什·有駜》「夙夜在公，在公明明」，《李黃集解》（李）「明明，言明之至也。鄭氏曰：明義明德」「王氏則舉《大學》所謂『在明明德』」〔註118〕，儘管此條不能完全清晰地反映王安石具體解釋的情形，他例又湮沒不得而知，但可以說明的是王氏也有以《大學》解《詩》的情況。從對待《大學》角度將歐陽修和王安石比較，也許可說明以《大學》解《詩》在逐漸增強，至二程之後自不消論，幾成解《詩》的基調，而且程朱及以後引《大學》解《詩》者日多，並愈來愈集中系統。

張載則很看重《中庸》，「某觀《中庸》義二十年，每觀每有義，已長得一格」，而且主張「《六經》循環，年欲一觀。觀書以靜爲心，但只是物，不入心，然人豈能長靜，須以制其亂」〔註119〕，通過對《六經》的反覆涵泳，融會貫通，以達到治心的目的，即「治其亂」，呈現出比較鮮明的心性義理取

---

〔註115〕《詩義鉤沉》卷七《陳宛丘義第十二》，第104頁。
〔註116〕《詩義鉤沉》卷七《陳宛丘義第十二》，第104頁。按：此引號爲點校者加。
〔註117〕《臨川先生文集》卷七十二《答韓求仁書》，四部叢刊本。
〔註118〕《詩義鉤沉》卷二十《駉義第二十九》，第297頁。
〔註119〕《經學理窟·義理》，載〔宋〕張載：《張載集》，中華書局，1978年，第277頁。

向。張載也特別注意《論語》、《孟子》等著作,「要見聖人,無如《論》《孟》為要。《論》《孟》二書於學者大足,只是須涵泳」〔註120〕,「學者信書,且須信《論語》《孟子》。《詩》《書》無舛雜……《中庸》《大學》出於聖門,無可疑者」〔註121〕。他強調修身齊家,「『人而不為《周南》《召南》,其猶正牆面而立』,近使家人為之。世學泯沒久矣,今試力推行之」〔註122〕,又在《女戒》中引用《斯干》、《何彼襛矣》詩,「惟非惟儀,女生則戒。〔註123〕王姬肅雍,酒食是議。〔註124〕」〔註125〕。

程顥、程頤和朱熹更加重視《四書》和解《詩》的理學自覺。程子曰:「『思無邪』者,誠也。」〔註126〕以「誠」來解「思無邪」。《周頌・維天之命》第一章「維天之命,於穆不已。於乎不顯,文王之德之純」,朱熹注:

> 天命,即天道也。不已,言無窮也。純,不雜也。此亦祭文王之詩,言天道無窮,而文王之德純一不雜,與天無間,以贊文王之德之盛也。《子思子》曰:「維天之命,於穆不已,蓋曰天之所以為天也;於乎不顯,文王之德之純,蓋曰文王之所以為文也。」純,亦不已。程子曰:「天道不已,文王純於天道亦不已,純則無二無雜,不已則無間斷先後。」〔註127〕

《周頌・烈文》,朱熹注:

> 《中庸》引「不顯維德,百辟其刑之」而曰「故君子篤恭而天下平」,《大學》引「於乎前王不忘」而曰「君子賢其賢而親其親,小人樂其樂而利其利,此以沒世不忘也」。〔註128〕

---

〔註120〕《經學理窟・義理》,載〔宋〕張載:《張載集》,中華書局,1978年,第272頁。

〔註121〕《經學理窟・義理》,載〔宋〕張載:《張載集》,中華書局,1978年,第277頁。

〔註122〕《經學理窟・自道》,載〔宋〕張載:《張載集》,中華書局,1978年,第291頁。

〔註123〕原注:「在《毛詩・斯干篇》。」

〔註124〕原注:「周王之女亦然。」

〔註125〕《文集佚存・女戒》,載〔宋〕張載:《張載集》,中華書局,1978年,第354～355頁。

〔註126〕《論語集注》卷一《學而》。

〔註127〕〔宋〕朱熹:《詩經集傳》卷八《周頌・維天之命》,《四庫全書（文淵閣本)》（第72冊),第891頁。

〔註128〕〔宋〕朱熹:《詩經集傳》卷八《周頌・烈文》,《四庫全書（文淵閣本)》（第

朱熹多引《中庸》、《大學》，也能看出以《四書》解《詩經》的方法，不僅印證了其「《四子》，『六經』之階梯」的判斷，而在本質上正反映了《詩經》乃至「六經」闡釋的理學性特徵。二程和朱熹都很注意《四書》，對《大學》、《中庸》、《論語》、《孟子》都有強調，但更側重《大學》，認爲它是學者治學的入手處，陳淳不僅突出《大學》「實群經之綱領，而學者所當最先講明者也」，而且認爲：

> 蓋不先諸《大學》，則無以提攜綱領，而盡《論》、《孟》之精微；不參諸《論》、《孟》，則無以發揮蘊奧，而極《中庸》之歸趣；若不會其極於《中庸》，則又何以建立天下之大本，而經綸天下之大經哉？是則欲求道者，誠不可不急於讀《四書》。而讀《四書》之法，毋過求，毋巧鑿，毋旁搜，毋曲引，亦惟平心以玩其旨歸，而切己以察其實用而已爾。果能於是四者融會貫通，而理義昭明，胸襟灑落，則在我有權衡尺度。由是而進諸經，與凡讀天下之書，論天下之事，皆莫不冰融凍釋，而輕重長短截然一定，自不復有錙銖分寸之或紊矣。嗚呼！至是而後可與言內聖外王之道，而致開物成務之功用也歟！〔註129〕

明確了《四書》內部之間的關係和次第，認爲由《四書》「而進諸經」是治學明理、獲致內聖外王之道和開物成務之功的前提和門徑。

王柏在《詩辨序》中說：

> 紫陽朱夫子出而推伊洛之精蘊，取聖經於晦蝕殘毀之中，專以《四書》爲義理之淵藪，於《易》則分還三聖之舊，於《詩》則撥去《小序》之失。此皆千有餘年之惑，一旦汎掃平蕩，其功過孟氏遠矣。然道之明晦也皆有其漸，蓋非一日之積：集其成者不能無賴於其始，則前賢之功有不可廢；正其大者不能無遺於其小，則後學之責有不可辭。大抵有探討之實者不能無所疑；有是非之見者不容無所辨。苟輕於改而不知存古以闕疑，固學者之可罪；狃於舊而不知按理以復古，豈先儒所望於後之學者。〔註130〕

---

72冊），第891頁。

〔註129〕〔宋〕陳淳：《北溪字義・嚴陵講義・讀書次第》，熊國禎、高流水點校本，第79頁。

〔註130〕《詩疑》卷二《詩辨序》，叢書集成初編本，第15頁。按：「汎掃」的「汎」，顧氏本作「泛」（第34頁）。

王柏明確地指出朱熹將《四書》作爲義理的彙聚和典範，並在《易》、《詩》研究上的貢獻，已經點出朱熹以《四書》解《詩經》等經典的特點。而「道之明晦」則是他的關注焦點，「按理以復古」則是他的方法原則，所以才有對漢唐學者潰亂《詩經》的懷疑及刪削「淫詩」的擬議。王柏針對《大雅》詩認爲，「一部詩原（源）頭本於文王一人，上推后稷公劉以來，下及后妃、大夫妻，以至後諸侯，皆以文王受命興周王之故。然其詩典重淵奧，正大明白，莫如《大雅》，作於周公之手者凡四篇，曰《文王》、《大明》、《緜》、《皇矣》。四篇之中，又莫如《文王》。初言文王，只如此亹亹然強勉做將去，而令問自至今不已。『亹亹』二字又未足以盡其形容，又添一個『穆穆』字。其所以能如此深遠者，只是緝熙此一『敬』字而已。此令問之所以不已也。末曰天理無形，但取法於文王，天下自能興起孚信。凡所以稱讚文王者只一個『敬』字。天難取法，只法文王，便能孚信：只是此數句已盡」〔註131〕，這裡受朱子影響很明顯，一方面，將《詩》繫於文王一身，通過修齊治平以示範天下後世；一方面，注重「敬」的修身治心原則。

浙東事功學派的《詩經》學觀點與此並非大相徑庭。

黃度《詩說》，《宋志》作三十卷，《經義考》標「未見」。葉適在爲該書所作的《序》中說「按《易》有程，《春秋》有胡，而《詩》集傳之善者亦數家，大抵欲收拾群義，酌其中平以存世教矣，未知性情何如爾。今公之書，既將並行，讀者誠思其教，存而性明，性明而《詩》復，則庶幾得之。不然，非余所知也」〔註132〕，雖多有褒益黃度《詩說》之意，但卻將自己對《詩》學的衡量標準表達得很清楚，即「存而性明，性明而《詩》復」，也是心性義理的路數。

薛季宣《反古詩說》，一作《詩性情說》，《經義考》標「佚」。他在《自序》中說：

> 紹興己卯冬，走，初本之《詩序》，述廣《序》。越四歲，癸未解官，自東鄂，始因其說而次第之，名之《反古詩說》。或者尤之曰：

---

〔註131〕《詩疑》卷一，叢書集成初編本，第9頁。按：「以至後諸侯，皆以文王受命興周王之故」，顧氏校點本作「以至後王、諸侯，皆以文王受命興周之故」（第20頁），義爲長；兩處「令問」，叢書集成初編本與顧氏校點本同，筆者疑爲「令聞」之訛。

〔註132〕〔清〕朱彝尊編，朱昆田校：《經義考》卷一百零六，乾隆四十二年（1777年）本，第11頁。

《詩》古無說，今子盡掊先儒之說而自爲之說，眞古之遺說乎？抑亦未能脫於胸臆之私乎？曰：固也。古之無《詩》說也。人之性情，古猶今也，可以今不如古乎？求之於心，本之於《序》，是猶古之道也。先儒於此何加焉？棄《序》而概之先儒，宜今之不如古也，反古之說於是以戾，然則反古之道又何疑爲？莊姜之詩不云乎「我思古人，實獲我心」？言志同也，志同而事一，則古今一道爾。天命之謂性，庸有二理哉？是則《反古詩說》未爲戾已。《記》有之曰「人莫知苗之碩，莫知子之惡」，言蔽物也，有己而蔽於物，則古人情性與今。先儒之說，未知其能通，信能復性之初，得心之正，豁蔽以明物，因詩以求《序》，則反古之說其始庶幾乎？〔註133〕

薛季宣雖還很重視《序》，但在認識上已發生了變化。受歐陽修的影響，主張古今人的性情並無大的不同，因此，「求之於心，本之於《序》，是猶古之道也」，讀《詩》的目的是求「古道」，同時也頗重視《大學》、《中庸》等書，認爲《詩經》學中「反古之說」的關鍵是「復性之初，得心之正，豁蔽以明物，因詩以求《序》」。心性探討依然是其《詩經》學的基礎，《四書》的影響也可略窺一斑。

戴溪以經解經。引《論語》見《君子偕老》，斥宜姜舉止未「如山如河」，「象服是宜。子之不淑，如此盛服何？子曰『人而不仁，如禮何』之意也」〔註134〕；引《孟子》解《魚麗》〔註135〕，引《禮記》解《南山有臺》〔註136〕；引《禮經》解《豐年》〔註137〕；引《書》解《有瞽》〔註138〕；引《中庸》解《下武》「武王周公其達孝矣乎？夫孝者，善繼人之志，善述人之事者也」〔註139〕等。

---

〔註133〕〔清〕朱彝尊編，朱昆田校：《經義考》卷一百零七，乾隆四十二年（1777年）本，第3頁。按：所引「莊姜之詩」見《邶風·綠衣》：「天命之謂性」出自《中庸》；「《記》有之曰」所引句出自《禮記·大學》，原文爲：「故諺有之曰：『人莫知其子之惡，莫知其苗之碩。』此謂身不修不可以齊其家。」另外，「有己而蔽於物，則古人情性與今」疑下缺一字，或爲「異」。

〔註134〕〔宋〕戴溪：《續呂氏家塾讀詩記》卷一，叢書集成初編本，第12頁。
〔註135〕〔宋〕戴溪：《續呂氏家塾讀詩記》卷二，叢書集成初編本，第45頁。
〔註136〕〔宋〕戴溪：《續呂氏家塾讀詩記》卷二，叢書集成初編本，第46頁。
〔註137〕〔宋〕戴溪：《續呂氏家塾讀詩記》卷三，叢書集成初編本，第93頁。
〔註138〕〔宋〕戴溪：《續呂氏家塾讀詩記》卷三，叢書集成初編本，第93頁。
〔註139〕〔宋〕戴溪：《續呂氏家塾讀詩記》卷三，叢書集成初編本，第78頁。

　　元代虞集有《道園學古錄》、《道園遺稿》等著，他爲鄭樵十餘種著述所作的《序》說：

　　　　聖人之教人，蓋以《詩》爲學矣。孔子說《烝民》之詩曰「爲此詩者，其知道乎！故有物必有則，民之秉彝也，故好是懿德」；「戰戰兢兢，如臨深淵，如履薄冰」，曾子之所以終身也；「鳶飛戾天，魚躍於淵」，子思之所以明道體也；「不以文害辭，不以辭害志，以意逆志，是爲得之」，孟子之所以說《詩》也。是以程子之於《詩》也，嘗點掇一兩字而誦之，使人自解，又曰：「今之學者未見意趣，必不樂學，欲以《三百篇》教之歌舞，恐未易曉；欲別作詩，令朝夕歌之，似當有助其意一也。」聖賢之於《詩》，將以變化其氣質，涵養其德性，優游饜飫，詠歎淫泆（佚），使有得焉，則所謂溫柔敦厚之教。習與性成，庶幾學《詩》之道也。〔註140〕

該《序》文在回顧學《詩》之道時，所引孔子、曾子、子思、孟子解《詩》文字，依次見於今本《四書章句集注》，分別爲《孟子集注》卷十一《告子章句上》、《論語集注》卷四《述而第七》、《中庸章句》、《孟子集注》卷九《萬章章句上》。程子解《詩》文字中的「程子」似應爲程顥，歌誦涵泳，會通《詩》義。虞集所認定的「學《詩》之道」已完全是理學家的口吻了，「聖賢之於《詩》，將以變化其氣質，涵養其德性，優游饜飫，詠歎淫佚，使有得焉，則所謂溫柔敦厚之教。習與性成，庶幾學《詩》之道也」，側重變化氣質、涵養德性、改習成性的心性義理追求。

　　與宋代《詩經》學比較，也許可以說元代《詩經》學受《四書》的影響進一步加深，與理學的關係自然也更加緊密，或者可以稱爲理學化的《詩經》研究（或《詩經》學）。

---

〔註140〕　〔清〕朱彝尊編，朱昆田校：《經義考》卷一百零六，乾隆四十二年（1777年）本，第3頁。

# 第三章　宋代學者的《詩經》觀與理學

　　宋代學者關於《詩經》的認識涉及的問題和方面很多，難以一一枚舉，而其中最關鍵的則是對《詩經》載道本質和功能、《詩序》的作用和「淫詩」的認定三個方面的討論，它們直接或間接地反映了與理學存在著某種較爲密切的關係。

## 第一節　宋代學者對《詩經》本質和功能的認識

　　宋代學者對《詩經》本質和功能的認識經過了一定的變遷，這決定了他們研究《詩經》的方法和眼光。總體上看，慶曆之際人們對儒家經典的認識已發生變化〔註1〕，認爲作爲載道之書，以道爲主，逐漸提醒人們擺落漢唐，獨立研討典籍中所蘊藏的義理，開創了經典研究復歸文本的風氣，爲新研究方法和學術成果的形成提供了可能。

　　歐陽修對「六經」有基本一貫的認識，「『六經』之法所以法不法，正不正，由不法與不正，然後聖人者出而『六經』之書作焉」〔註2〕，強調「六經」的教化功能，具有「法不法」和「正不正」的作用，而「不法」與「不正」的社會現實正是「六經」之所以產生的原因。他又在《詩解統序》中說：

---

〔註1〕向熹先生根據邱光庭《兼明書》，認爲「宋代《詩經》研究的變古革新，早在仁宗半個世紀以前就開始發生了」（向熹：《宋人筆記與〈詩經〉研究》，載北京大學中國傳統文化研究中心編：《文化的饋贈：漢學研究國際會議論文集》（語言文學卷），北京大學出版社，2000年，第47頁）。

〔註2〕〔宋〕歐陽修：《詩本義》卷十五《王國風解》，《四庫全書（文淵閣本）》（第70冊），第296頁。

　　「五經」之書，世人號爲難通者《易》與《春秋》，夫豈然乎？
經皆聖人之言，固無難易，係人之所得有深淺。今考於《詩》，其難
亦不讓二經，然世人反不難而易之，用是通者亦罕，使其存心一，
則人人皆能明，而經無不通矣。大抵謂《詩》爲不足通者有三：曰
章句之書也，曰淫褻之辭也，曰猥細之記也。若然，孔子爲泛儒矣，
非唯今人易而不習之，考於先儒亦無幾人，是果不足通與（歟）？
唐韓文公最爲知道之篤者，然亦不過議其《序》之是否，豈足明聖
人本意乎？《易》、《書》、《禮》、《樂》、《春秋》，道所存也，《詩》
關此五者而明聖人之用焉。迹其道不知其用之與奪，猶不辨其物之
曲直而欲制其方圓，是果成乎？〔註3〕

歐陽修認爲《詩經》關乎其他「道」之所存的「五經」，並進一步明「用」，
而「迹道」與「知用」應是緊密結合在一起的，儘管歐陽修的「用之與奪」
主要是指「勸誡」、「美刺」，但實際上已初步糾正了對《詩經》的三種偏見，
漸次以降，「『六經』皆道之所存」，以至有張程朱陸等學者的理學解讀，所以
說歐陽修開啓了宋代以「道」〔註4〕爲核心的《詩經》研究是毫不誇張的，而
且有助於從更深層次的思想文化角度理解《詩經》學術演變的內在規律。

　　這種源於韓愈和孫復等人的「文以載道」、「道本文用」的思想，與發生
於唐代中葉和宋代慶曆前後的古文復興運動有關，「重道」成爲韓愈、柳宗元
等與宋代學者的共同認識，他們不僅在典籍形式與思想內容關係上更加重視
作爲思想的「道」的內涵，而且因對「道」的關注而促進了典籍研究的溝通
比較和體會涵泳方法的形成。

　　除歐陽修外，其他學者也多有近似表述。張載認爲「聖人文章無定體，
《詩》、《書》、《易》、《禮》、《春秋》，只隨義理如此而言。李翱有言『觀《詩》
則不知有《書》，觀《書》則不知有《詩》』，亦近之」〔註5〕，就是將「五經」
作爲表達「義理」的文章體式，而且受「義理」的支配和制約，「只隨義理如

〔註3〕〔宋〕歐陽修：《詩本義》卷十五《詩解統序》，《四庫全書（文淵閣本）》（第
　　　　70冊），第294頁。按：「用是通者亦罕」的「用」表因果關係，相當於「因」
　　　　或「由」，是其「一聲之轉」（〔清〕王引之：《經傳釋詞》卷一，江蘇古籍出
　　　　版社，2000年影印）。
〔註4〕這種形而上的道有多種表達形式，如「道」、「理」、「心」等。
〔註5〕《經學理窟‧詩書》，載〔宋〕張載：《張載集》，中華書局，1978年，第255
　　　　頁。

此」，「義理」顯然居於主導的地位。

洪邁也如此看，「《六經》之道同歸，旨意未嘗不一，而用字則有不同者」〔註6〕，以文道來看待《六經》形式和內容的關係。

陸九淵也認爲「《六經》之作，本以明道」〔註7〕，「六籍所載，雖不能無脫亂訛誤，然前聖之格言，先王之善政，其存固多，較然可考……六籍所載，義禮所在，而非法制之所禁者，能率而行之」〔註8〕。「書契既造，文字日多，六經既作，傳注日繁，其勢然也。苟得其實，本末始終，較然甚明。知所先後，則是非邪正知所擇矣。雖多且繁，非以爲病，只以爲益。不得其實而蔽於其末，則非以爲益，只以爲病」〔註9〕，也是以文道、本末、始終、表實論經與傳注的關係，最後在不忽略傳注的基礎上達到簡易。「學苟知本，《六經》皆我注腳」〔註10〕，「或問先生何不著書？對曰：『六經注我，我注六經。』」〔註11〕實際上，陸九淵並非反對閱讀注疏，只是要以理或心裁奪，「後生看經書，須著看注疏及先儒解釋，不然，執己見議論，恐入自是之域，便輕視古人。至漢唐間名臣議論，反之吾心，有甚悖道處，亦須自家有『徵諸庶民而不謬』底道理，然後別白言之」〔註12〕，雖「反之吾心」帶有明顯的心學色彩，但以是否符合「道」作爲裁斷的標準，與其他學者並無二致。

陸九淵論讀經態度和方法，主張體味涵泳，培植本心，認爲那種讀書苦思的方法是「自蹶其本，失己滯物」〔註13〕，更加強調實踐涵養，充心明心，「大抵讀書，詁訓既通之後，但平心讀之，不必強加揣量，則無非浸灌、培益、鞭策、磨礪之功。或有未通曉處，姑缺之無害。且以其明白昭晰者日加涵泳，則自然日充日明，後日本原深厚，則向來未曉者將亦有渙然冰釋者矣」，「此最是讀書良法」〔註14〕。

〔註6〕　〔宋〕洪邁：《容齋隨筆·容齋三筆》卷十《六經用字》，上海古籍出版社，1996年，第531頁。

〔註7〕　〔宋〕陸九淵：《陸九淵集》附錄一《王宗沐序》，鍾哲點校本，第541頁。

〔註8〕　〔宋〕陸九淵：《陸九淵集》卷四《書·得解見權郡》，鍾哲點校本，第47～48頁。

〔註9〕　〔宋〕陸九淵：《陸九淵集》卷二十《序贈·贈二趙》，鍾哲點校本，第245頁。

〔註10〕　〔宋〕陸九淵：《陸九淵集》卷三十四《語錄上》，鍾哲點校本，第395頁。

〔註11〕　〔宋〕陸九淵：《陸九淵集》卷三十四《語錄上》，鍾哲點校本，第399頁。

〔註12〕　〔宋〕陸九淵：《陸九淵集》卷三十五《語錄下》，鍾哲點校本，第431頁。

〔註13〕　〔宋〕陸九淵：《陸九淵集》卷三《書·與劉深父》，鍾哲點校本，第34頁。

〔註14〕　〔宋〕陸九淵：《陸九淵集》卷七《書·與邵中孚》，鍾哲點校本，第92頁。

　　朱熹論及《詩》的功用，即「使人心無邪」，並未與陸九淵完全對立。「今使人讀好底詩，固是知勸；若讀不好底詩，便悚然戒懼，知得此心本不欲如此者，是此心之失。所以讀詩者，使人心無邪也，此是詩之功用如此」〔註15〕。在溝通理解各種經書的同時，他還在一定程度上注意到這些典籍各自的特點，認為「聖人之言，在《春秋》、《易》、《書》無一字虛。至於《詩》，則發乎情，不同」〔註16〕，這一句的正確理解是，朱熹認為《詩》不及《春秋》、《易》、《書》義理純醇，所以不能字字計較。因為「發乎情」，而在朱熹的眼中，情是有善惡的，所以他對整部《詩經》的概括為「只是『思無邪』一句好，不是一部《詩》皆『思無邪』」〔註17〕，他能裁定二十八首「淫詩」就很自然了。他將「聖人」的言、心與「天下之理」等同起來，「聖人之言，即聖人之心；聖人之心，即天下之理」〔註18〕，因此，讀書時借書以探究聖賢的「意」與「自然之理」（或本然之理）就是合乎邏輯的了，「讀書以觀聖賢之意；因聖賢之意，以觀自然之理」〔註19〕，宋代理學家解釋聖人之意的落腳點最終是體認「天地之理」或「自然之理」，其起點也即此。當然，朱熹也主張體味涵泳的讀書法，但總擺脫不了這些「天地之理」或「自然之理」。

　　楊簡從文道關係角度，進一步明確地提出「六經」「文六」而「道一」的觀點，《慈湖遺書》卷一《詩解序》：

　　　　《易》、《詩》、《書》、《禮》、《樂》、《春秋》，其文則六，其道則一，故曰：「吾道以一貫之。」又曰：「志之所至，詩亦至焉；詩之所至，禮亦至焉；禮之所至，樂亦至焉；〔註20〕樂之所至，哀亦至焉。」嗚乎〔註21〕至哉！至道在心，奚必遠求？人心自善，自正，自無邪，自廣大，自神明，自無所不通。孔子曰：「心之精神是謂聖。」孟子曰：「仁，人心也。」變化云為興、觀、群、怨，孰非是心，孰非是正。人心本正，起而為意，而後昏不起。不昏，直而達之，則

---

〔註15〕　〔宋〕黎靖德編：《朱子語類》卷二十三，王星賢點校本，第 546～547 頁。
〔註16〕　〔宋〕黎靖德編：《朱子語類》卷八十一，王星賢點校本，第 2100 頁。
〔註17〕　〔宋〕黎靖德編：《朱子語類》卷八十，王星賢點校本，第 2065 頁。
〔註18〕　〔宋〕黎靖德編：《朱子語類》卷一百二十，王星賢點校本，第 2913 頁。
〔註19〕　〔宋〕黎靖德編：《朱子語類》卷十，王星賢點校本，第 162 頁。
〔註20〕　按：《自序》下衍「樂之所至，樂亦至焉」（《慈湖詩傳》，《四庫全書（文淵閣本）》（第 73 冊），第 3 頁）。
〔註21〕　按：《自序》作「呼」（《慈湖詩傳》，《四庫全書（文淵閣本）》（第 73 冊），第 3 頁）。

《關雎》求淑女以事君子，本心也；《鵲巢》昏（婚）禮天地之大義，本心也；《柏舟》憂鬱而不失其正〔註 22〕，本心也；《鄘》《柏舟》之「矢言靡它」，本心也。由是心而品節焉，《禮》也；其和樂，《樂》也；得失吉凶，《易》也；是非，《春秋》也；達之於政事，《書》也。逮〔註 23〕夫動乎意而昏，昏而困，困而學，學者取《三百篇》中之詩而歌之，詠之，其本有之，善心亦未始不興起也。善心雖興而不自知、不自信者多矣，捨平常而求深遠，捨我所自有而求諸彼，學者有自信其本有而學禮焉，則經禮三百、曲禮三千，皆我所自有而不可亂也，是謂立至於緝熙純一，粹然和樂，不勉而中，無為而成，雖學有三者之序，而心無三者之異。知吾心所自有之，「六經」則無所不一，無所不通。有所感興而曲折萬變，可也；有所觀於萬物不可勝窮之形色，可也；相與群居，相親相愛，相臨相治，可也；為哀為樂為喜為怒為怨，可也；邇事父，可也；遠事君，可也；授之以政，可也；使於四方，可也。無所不通，無所不一，是謂不面牆；有所不通，有所不一，則阻則隔。道無二道，正無二正，獨曰《周南》、《召南》者，自其首篇言之，亦其不離者。〔註 24〕

這段文字在《慈湖遺書・詩解序》和《慈湖詩傳・自序》中略有出入，筆者據《詩解序》略作校訂，其中原因可詳見於楊簡《詩經》學部分。它比較集中地闡述了對《詩經》等典籍文與道的認識，尤其是心學的「至道在心」、「道無二道」的思想。楊簡認為「六經」只是「文」也即形式的不同，而它們所貫穿的「道」也即思想是相同的，「《易》、《詩》、《書》、《禮》、《樂》、《春秋》，其文則六，其道則一」，明顯受「六經」為「聖人載道之書」觀念的影響，並將「六經」的產生和「聖人」聯繫起來，這種具體的看法今天已不值一駁；但在這種觀念的影響下雕鑄的「道」貫「六經」的認識，以及作為宋代新學術思想的特色即對渾融的道的把握和描述，則不能不引起我們的重視。在「至道在心，奚必遠求？人心自善，自正，自無邪，自廣大，自神明，自無所不通」的指導下，楊簡具體探討《詩經》詩篇所反映的「本心」，並認為其他「五

〔註 22〕按：《自序》缺此「正」字（《慈湖詩傳》，第 3 頁），據上下文當從《詩解序》。
〔註 23〕按：《自序》作「迨」（《慈湖詩傳》，《四庫全書（文淵閣本）》（第 73 冊），第 3 頁）。
〔註 24〕〔宋〕楊簡：《慈湖遺書》卷一《詩解序》，《四庫全書（文淵閣本）》（第 1156 冊），第 608 頁。

經」只不過是「本心」的不同狀態和操持,「由是心而品節焉,《禮》也;其和樂,《樂》也;得失吉凶,《易》也;是非,《春秋》也;達之於政事,《書》也」,從而用「本心」將各經貫通起來,「『六經』則無所不一,無所不通」,也使「本心」與「道」同一不二,是完全的心學的「六經觀」和《詩經》觀。

在關於「六經」道體或文道關係的認識上,王柏與楊簡不謀而合,但側重點也顯而易見,楊簡更多強調在「文異」的前提下的「道同」,而王柏則更多強調在「道同」基礎上的「文異」,這種細微的差別反映了理學影響經典闡釋的不同階段,後者則帶有較強的反思意味,因而就有可能突出典籍特點的研究。

王柏首先引用「河汾王氏」的話,指出《春秋》、《詩》、《書》共同的「史」的性質和功用,「惟河汾王氏,……直以《春秋》、《詩》、《書》同曰『三史』,其義深矣」〔註25〕,認為「《詩》與《春秋》體雖異而用則同。說《春秋》者莫先於孟子;知《春秋》者亦莫深於孟子」〔註26〕。王柏認為《詩》平易,而其他「五經」則支離,「聖人欲以《詩》之平易而救『五經』之支離,孰知後世反以『五經』之支離而變《詩》之平易。是殆不然。當三百篇之全時,而『五經』未嘗碎缺;當『五經』之支離,而《詩》亦未嘗平易。是又以後世傷殘破裂之經視聖人完全嚴密之經,又非所以言聖人之時之經也。『六經』雖同一道而各有體,猶四時均一氣而各有用,此皆天理之不容已,雖聖人亦不可得而以意損益之也」〔註27〕,以道體來分析比較「六經」,認為「『六經』雖同一道而各有體」,與歐陽修、張載等的觀點相承而更加明晰,並以天理統之,體現了宋代理學家對經典關係的基本看法。尤其是這時較歐陽修已將「聖人之志」降到次要地位,而突出天理的至上無間,反映了理學的發達和對經典闡釋的滲透。

王柏認為「然聖人之《詩》為教所以異於他經者,自有正說。當周之初,雖有《易》而本之卜筮,雖有《書》而藏之史官,《儀禮》未著,《周官》未

---

〔註25〕 〔宋〕王柏:《詩疑》,顧頡剛校點本,景山書社,1930年,第58頁。按:《文中子》將史分為此三種形式。唐劉知幾《史通·敘事》(並序、簡要、妄飾條)以《三史》指《書》、《史記》、《漢書》,「故世之學者,皆先曰《五經》,次云《三史》,經史之目,於此分焉」,全書將《五經》與《三史》並舉的地方很多。和此處的《三史》說法不同。

〔註26〕 〔宋〕王柏:《詩疑》,顧頡剛校點本,景山書社,1930年,第59頁。

〔註27〕 〔宋〕王柏:《詩疑》,顧頡剛校點本,景山書社,1930年,第60頁,標點略作改動。

頌，麟未出而《春秋》未有兆朕也。周公祖述虞舜命夔典樂之教，於是詔太師教以『六詩』，是以《詩》之為教最居其先。然其所以為教者，未有訓詁傳注之可說，不過曰『此為風』、『此為雅頌』、『此為比興』、『此為賦』而已，使學之者循『六義』而歌之，玩味其詞意而涵泳其情性，苟片言有得而萬理冰融；所以銷其念慮之非而節其氣質之雜，莫切於此。此《詩》之所以為教者然也」〔註28〕，純以理學思想和觀念解釋「詩教」的功能，「片言有得，而萬理冰融」還有執一而御萬、察一而知百、融會貫通的意思，以「雜」論「氣質」與張載、朱子等接近，但和朱熹相比只是強調要節制而非去除，滌蕩的只是念慮中不符合天理的因素。同時這段材料雖在「詩教」產生的時間上還值得商榷，而且王柏多本《周禮》以解，其單薄之處自不待言，但他重涵泳、反對因循傳注，實際上表達出了自己解《詩》的理學立場及對漢學的看法。宋人對「六義」很重視，程子始曰「學《詩》而不分『六義』，豈能知詩之體」，謝良佐曰「學《詩》須先識六義體面而諷味以得之」〔註29〕，「朱子亦以為『古今聲詩條理無出於此』」〔註30〕，王柏探討周代「循『六義』而歌之」〔註31〕，實是有淵源的。

　　王柏認為「詩何自而始乎？」堯之時「出於老人兒童之口」，「衝口而出，轉喉而聲，皆有自然之音節」，舜時體各不同，夏商以來，格調紛雜，他承襲傳統的假託周公整理《詩經》而蘊聖人之志的看法，認為周公「取其聲詩義理深長、章句整齊者，定為一體」並「名之曰『風』」〔註32〕，如剝去這一迷霧，則王柏以歷史發展的眼光看待《詩經》的產生，即由民間歌謠而經有文化的學者整理刪汰的歷史過程，符合文學發展的實際，同時也就蘊含著《詩經》起源於民歌的基本前提。

　　在王柏以前古人關於文道關係的論述比較有代表性的有：春秋時期孔子「言之無文，行而不遠」（《左傳·襄公二十五年》）；南北朝劉勰「因文而明道」（《文心雕龍·原道》）；唐韓愈「修其辭以明其道」（《爭臣論》），李漢「文者貫道之器」（《昌黎先生集序》），柳宗元「文者以明道」（《答韋中立論師道

〔註28〕　《詩疑》卷二《經傳辨》，叢書集成初編本，第28～29頁。按：「《詩》為教」，顧氏校點本作「《詩》之為教」（第61頁）：標點略有調整。
〔註29〕　〔宋〕王柏：《詩疑》，顧頡剛校點本，景山書社，1930年，第62頁。
〔註30〕　〔宋〕王柏：《詩疑》，顧頡剛校點本，景山書社，1930年，第62頁。
〔註31〕　〔宋〕王柏：《詩疑》，顧頡剛校點本，景山書社，1930年，第61頁。
〔註32〕　〔宋〕王柏：《詩疑》，顧頡剛校點本，景山書社，1930年，第41頁。

書》），宋范仲淹「經以明道，文以通理」（《易義》），孫復「文者道之用也，道者文之本也」（《孫明復小集‧答張洞書》），周敦頤「文所以載道也」（《通書‧文辭》），朱熹「道者文之根本，文者道之枝葉」（《朱子語類輯略》）等，大多是在文道結合的基礎上突出道的重要和地位。王柏對待經典的態度，根據「識」以斟酌之，「力」以裁減之，「識不足以破其妄，力不足以排其非」，又說「聖人之道以書而傳，亦以書而晦」〔註33〕，揭示了文與道之間的辯證關係，清章學誠「文可以明道，亦可以叛道」（《文史通義‧原道》）可視作對此的繼承。

王柏認爲「雖後世皆破裂不完之經，而人心有明白不磨之理」，提出兩個解決方案。最上者，「推人心之理以正後世之經」〔註34〕。其實歐陽修伊始，即以人情古今同一，以人情溝通古今，使經典解釋合乎情理（詳見第四章）。而至此時，理學已經成熟，理高居於萬物之上，同時又不離於萬物，理以攝心，心以藏情，因此，在王柏看來，從學理角度說，王柏的這種方法是將歐陽修的方法向前推進了一步，使之更加帶有鮮明的理學色彩。《四庫全書》編者認爲歐陽修開王柏之先河，正是有見於此。其次者，不能循「破裂不完之經以壞明白不磨之理」〔註35〕。此時理或道居於主導地位，而經則是記載道或理的符號系統，是形式，如果形式蒙蔽或不利於道或理的傳達，則經典的權威性會受到懷疑。所以這兩個學術方法的基本思想依據依然是王柏對文道關係的認識，即前面的「聖人之道，以書而傳，亦以書而晦」，它使韓愈等人的「載道」「明道」「本道」的思想變得更富於深度和辯證性，如果說韓愈等側重於文本的功能角度來闡述文道關係，而王柏則進一步揭示了他們未注意到的另一側面，即文本也會妨礙道的傳達。如果以今天解釋學，主要是哲學解釋學的角度分析，王柏的這個思想是比較深刻的，對典籍既定的解釋衝擊得比較厲害〔註36〕，文本（或經典）表面是一個有組織的符號系統，實質是一個「會說話」的主體，解釋者與文本的對話有許多橋梁（或切入點），而在

---

〔註33〕 〔宋〕王柏：《詩疑》，顧頡剛校點本，景山書社，1930年，第33頁。
〔註34〕 〔宋〕王柏：《詩疑》，顧頡剛校點本，景山書社，1930年，第34頁。
〔註35〕 〔宋〕王柏：《詩疑》，顧頡剛校點本，景山書社，1930年，第34頁。
〔註36〕 王柏在《詩辨序》中說「非敢妄疑聖人之經也，直欲辨後世之經而已」（顧頡剛校點《詩疑》，第35頁），可見他的目的是通過辯駁和澄清漢唐以來紛紜歧雜的《詩經》解釋，以恢復能傳「道」的《詩經》的本來面目，所以雖在學術上多受譏諷，但也得到統治者的表彰，清雍正二年（1724）從祀兩廡。

理學家看來，則無疑是「理」或「道」了，這是我們對王柏《詩經》學研究所反映的學術思想及其內蘊的理學立場的基本分析。

當然，宋代《詩經》學在主張「義理之說」的同時還有「聲歌之說」〔註37〕。鄭樵便主張《詩》皆可「入樂」，而王柏則認為《詩》以義理而存。王柏說：

近世儒者乃謂：「義理之說勝而聲歌之學日微。古人之詩用以歌，非以說義也。不能歌之，但能誦其文而說其義，可乎？」究其為說，主聲而不主義，如此，則雖鄭衛之聲可薦於宗廟矣，《天作》、《清廟》可奏於宴豆之間矣，可謂捨本而逐末！凡歌聲悠揚於喉吻而感動於心思，正以其義焉爾。苟不主義，則歌者以何為主，聽者有何味？豈足以薰蒸變化人之氣質，鼓舞動盪人之志氣哉？〔註38〕

並高度讚揚朱子答陳體仁語，認為「詩出於志，樂乃為詩而作，非詩為樂而作也」〔註39〕。以今天的眼光看，古代的詩樂關係是比較清楚的，詩樂由融合而漸分離的過程，標誌著它們各自的獨立和發展，大別為三個階段：徒歌、樂歌、徒樂。關於《詩三百》中的徒歌和樂歌的分類和看法歷來有爭議，不能統一，包括「全為樂歌」〔註40〕、「可入樂」〔註41〕、《二南》之外的十三國風為「徒歌」餘皆為「樂歌」〔註42〕等說法。至於「徒樂」，也即與「古樂」相對的「新樂」，是音樂的獨立和分化，音樂可單獨演奏與欣賞，不必伴有歌

---

〔註37〕 這是僅就《詩經》獨特門類而言，與整個宋代學術的義理性特徵不矛盾。

〔註38〕 〔宋〕王柏：《詩疑》，顧頡剛校點本，景山書社，1930年，第39頁。

〔註39〕 〔宋〕王柏：《詩疑》，顧頡剛校點本，景山書社，1930年，第39頁。

〔註40〕 「《總聞》曰：《詩》有三《揚之水》、三《羔裘》、兩《黃鳥》、兩《谷風》，非相祖述也，有此曲名，故相傳為之，如樂府一種名而多種辭，辭雖不同，而聲則同也。今諸曲亦然」（〔宋〕王質：《詩總聞》卷四，叢書集成初編本，第65頁），「雅，樂歌名也」（〔宋〕王質：《詩總聞》卷九，叢書集成初編本，第149頁），可見王質也是視《詩》為「樂歌」的。「《詩》本來是樂歌，與後世的樂府詩詞同其性質」（顧頡剛：《序》，載〔宋〕王柏：《詩疑》，顧頡剛校點本，第20頁），張西堂也持這種看法。

〔註41〕 《讀周頌·閔予小子》「孔氏（筆者注：指孔穎達）以為此（筆者注：指《閔子小子》、《訪落》）皆樂歌。夫歌詩以為樂，非必《頌》然也。《風》與《二雅》皆然」（〔宋〕戴溪：《續呂氏家塾讀詩記》，叢書集成初編本，第95頁），戴氏並未認定《詩經》之詩皆為樂歌，而是認為可以入樂，更傾向於徒歌。

〔註42〕 程大昌主《詩》部分入樂說，認為《詩》分南、雅、頌，皆為「樂名」（〔宋〕程大昌：《詩論·詩論一》，叢書集成初編本，第1頁），而十三國風「皆可採而聲不入樂，則直以徒詩著之本土」（〔宋〕程大昌：《詩論·詩論一》，叢書集成初編本，第2頁）。

唱和說教，顧頡剛、鄭振鐸等先生有高論（見《古史辨》第三冊下編）。王柏將《小雅》具體分爲「燕享賓客之樂」與「勞來行役之樂」〔註43〕，將《大雅》具體指爲「會朝之樂而已」〔註44〕，但並沒有妨礙他對這些詩篇作義理的解釋和闡發。

瞭解宋代學者對《詩經》性質和功能的認識很有意義，尤其是從文道或體道角度理解他們對《詩經》和「道」（或「理」或「心」）的看法，有助於理解宋代《詩經》學共同的學術傾向和思想背景。因爲不理解宋人的《詩經》觀而對宋人產生誤解和苛責，尤其是很難將他們的《詩經》觀與其《詩經》學解說統一起來認識，形成不少割裂的、以今律古的研究。劉毓慶認爲朱熹「始終不能忘懷於詩之『六義』、『道理』、『義理』及感發『善心』的功能，不能用藝術欣賞的心態去剖析這部古老的歌集。他的雙腳牢牢踩在經學樊圍的土地上，望著文學院牆中的閃閃之光，時而讚歎兩聲，卻無意邁入文學欣賞的門坎，這決定了他只能是一個道學家，而不能成爲《詩經》藝術的探索者」〔註45〕，而將朱熹劃歸《詩經》文學解釋的濫觴期，「從朱熹到謝枋得，可謂《詩經》文學研究的濫觴期」〔註46〕，尤其是謝枋得「其說雖有類於爲作文立法，然其文學品評色彩之增濃，對於《詩經》文學之研究，實具先驅意義」〔註47〕。可見，根本分歧是對《詩經》性質的界定，朱熹並未簡單將《詩經》視爲文學作品，而今人已將《詩經》離析爲文學作品，所以相互之間的指責沒有共同的前提，用墨子後學的話來說，就叫「不類」（《墨子·經說上》）。金春峰先生也指出《詩》雖已經屬於文學範疇，但「中國前此的『文以載道』的傳統，作爲由孔子奠定的文學理論與作品之多元中的一元，不僅沒有過時，不應否定，而且應該得到自覺的承傳」〔註48〕，強調《詩經》學的文化性和複雜性，能給從史學角度研究《詩經》學者以啓發。

---

〔註43〕〔宋〕王柏：《詩疑》，顧頡剛校點本，景山書社，1930年，第43頁。
〔註44〕〔宋〕王柏：《詩疑》，顧頡剛校點本，景山書社，1930年，第43～44頁。
〔註45〕劉毓慶：《從經學到文學——明代〈詩經〉學史論》，商務印書館，2001年，第272頁。
〔註46〕劉毓慶：《從經學到文學——明代〈詩經〉學史論》，商務印書館，2001年，第271頁。
〔註47〕劉毓慶：《歷代詩經著述考（先秦——元代）》，中華書局，2002年，第318頁。
〔註48〕金春峰：《儒家哲學與文化之基本傳統及其現代意義——與李澤厚教授討論》，載洪漢鼎主編：《中國詮釋學》（第一輯），山東人民出版社，2003年，第128頁。

# 第二節　宋代學者對《詩序》的認識

　　宋代學者疑古疑經之風很盛，所涉典籍甚廣，王應麟《困學紀聞》卷八等中有詳細記載，歷來多被引用，這裡不再冗述。

　　在《詩經》學方面，對《詩序》的認識，既是作爲反思漢代學術成果的一部分，又具有開啓新的研究風氣和領域的作用，是體現宋代學者《詩經》觀的集中方面之一。這裡的《詩序》主要指《詩小序》。《詩序》包括《小序》和《大序》。《大序》一般指繫於《關雎》之首的綱領性文字〔註49〕，具有豐富的文藝理論價值，凝聚了先秦至秦漢的思想學術成果，宋代不乏指責《大序》的學者〔註50〕，但大多將矛頭指向《小序》；《小序》原爲整體，後被分冠於各詩之首，成爲解題之語，雖對於閱讀理解不無助益，但也限制了人們的眼光，加之相傳前兩句和子夏有關，更成爲漢唐學者解讀《詩經》的圭臬，至宋代引起廣泛的討論。朱熹還專門寫了《詩序辨說》一書，代表其後期《詩經》學觀點，且與後期《詩經集傳》修改稿寫作相輔相成。凡是本書未特別說明的地方，《詩序》即指《詩小序》。

　　圍繞《詩序》歷來多有爭議，宋代尤甚，被稱爲「說經之家第一爭詬之端」。《四庫全書》有《詩序》二卷，漢毛萇傳述，宋朱熹辨說。《四庫全書總目提要》云：

> 　　《詩序》之說，紛如聚訟。以爲《大序》子夏作、《小序》子夏毛公合作者，鄭元（玄）《詩譜》也；以爲子夏所序《詩》即今《毛詩序》者，王肅《家語注》也；以爲衛宏受學謝曼卿作《詩序》者，《後漢書·儒林傳》也；以爲子夏所創、毛公及衛宏又加潤益者，《隋書·經籍志》也；以爲子夏不序《詩》者，韓愈也；以爲子夏惟裁初句、以下出於毛公者，成伯璵也；以爲詩人所自製者，王安石也；以《小序》爲國史之舊文、以《大序》爲孔子作者，明道程子也；以首句即爲孔子所題者，王得臣也；以爲《毛傳》初行尚未有《序》，

---

〔註49〕也有將《詩小序》各則首兩句之下的文字稱爲《大序》，也即和古序、前序相對的今序、後序。如程大昌「古序之與宏序，今混並無別，然有可考者，凡《詩》發序兩語，如《關雎》『后妃之德也』，世人之謂《小序》者，古序也；兩語以外，續而申之，世謂《大序》者，宏語也」（《詩論·詩論十》，第 10 頁）。

〔註50〕如王柏斥《大序》、《小序》「同一謬也」（〔宋〕王柏：《詩疑》卷一，叢書集成初編本，第 6 頁），已很激越了。

其後門人互相傳授、各記其師說者，曹粹中也；以爲村野妄人所作，昌言排擊而不顧者，則倡之者鄭樵、王質，和之者朱子也。然樵所作《詩辨妄》一出，周孚即作《非鄭樵詩辨妄》一卷，摘其四十二事攻之，質所作《詩總聞》，亦不甚行於世，朱子同時如呂祖謙、陳傅良、葉適，皆以同志之交各持異議。黃震篤信朱學，而所作《日鈔》亦申《序》說，馬端臨作《經籍考》，於他書無所考辨，惟《詩序》一事，反覆攻詰至數千言。自元明以至今日，越數百年，儒者尚各分左右袒也，豈非說經之家第一爭詬之端乎？〔註51〕

列舉了十餘種說法，多爲宋代，足見宋代對《詩序》質疑之深，另立新說之烈，儘管《四庫全書總目提要》作者有漢學的偏見與趣好，也不能掩蓋這種事實！而且，所舉宋代例只是比較有代表性的，並不全面，如未列將成伯嶼的觀點付諸實踐的蘇轍等人的看法。

在《導論》部分已經提及，從《四庫全書》的編者到近現代學者乃至當代學者多以「尊序」與「廢序」二元對立反映和描述這個時期的《詩經》學研究狀況，從這個角度理解是不無道理的。同時，南宋末年的一些學者在序文等中小結宋代《詩經》學時也有意無意地網絡雙方的學者，圍繞對《詩序》的態度形成不同的研究風格和流派（但又不是嚴格的流派概念），也能說明這個問題的重要。而理學觀念的滲透及對《詩序》的態度所體現出的理學思想，往往被人忽視，它們實則相互聯繫。宋代學者對《詩序》的認識經歷了一個漸次深入的合乎邏輯的過程，這個過程決不是平面化的，靜止的。思想學術史的考察有助於較清晰地呈現這一點。

歐陽修懷疑的範圍已比較廣了（從著作角度看儘管側重在《書》上），關於《詩經》，主要體現在經典的有無、眞僞、作者、釋義、訓詁、篇次等問題上，而以「釋義」爲核心。即使是《詩序》文字本身，他也敢於懷疑其編次，並作了調整，目的在於恢復《詩》的本義，使詩歌的意義更加完整流暢，體現了理性精神。如：

論曰：《有女同車》，《序》言刺忽不昏（婚）於齊，卒以無大國之助，至於見逐，今考本篇，了無此語，若於《山有扶蘇》義則有之。《山有扶蘇》，《序》言刺忽所美非美，考其本篇，亦無其語，若於《有女同車》義則有之。二篇相次，疑其戰國秦漢之際，「六經」

---

〔註51〕 〔漢〕毛萇傳述，〔宋〕朱熹辨說：《詩序·提要》，叢書集成初編本，第 1 頁。

焚滅，《詩》以諷誦相傳，易爲差失。漢興，承其訛繆（謬），不能
考證，遂以至今。然不知《魯》、《韓》、《齊》三家之義又爲何說也？
今移其《序》文附二篇之首，則詩義煥然，不求自得定本。《有女同
車》「刺忽也，所美非美然」，《山有扶蘇》「刺忽也，鄭人刺忽之不
昏（婚）於齊。太子忽嘗有功於齊，齊侯請妻之，齊女賢而不取，
辛以無大國之助，至於見逐，故國人刺之」。毛鄭之說與予之本義，
學者可以擇焉。〔註52〕

他還認爲「《詩》之《序》不著其名氏，安得而知之乎？雖然非子夏之作則可以
知也」〔註53〕，「子夏親受學於孔子，宜其得詩之大旨，其言《風》、《雅》有變
正，而論《關雎》、《鵲巢》繫之周公、召公，使子夏而序《詩》，不爲此言也」
〔註54〕，「今考《毛詩》諸《序》與孟子說《詩》多合，故吾於《詩》常以《序》
爲證也，至其時有小失，隨而正之，惟《周南》、《召南》，失者類多，吾固已論
之矣，學者可以察焉」〔註55〕，雖還未完全懷疑《詩序》，常據《詩序》爲證，
但已指出《詩序》的不足，尤其是《二南》部分，已不盲目尊崇《詩序》了。

蘇轍「以《詩》之《小序》反覆繁重，類非一人之詞，疑爲毛公之學，
衛宏之所集錄，因惟存其發端一言，而以下餘文悉從刪汰」〔註56〕。「轍取《小
序》首句爲毛公之學不爲無見，史傳言《詩序》者以《後漢書》爲近古……
轍以爲衛宏所集錄，亦不爲無徵。唐成伯瑜作《毛詩指說》雖亦以《小序》
爲出子夏，然其言曰：『眾篇之《小序》，子夏惟裁初句耳……』然則惟取《序》
首，伯瑜已先言之，不自轍創矣。厥後王得臣、程大昌、李樗皆以轍說爲祖，
良有由也」〔註57〕。在《毛氏指說》的《提要》中也這樣認爲，「定《詩序》
首句爲子夏所傳，其下爲毛萇所續，實伯嶼此書發其端，則決別疑似，於說

〔註52〕《詩本義》卷四《有女同車、山有扶蘇》，《四庫全書（文淵閣本）》（第70冊），
　　　　第206～207頁。
〔註53〕〔宋〕歐陽修：《詩本義》卷十四《序問》，《四庫全書（文淵閣本）》（第70
　　　　冊），第293頁。
〔註54〕〔宋〕歐陽修：《詩本義》卷十四《序問》，《四庫全書（文淵閣本）》（第70
　　　　冊），第293～294頁。
〔註55〕〔宋〕歐陽修：《詩本義》卷十四《序問》，《四庫全書（文淵閣本）》（第70
　　　　冊），第294頁。
〔註56〕《蘇氏詩集傳・提要》，《四庫全書（文淵閣本）》（第70冊），第311頁。
〔註57〕《蘇氏詩集傳・提要》，《四庫全書（文淵閣本）》（第70冊），第312頁。按：
　　　　「成伯瑜」一般作「成伯嶼」。

《詩》亦深有功矣」〔註58〕。總括起來分析，蘇轍繼承唐代成伯璵裁定《詩序》首兩句的觀點，擺脫兩句之後經師的附會講說，使《詩經》研究漸趨簡易，新的義理研究才有可能。

成伯璵、蘇轍裁減《詩小序》前二句的行為對宋代《詩經》學有深遠的影響，謝无量說「後來王得臣、程大昌議《詩序》，實自蘇轍發端」〔註59〕。所謂宗《序》者如呂祖謙等也都繼承了這一點，在《呂氏家塾讀詩記》中也只取前兩句，並常有議論和取捨，有時只保留第一句，是對裁減《詩序》的發展；所謂廢《序》者如鄭樵、朱熹、王柏等人則推而極之，由對《詩序》的不信任轉而以己意為序，展開對一些詩歌（主要是《國風》）的新解，可視為對裁減《詩序》的突變。

王安石雖不迷信《詩序》為子夏所作，但也並不否定和懷疑《詩序》，「序《詩》者不知何人，然非達先王之法言者，不能為也。故其言約而明，肆而深，要當精思而熟讀之爾，不當疑其有失也」〔註60〕，王安石疑的只是子夏作《詩序》這件事，而並未懷疑《詩序》本身。王安石曾提出《詩序》為「詩人所自製」（《經義考》、《詩序·提要》）的說法，響應者寥寥，但也不失為一家之言，已經同漢唐學者的觀點大相徑庭，割斷了《詩序》同聖人或聖人之徒的聯繫。

張載雖將《詩序》列為周人所作，但也未確歸於子夏，反結合詩文，兩相對照，揭示了不少《詩序》文字的矛盾草率之處。「《詩序》必是周時所作，然亦有後人添入者，則極淺近，自可辨也。如言『不肯飲食教載之』，只見《詩》中云『飲之食之，教之誨之，命彼後車，謂之載之』，便云『教載』，絕不成言語也。〔註61〕又如『高子曰靈星之尸』，分明是高子言，更何疑（一）〔註62〕也」〔註63〕。

比較特別的是程頤，「得失之迹，刺美之義，則國史明之矣。史氏得《詩》，必載其事，然後其義可知，今《小序》之首是也，其下則說《詩》者之辭也」

〔註58〕 《毛詩指說·提要》，《四庫全書（文淵閣本）》（第70冊），第169頁。

〔註59〕 謝无量：《詩經研究》，第44頁。按：此句書名號為筆者所加。

〔註60〕 《臨川先生文集》卷七十二《答韓求仁書》，四部叢刊本。

〔註61〕 點校者按：「依《抄釋》與下連接。」

〔註62〕 點校者按：「『一』字依《抄釋》刪。」

〔註63〕 《經學理窟·詩書》，載〔宋〕張載：《張載集》，中華書局，1978年，第258頁。

〔註64〕，表面是肯定了《小序》的首句，但又繫之於國史，也就是不認為是子夏所作，承接了王安石的觀點，歐陽修在《詩本義》中以「本末」論《詩》，認為明乎「國史之職」為「末」，兩相結合就邏輯地導致「廢《序》」的產生，這是程頤所始料未及的。我們往往在疑《序》、刪《序》與斥《序》、廢《序》之間難以找到邏輯的鏈環，而程頤恰補足了這一缺環。

今有學者認為「程氏於《詩》，大抵謹守毛、鄭，遵《序》為說」，「侈談比興而於《詩》外求意（義），確為漢人家數」〔註65〕。這裡的「謹守毛、鄭，遵《序》為說」「漢人家數」實本《續修四庫全書總目提要》張壽林《伊川詩解提要》，在一定意義上揭示了程頤《詩經》學在漢宋學術之間的過渡性質。但程頤並沒有盲目恪守《序》，也有不少批評《序》的文字，同樣體現了宋代《詩經》學研究的理性精神和思辨風格。如對《周南·麟之趾》、《唐風·葛生》、《秦風·晨風》、《小雅·常棣》、《小雅·白華》等的《詩序》的反思和釋義嘗試。

南宋廢《序》之說漸起，具有代表性的主要有鄭樵、朱熹和王質等。「廢《詩序》者三家，鄭樵、朱子及質也。鄭朱之說最著，亦最與當代相辨難」〔註66〕。

鄭樵《詩辨妄》不傳，賴周孚《非詩辨妄》略存一二。《非詩辨妄》與《詩辨妄》成一「聚訟之學」，周孚在《自序》中說漢儒訓詁之教，與古雖異，而其「意則一也」，「自漢以來，『六經』之綱維具矣。學者世相傳守之，雖聖人起，未易廢也。而鄭子乃欲盡廢之，此予之所以不得已而有言也。故撮其害理之甚者，見於予書，而其為詩之義，則有先儒之傳在……凡四十二事，為一卷」〔註67〕。

「鄭子曰：諸《風》皆有指言當代之某君者，唯魏、檜二《風》無一篇指言某君者，以此二國，《史記》《世家》、《年表》、《書》、《傳》不見有所說，故二《風》無指言也。若《敘》是春秋前人作，豈得無所一言」〔註68〕，而周孚認為這正顯示了子夏《序》的謹慎，並說「魏即晉也，當從蘇子說」，「《詩

〔註64〕 〔宋〕程頤：《詩解·國風·關雎》，載《二程集·河南程氏經說卷第三》（第四冊），第 1047 頁。

〔註65〕 劉毓慶：《歷代詩經著述考（先秦——元代）》，中華書局，2002 年，第 155 頁。

〔註66〕 〔宋〕王質：《詩總聞·提要》，叢書集成初編本，第 1 頁。

〔註67〕 〔宋〕周孚：《非詩辨妄》，叢書集成初編本，第 1 頁。

〔註68〕 〔宋〕周孚：《非詩辨妄》，叢書集成初編本，第 7 頁。按：顧頡剛等先生的《詩經》學疑古觀點多受鄭樵的影響，如對待《詩序》、聲樂問題等的看法。

序》不爲妄言也」〔註69〕，尊崇《詩序》態度很明顯。周孚多引蘇轍的《詩》解駁斥鄭樵。對待《詩序》，蘇轍僅存前一二句，不全廢，很謹慎，今人陳子展《詩經直解》、林葉連《中國歷代詩經學》等也這樣看。

周孚認爲鄭樵「其意必欲盡廢《詩敘》」〔註70〕，鄭子曰「據六亡詩，明言有其義而亡其辭，何得是秦火前人語？《裳裳者華》，古之仕者世祿，則知非三代之語」〔註71〕，「《非》曰：鄭子之所疑者似矣，而說非也。吾以爲不若蘇子之言曰『是詩也，言是事也』。昔孔氏之遺說也，其反覆煩重，類非一人之辭者。毛氏之學，而衛宏之所集錄也。夫學經而不辨乎眞僞，是徒學也。鄭子疑毛氏之所序，衛宏之所集錄，而並廢子夏之《序》，是猶怒於室而色於市也，其可乎？」〔註72〕「陳振孫曰：辨妄者，專指毛鄭之妄。謂《小序》非子夏所作，可也：盡削去之，而以己意爲之序，可乎？樵之學，雖自成一家，而其師心自是，殆孔子所謂不知而作者也」〔註73〕，可見「以己意爲序」應始於鄭樵，後被朱熹等所繼承。

王質解《詩》「不字字詆《小序》，故攻之者亦稀，然其毅然自用，別出新裁，堅銳之氣，乃視二家爲倍，自稱覃精研思，幾三十年，始成是書」〔註74〕，但其《詩總聞》抨擊《序》的地方也不難發現。在《桑中》篇，針對「相竊妻妾」之說，王質「聞人曰」認爲「作《序》似在左氏之後，其說皆附合左氏，爲之而不省其不倫也」〔註75〕；《洞酌》「聞事曰」「或者如何爲德，如何爲道，如何親，道如何饗。道德析爲兩位，親饗別爲兩歧，蓋自先時與後世，開拘儒曲士之門。不知爲《序》者何人，其遺害未易可言也」〔註76〕，抨擊《序》，反對支離解《詩》和將「道德」分裂的觀點，顯示了與理學家相近的學術眼光和思想觀念。

朱熹《詩序辨說》主要針對《詩序》論辯，集中而系統，滲透著豐富的理學思想。

---

〔註69〕 〔宋〕周孚：《非詩辨妄》，叢書集成初編本，第7頁。
〔註70〕 〔宋〕周孚：《非詩辨妄》，叢書集成初編本，第7頁。
〔註71〕 〔宋〕周孚：《非詩辨妄》，叢書集成初編本，第1頁。
〔註72〕 〔宋〕周孚：《非詩辨妄》，叢書集成初編本，第2頁。
〔註73〕 〔清〕朱彝尊編，朱昆田校：《經義考》卷一百零六，乾隆四十二年（1777年）本，第1頁。
〔註74〕 〔宋〕王質：《詩總聞‧提要》，叢書集成初編本，第1頁。
〔註75〕 〔宋〕王質：《詩總聞》卷三，叢書集成初編本，第46頁。
〔註76〕 〔宋〕王質：《詩總聞》卷十七，叢書集成初編本，第283頁。

《唐風·無衣》,《詩序》作「《無衣》,美晉武公也。武公始並晉國,其大夫爲之請命乎天子之使,而作是詩也」,朱熹《詩序辨說》作:

> 《序》以史記爲文,詳見本篇,但此詩若非武公自作以述其賂王請命之意,則詩人所作以著其事而陰刺之耳。《序》乃以爲美之,失其旨矣。且武公弑君簒國,大逆不道,乃王法之所必誅而不赦者,雖曰尚知王命之重,而能請之以自安,是亦御人於白晝大都之中,而自知其罪之甚重,則分薄贓,餌貪吏,以求私有其重寶而免於刑戮,是乃滑賊之尤耳,以是爲美,吾恐其獎奸誨盜,而非所以爲教也。《小序》之陋固多,然其顚倒順逆,亂倫悖理,未有如此之甚者。故予特深辯之,以正人心,以誅賊黨,意庶幾乎《大序》所謂「正得失」者,而因以自附於春秋之義云。〔註77〕

朱熹以義理解《詩》,以道德倫理評價詩作本事,以正人心、誅賊黨、明春秋之義法爲己任,繼承了先秦以來的「詩教」傳統。在辨析《詩序》時,對一些詩篇,朱熹以道德評價的方法闡發詩旨、解釋義理,還通過懷疑詩作的具體時代、人物本事來反駁《詩序》。

《大雅·文王》,《詩序》作「《文王》,文王受命作周也」,朱熹《詩序辨說》作:

> 受命,受天命也。作周,造周室也。文王之德,上當天心,下爲天下所歸往,三分天下而有其二,則已受命而作周矣。武王繼之,遂有天下,亦卒文王之功而已。然漢儒惑於讖諱,始有赤雀丹書之說,又謂文王因此遂稱王而改元。殊不知所謂天之所以爲天者,理而已矣,理之所在,衆人之心而已矣。衆人之心,是非向背,若出於一,而無一毫私意雜於其間,則是理之自然,而天之所以爲天者不外是矣。今天下之心既以文王爲歸,則天命將安往哉?《書》所謂「天視自我民視,天聽自我民聽」,所謂「天聰明自我民聰明,天明畏自我民明畏」,皆謂此爾,豈必赤雀丹書而稱王改元哉?稱王改元之說,歐陽公、蘇氏、游氏辯之已詳,去此而論,則此《序》本亦得《詩》之大旨,而於其曲折之意有所未盡,已論於本篇矣。
> 〔註78〕

---

〔註77〕 〔漢〕毛萇傳述,〔宋〕朱熹辨說:《詩序》,叢書集成初編本。

〔註78〕 《詩序》,叢書集成初編本,第38頁。按:「漢儒惑於讖諱」的「諱」當爲「緯」

由「已論於本篇」及他詩（如《南山有臺》、《節南山》、《下武》、《文王有聲》等）「說見本篇」，作爲對《詩序》的懷疑，《辨說》應作於《詩經集傳》修改稿的同時或稍後，但《朱熹年譜長編》及《朱熹詩經學研究》似認爲《詩序辨說》在先，還需進一步研究。但這首詩，在《詩經集傳》中，天命等同於天理（天即天理），而這裡則是「天之所以爲天者，理而已矣」，理即天的依據，而理又歸於眾人之心，是人心中去除掉私意（即人欲）而成理之自然狀態，顯示理與人心的不異不同；以天理爲人心歸向，與《詩經集傳》詮釋又有細微差別〔註79〕。但同歸天理，將人心視作天理的體現途徑則並無二致；同時，又爲注重世間的、人生的人心提供了依據，更顯示了經世的價值取向。

朱熹也同樣揭示了《詩序》因已有典籍而生誤的原因。《大雅·既醉》，《詩序》作「《既醉》，太平也。醉酒飽德，人有士君子之行焉」，朱熹《詩序辨說》作「《序》之失如上篇，蓋亦爲《孟子》斷章所誤爾」；《大雅·文王有聲》，《詩序》作「《文王有聲》，繼伐也。武王能廣文王之聲，卒其伐功也」，朱熹《詩序辨說》作「《鄭譜》之誤，說見本篇」〔註80〕。

《大雅·雲漢》，《詩序》作「《雲漢》，仍叔美宣王也。宣王承厲王之烈，內有撥亂之志，遇烖（災）而懼，側身修行，欲銷去之。天下喜於王化復行，百姓見憂，故作是詩也」，朱熹《詩序辨說》認爲「此《序》有理」〔註81〕，與朱熹重修齊一致，因而受到讚賞。

王柏評朱熹「退黜《小序》，刪夷纏繞」而作的《詩集傳》「一旦洗出本義，明白簡直，可謂駿功，無復遺憾」〔註82〕，又指出朱熹的《小雅》「盡情說」，「朱子所謂歡忻（欣）和悅以盡群下之情者也」；《大雅》「發德說」，「朱子所謂恭敬齊莊以發先王之德者也」，並對漢儒見解多有評議，「漢儒臆度之說何可憑哉！」〔註83〕認爲《凱風》「此孝子自責之詞。《序》曰『美孝子』，何其謬哉！」〔註84〕，「《將仲子》，序者固妄矣」〔註85〕。稍有和緩的疑《序》，

---

之訛。

〔註79〕 《詩經集傳·文王》未強調眾人之心爲天理之歸之義。
〔註80〕 〔漢〕毛萇傳述，〔宋〕朱熹辨說：《詩序》，叢書集成初編本，第39頁。按：前一則「上篇」指《行葦》。
〔註81〕 〔漢〕毛萇傳述，〔宋〕朱熹辨說：《詩序》，叢書集成初編本，第41頁。
〔註82〕 〔宋〕王柏：《詩疑》，顧頡剛校點本，景山書社，1930年，第38頁。
〔註83〕 〔宋〕王柏：《詩疑》，顧頡剛校點本，景山書社，1930年，第43、44頁。
〔註84〕 〔宋〕王柏：《詩疑》，顧頡剛校點本，景山書社，1930年，第2頁。
〔註85〕 〔宋〕王柏：《詩疑》，顧頡剛校點本，景山書社，1930年，第10頁。

如指出《東門之墠》的《序》「恐亦未盡然」〔註86〕，批評《齊風·著》「先儒取其可以見當時親迎之禮廢，而不罪此女之氣象輕佻，無肅敬之心，非嘉詩也」〔註87〕，透出濃鬱的理學氣息。

南宋陸學也探討《詩序》問題。陸九淵認爲「《詩小序》，解詩者所爲。『天下蕩蕩』，乃因『蕩蕩上帝』，序此尤謬可見者」〔註88〕。而進行比較集中研究的則是楊簡和袁燮。

楊簡批評《詩序》視道不見、旁求外取。他並沒有完全否定《詩序》，只是認爲《詩序》還停留在詩文的表面，而未體察出其中所蘊藏的道心及端倪，是「求諸外」的結果，而《詩序》比附歷史的整體架構則是楊簡解《詩》的事實基礎與起點，與疑《序》者不同。一般地，在《詩序》所認定的「大義」和歷史框架內再向心學的幽微處邁進了一步。也就是說，《詩序》所提供的歷史背景、人物關係、篇章主旨等對楊簡有重要影響，甚至是楊簡進行理學闡釋的基礎。

楊簡解《關雎》：

> 孔子屢以啓伯魚，啓門人，又屢言《關雎》，門弟子宜有所問，而此通言后妃之德，餘篇略同。當是孔子之所誨告，不欲明言所作之人，以支離人心，欲後世誦詠《三百篇》之詩，知皆正辭正情，足以感發人所自有之正心。若於本詩之外贅曰某國某人之所作，又序其所以然之故，則誦詩者首見其國，又見其人，又見其故，至於本詩，將詩人不知所以然油然動於中，發諸聲音，自中自正，渾渾融融，無所不通之妙，如雲翳日，如塵積鑒矣。而況於置諸首而謂之序邪？故孔子不作序。〔註89〕

他從心學角度，努力剔除孔子和《詩序》之間的聯繫，認爲《詩序》累贅繁複，反不利於讀者直接從詩文中感發「正心」，「如雲翳日，如塵積鑒」，蒙蔽了詩歌本義，更反對將《序》置於篇首。認爲「諸儒未觀詩而先觀《毛詩序》與《傳》，反以《序》、《傳》病詩，曲推強釋，良可笑。不思《序》、《傳》之繆（謬）誤甚著甚多」〔註90〕；「諸儒咸謂狡童指昭公，無乃大不道乎？嘗其

〔註86〕　〔宋〕王柏：《詩疑》，顧頡剛校點本，景山書社，1930年，第11頁。

〔註87〕　〔宋〕王柏：《詩疑》，顧頡剛校點本，景山書社，1930年，第13頁。

〔註88〕　〔宋〕陸九淵：《陸九淵集》卷三十五《語錄下》，鍾哲點校本，第465頁。

〔註89〕　〔宋〕楊簡：《慈湖詩傳》卷一《關雎》，《四庫全書（文淵閣本）》（第73冊），第7頁。

〔註90〕　〔宋〕楊簡：《慈湖詩傳》卷六《鄭·褰裳》，《四庫全書（文淵閣本）》（第73

君矣。雖河南程氏猶同之，蓋根本於《毛傳》與《序》之失，遂不復思而從其悖也。此狡童謂狂臣擅命之小人也」〔註91〕，連帶程頤一併指責。同樣，以君臣綱常來否定《詩序》還體現在爲鄭國公子忽辯白的《有女同車》、《山有扶蘇》〔註92〕的詩解上。

楊簡認爲《汝墳》「序者不知是詩之道而外求」〔註93〕，《漢廣》「《序》曰」「爲言非不善，惟不明乎道，而不明乎是詩之道心而贅爲說焉，則亦足以亂人之道心，故不可用」〔註94〕，《鵲巢》「孔子曰：『歸妹，天地之大義也。』人知夫婦之即天地，則一而不二，正而不邪，化生而無爲。爲《序》者不明乎道，故不足於此詩，而於詩外起說」〔註95〕等。而楊簡的「明乎道」實則是「明乎心」，在《大雅一・下武》的傳釋中批評衛宏《詩序》「害詩」「不明四后〔註96〕之心甚矣」〔註97〕，在《采蘩》中認爲「此供祭祀之心，勤敬之心，即道心，即聖賢之心，即天地鬼神之心」，「《序》曰『夫人不失職也』，言非不善，而不明夫人之敬心，惟曰『不失職』，猶求諸外也」〔註98〕，其他又見於《甘棠》、《行露》、《小星》、《氓》等。

袁燮針對將《豳風》放於變風之末的現象，引用王通「言變之可正也」的評價，而進一步指出「夫變可復正，則絕可復續矣，孰謂微言奧義終於泯滅哉？」〔註99〕針對偏安現實，用心良苦，積極進諫。實際上，這種看法，

---

　　　　冊），第81頁。

〔註91〕　〔宋〕楊簡：《慈湖詩傳》卷六《鄭・狡童》，《四庫全書（文淵閣本）》（第73冊），第80頁。

〔註92〕　〔宋〕楊簡：《慈湖詩傳》卷六，《四庫全書（文淵閣本）》（第73冊），第79頁。

〔註93〕　〔宋〕楊簡：《慈湖詩傳》卷一《汝墳》，《四庫全書（文淵閣本）》（第73冊），第19頁。

〔註94〕　〔宋〕楊簡：《慈湖詩傳》卷一《漢廣》，《四庫全書（文淵閣本）》（第73冊），第17頁。

〔註95〕　〔宋〕楊簡：《慈湖詩傳》卷二《鵲巢》，《四庫全書（文淵閣本）》（第73冊），第20頁。

〔註96〕　指周之太王、王季、文王和武王。

〔註97〕　〔宋〕楊簡：《慈湖詩傳》卷十六，《四庫全書（文淵閣本）》（第73冊），第265頁。

〔註98〕　〔宋〕楊簡：《慈湖詩傳》卷二《采蘩》，《四庫全書（文淵閣本）》（第73冊），第21頁。

〔註99〕　〔宋〕袁燮：《絜齋毛詩經筵講義》卷一《詩序一》，叢書集成初編本，第2頁。

因宋代民族矛盾和政治時局的影響而成爲一較普遍的認識，顯示了解《詩》者對時局轉換的理想和《詩經》編次的新體會。蔡卞認爲「國風《二南》所以訓後世也，次以《衛》《鄭》《王》所以責王也，又次之以《齊》《魏》《唐》所以責二伯也，又次之以《秦》與《陳》所以見先王之澤未泯也，又次之以《檜》與《曹》所以見民心之思治也，終之以《豳》所以見王化可得而復也」〔註100〕，也蘊有此意。王安石也早有這樣的看法。「嗚呼！王道之盛也，《雅》在王朝，而侯國不得有《頌》。及其衰也，平王降爲《國風》，而魯人頌僖公之美」〔註101〕，袁燮認爲《魯頌》四篇爲僭越之作，衰世之象，與他家多不同，這種理學評價也是從這些詩篇的《詩序》出發的。

「石林葉氏」〔註102〕根據《詩序》與文化典籍（如《禮記》、《尚書》、《左傳》、《國語》等）的關係，《詩序》內部說法的重疊矛盾與表達方式，將《詩序》的釋義方式細分爲三種情況，即「專取諸書所言」〔註103〕、「雜取諸書之說而重複互見」、「委曲宛轉附經而成其義」〔註104〕。同時認爲：「況《詩》皆記其先王之政與列國之事，非見其《序》，蓋有全篇莫知所主意者，孔子雖聖人，人事之實亦安能臆斷於數百載之下？」〔註105〕葉氏對《詩》的定位幾與史同，也是以史論《詩》的方法。在關於《詩序》的作者問題上，葉氏雖不認爲衛宏能獨立鑿空爲之，但可在繼承師說的基礎上進行，「世人疑《詩序》非衛宏所爲，此殊不然」，「即三者而觀之，《序》果非宏之所作乎？」〔註106〕又一直肯定《詩序》與聖人之徒有內在的關係，雖不是聖人所作，但經聖人裁取或授意，「孔子刪《詩》，既取其辭，因以其序命子夏之徒爲之，則於理

〔註100〕 《毛詩名物解》卷十八《雜解・十五國風次序解》，《四庫全書（文淵閣本）》（第70冊），第601頁。

〔註101〕 〔宋〕袁燮：《絜齋毛詩經筵講義》卷一《詩序二》，叢書集成初編本，第3頁。

〔註102〕 即葉夢得，有《石林詩話》、《石林詞》、《石林燕語》等。

〔註103〕 認爲「《詩序》之作，實在數書既傳之後，明矣」，主張《詩序》晚出。

〔註104〕 〔漢〕毛萇傳述，〔宋〕朱熹辨說：《詩序》，叢書集成初編本，第48頁。按：值得注意的是，這則材料也見於《經義考》所載鄭樵語，「衛宏之《序》有專取諸書之文至數句者，有雜取諸家之說而辭不堅決者，有委曲婉轉附經以成其義者」（《經義考》卷九十九，乾隆四十二年（1777年）本，第6頁），大體相同，但卻用以反駁《詩序》。二則材料之間的聯繫暫難以確定，待考。

〔註105〕 〔漢〕毛萇傳述，〔宋〕朱熹辨說：《詩序》，叢書集成初編本，第49頁。

〔註106〕 〔漢〕毛萇傳述，〔宋〕朱熹辨說：《詩序》，叢書集成初編本，第48頁。按：「三者」即前述三種情況。

爲近矣」〔註107〕。雖多重彈「刪《詩》」老調，復申《詩序》與聖人及聖人之徒的聯繫，但明確地以衛宏集眾說而成《詩序》，則是直至今天依然能夠得到《詩經》學學者認可的觀點。

## 第三節　宋代學者對「淫詩」的認識和評價

《國風》中的一些詩篇明顯是男女相互詠歌贈答、表露心迹、私約期會的作品。因爲這些舉動不符合後來社會的一般倫理規範而被打上「淫奔」的烙印，漢唐學者便以「刺淫」來對待這些詩歌，可以稱爲「刺詩說」。至宋代，這些詩篇由「刺淫」而變爲「淫者自道」，成爲所謂的「淫詩」，這種說法可以稱爲「淫詩說」。

### 一、「淫詩說」的起源

「淫詩說」成熟於朱熹，也以朱熹影響最大，但在朱熹之前已經有了根苗，而各家溯源不同。

關於「淫詩說」的起源，《詩經》學學術史上主要有三種認識。

一是起源於鄭樵，如周孚、朱熹等。「鄭子曰：《簡兮》實美君子能射御歌舞，何得爲刺詩？《非》曰：信如鄭子之說，則吾將奪之曰『《簡兮》，思賢也』。蓋不用傳注，以私意而度詩，則何所不可？」〔註108〕這首《簡兮》直至今天也有學者解爲愛情詩，蘊含著女思男的愛慕情懷。最重要的是「以私意而度詩」的解《詩》方法，擺脫既定的傳統解釋，揭示了一些詩歌的真正面目，儘管是在「淫詩」的道德定性下折射出來的。因爲鄭樵已將某些詩篇劃歸至淫詩，對朱熹解《詩》觀點和方法有直接的影響。這種追溯主要側重的是「淫詩說」的影響和事實。

一是起源於歐陽修，如《四庫全書》的編撰者。歐陽修因文求義、恢復詩本義、對《序》不無懷疑的《詩經》研究，肇啓了宋代解《詩》新風，鄭樵繼而張大之，朱熹也深受歐陽修的影響，如古今人情一也、以今衡古，重視涵泳詩文本義等。這種追溯主要側重的是研究方法的承繼，因歐陽修畢竟還未直接給《詩經》的《風》詩印上「淫詩」的烙印，但已指出個別詩篇（儘管是少數）屬於「男女淫奔之詩」。

〔註107〕　〔漢〕毛萇傳述，〔宋〕朱熹辨說：《詩序》，叢書集成初編本，第49頁。
〔註108〕　〔宋〕周孚：《非詩辨妄》，叢書集成初編本，第6頁。

　　一是起源於《毛詩》，如范家相等。范家相至少在兩處涉及過這個問題，在與魯、齊、韓三家《詩》的比較中，認爲三家解《詩》解頤之處觸目可見，《毛詩》也有不及，尤其是將「淫詩說」溯源於《毛詩》，指出《毛詩》解詩增加了不少時代因素、私奔情景，爲後代鄭樵、朱熹、王柏等所本。實際上，聯繫范氏《三家詩拾遺・自序》的寫作時間乾隆庚辰（即乾隆二十五年，公元 1760 年）的學術狀況，便不難理解。當時學術風氣已經由宋學轉至漢學，范家相在《三家詩拾遺》中未拘泥於四家詩中的某一家，能平正持論，但是在漢學與宋學的問題上，明顯有批評宋學的傾向，揭示「淫詩說」源於《毛詩》，實際是批評朱子和宋學，儘管范氏已明確地說朱子批評《毛詩》要較三家《詩》爲少，而《毛詩》與三家《詩》也不過是漢學的家學區別而已，當時的學風之變可見一斑。

　　針對《韓詩外傳》孔子遭遇齊程本子事引《野有蔓草》，范家相解釋爲：

　　　　《外傳》雖非專以釋經，然明以美人爲賢人，以邂逅相遇爲尋
　　　常道路之相值，非如《毛序》謂「男女失時，思不期而會也」。是以
　　　鄭伯享趙孟於垂隴，子太叔賦之，六卿餞韓宣子於郊，子齹亦賦之，
　　　使其爲淫奔期會之詩，則本國之大夫何以賦之，趙孟、韓起何以稱
　　　之乎？此本毛公之說，不可不參三家以審其是非者也，朱子以「鄭
　　　聲淫」爲「鄭詩淫」，實毛公有以啓之。〔註109〕

范氏之言頗合情理，分析細微。范氏在《溱洧》條中引《韓詩》《薛君章句》、《內傳》，在與《毛詩》比較後，認爲：「世無道路相逢，士女雜沓，互有戲謔淫奔之理。乃《毛傳》添出『兵革不息，男女相棄，淫風大行』諸語，無論詩中絕無兵革流離之意，即秉蘭贈藥，安必爲目成期約之物？皆非詩所有之義也」〔註110〕。范家相將「淫詩說」追溯至《毛詩》，指出毛公開啓了後來的「淫詩」之論，並認爲《毛傳》中涉及男女淫奔之事的時風、事物，都不是詩歌本有的意義。

　　由范家相的觀點還可以看到，「淫詩說」的具體提出和古代學者對「鄭聲淫」的理解直接相關，朱熹將「鄭聲淫」解爲「鄭詩淫」是「淫詩說」產生至關重要的一步。

　　「鄭聲淫」源於《論語》。孔子在《論語》中三稱《二南》，「《關雎》，樂

---

〔註109〕〔清〕范家相：《三家詩拾遺》卷五，叢書集成初編本，第 69 頁。
〔註110〕〔清〕范家相：《三家詩拾遺》卷五，叢書集成初編本，第 70 頁。

而不淫，哀而不傷」（《八佾》），「師摯之始，《關雎》之亂，洋洋乎盈耳哉！」（《泰伯》）「問伯魚：女爲《周南》、《召南》已乎？人而不爲《周南》、《召南》，其猶正牆面而立也歟？」（《陽貨》）不難發現，孔子是兼「聲」和「詩」而言的，也即將音樂形式和詩歌內容結合在一起討論。《論語》又有「顏淵問爲邦。子曰：『行夏之時，乘殷之輅，服周之冕，樂則《韶》舞。放鄭聲，遠佞人。鄭聲淫，佞人殆。』」（《衛靈公》）「子曰：『惡紫之奪朱也，惡鄭聲之亂雅樂也，惡利口之覆邦家者。』」（《陽貨》）涉及「放鄭聲」「鄭聲淫」的問題，引起後世關於「聲」「詩」的爭論。到底是「鄭聲淫」還是「鄭詩淫」，歷來爭論不休，最有代表性的是朱熹和呂祖謙的爭論，後王柏爲彌合二家觀點還作了進一步的探討，並提出擬刪《詩經》詩篇的目錄。

清代朱右曾《詩地理徵》認爲「《樂記》曰『鄭衛之音』『比於慢矣』。淫佚之聲，使人意靡、魄化、志氣怠慢。然言音言聲，則非言詩矣。夫聲音出乎虛，入乎虛，故其發之也微，其感人也深。夫詩本於人心，流於人口，苟非鮮廉寡恥之尤甚者，未有口宣淫詞而不惡，耳聞淫謳而不怍者，故聲音之與詩，未可同日語也」〔註111〕，朱右曾與馬端臨等取同一調，皆針對朱熹的「淫詩說」。朱右曾繼承《樂記》的說法，認爲「鄭衛之音」是指「音」而非「詩」。

今天，也多有學者從音樂或聲音角度判斷爲「鄭聲淫」，「《鄭風》向以淫稱，其實淫非淫奔之謂，而且淫的是聲不是詩。不過，《鄭風》中多言情詩，卻也是事實。其中可分三類：一種是用女子口吻的，一種是用男子口吻的，一種是男女互相贈答的」〔註112〕，費振剛先生等的《詩經詩傳》在部分詩篇中也突出了這三種口吻的不同。

但是這種說法並非完全沒有破綻，因爲它無法全部解釋春秋賦詩的行爲和現象。如果單從聲音角度來考慮「鄭聲淫」，也許可以擺脫內容方面的糾纏和干擾。但賦詩則是建立在賦詩雙方不言自明、共同理解的基礎上的，詩歌成爲外交活動的文明語言或隱語，皮錫瑞稱之爲「春秋最文明之事」，其出發點不是「聲音」而是「詩歌」，與對詩歌內容的理解和評價緊密相聯。皮錫瑞說「朱子曰：『古人之詩，如今之歌曲，雖閭里童稚，皆習聞之而知其說。』蓋古以《詩》《書》禮樂造士，人人皆能誦習。《詩》與樂相比附，人人皆能

〔註111〕〔清〕朱右曾：《詩地理徵》卷三《國風·鄭》，《皇清經解續編》卷一千零三十九，第1～2頁。
〔註112〕陸侃如、馮沅君：《中國詩史》，山東大學出版社，1996年，第55頁。

絃歌，賓客燕享，賦詩明志，不自陳說，但取諷諭，此爲春秋最文明之事。亦惟其在詩義大明之日，詩人本旨，無不瞭然於心，故賦詩斷章，無不暗解其意；而引《詩》以證義者，無不如自己出；其爲正義，爲旁義，無有淆混而歧誤也」〔註113〕，因爲習聞而不致產生誤解，但是卻有引用合適與否的問題。春秋賦詩言志，的確有援引後被目爲「淫詩」的詩篇，但有時受到好評，有時被預測爲招致身家之患的禍根，因此，當時基於斷章取義、引詩明志的賦詩者並沒有如後世明晰的「淫詩」觀念，但某些詩篇已經被視爲不宜在正式的外交場合使用，如《鄘風》中反映衛國宮廷淫亂的《鶉之奔奔》等。而「淫詩說」的提出自有其不可磨滅的意義，如果除去其義理評價的外殼，它更有可能揭示某些詩篇的本來面目，而更接近於現代學者所說的「情詩」，並由《詩經》的經學研究轉變爲文學研究。

「淫詩」問題，鄭樵開其風氣，朱熹張大之，王柏推而廣之，但只是觀點上的明確和發揮，從源頭上直追歐陽修和《毛詩》確是相當深刻的，同時也透露出宋學與漢學的內在關聯。「淫詩說」提出的基礎，除對《風》詩民歌性質有認識之外，對《詩》與時世關係的揭示也是一個重要因素，由前述范家相的觀點看來，後者可能更重要一些，因此，它不僅是文學解釋的問題，更是義理解釋的問題。

## 二、宋代學者對「淫詩」的看法述要

儘管范家相將「淫詩說」訴諸於毛公，認爲「朱子以『鄭聲淫』爲『鄭詩淫』，實毛公有以啓之」〔註114〕，但畢竟只是一種學術淵源的理解，很難再找到豐富充實的例證。

「淫詩說」實起於歐陽修，至鄭樵、朱熹大明，王柏進而增益。顧頡剛先生認爲「歐陽修作《詩本義》，鄭樵作《詩辨妄》，對於《毛傳》、《衛序》、《鄭箋》各各起了反響。到朱熹，他承受了歐陽修和鄭樵的學說，做了一部《詩集傳》，他敢於擯去《詩序》而直接求之於本經，於是許多久被漢人遮飾的淫詩又被他揭破了眞相了」〔註115〕，並評價王柏「惟其篤信朱熹，所以才

---

〔註113〕〔清〕皮錫瑞：《經學通論》二《詩經·論〈詩〉有正義有旁義即古義亦未盡可信》，第 3 頁。

〔註114〕〔清〕范家相：《三家詩拾遺》卷五，叢書集成初編本，第 69 頁。

〔註115〕顧頡剛：《序》，載〔宋〕王柏：《詩疑》，顧頡剛校點本，景山書社，1930 年，第 4 頁。

能用了朱熹的方法作比朱熹進一步的研究。這才是眞正研究學問的態度。這才是眞正繼續大師的工作的態度」〔註116〕。

歐陽修開創了「淫詩」之說。《靜女》「論曰：……據《序》言《靜女》刺時也。衛君無道，夫人無德，謂宣公與二姜淫亂，國人化之，淫風大行。君臣上下，舉國之人皆可刺而難於指名以遍舉，故曰刺時者，謂時人皆可刺也。據此乃是述衛風俗，男女淫奔之詩爾。以此求詩則本義得矣」〔註117〕，批評毛鄭認爲「美詩」的見解——「毛鄭乃謂正靜之女自防如城隅」的「臆說」〔註118〕。這裡表面尊崇《序》的「刺時說」，但實際上已向前推進了一步，認爲和社會風俗有關，並明確地指爲「男女淫奔之詩」，爲以後鄭樵、朱熹、王柏的「淫詩」說張本〔註119〕，《四庫全書總目提要》將王柏等的學術淵源直接追溯於歐陽修正是有見於此吧。又如《齊風·東方之日》「『在我室兮，履我即兮』者，相邀以奔之辭也。此述男女淫風，但知稱其美色以相誇榮，而不顧禮義，所謂不能以禮化也。下章之義亦然」〔註120〕，將《陳風·東門之枌》也視爲「淫詩」。而這幾首詩都在王柏議刪的目錄中。

蘇轍對「淫詩」的看法，認爲《氓》「刺時也」，解第一章「氓之蚩蚩，抱布貿絲」，「此詩前二章皆男女相從之辭，後四章皆女見棄而自悔之辭。布，幣也。貿，買也。託買絲而就之，謀爲淫亂也」〔註121〕，以後至朱熹、王柏將這首詩歸爲「淫詩」，實際上正肇始於蘇轍。而有些「淫奔」之詩，蘇轍卻曲爲解說，《大車》第三章「穀則異室，死則同穴。謂予不信，有如皦日」，蘇轍注「穀，生也。生則有內外之別，而死則同穴，夫婦之正也。古之聽男女之訟者，非獨使淫奔者止也，乃使其夫婦相與以禮久要（約）而無相棄也」〔註122〕。從語氣判斷，詩中女子決絕，膽識過人，相形之下，未出場的男子

〔註116〕顧頡剛：《序》，載〔宋〕王柏：《詩疑》，顧頡剛校點本，景山書社，1930年，第24頁。
〔註117〕〔宋〕歐陽修：《詩本義》卷三《靜女》，《四庫全書（文淵閣本）》（第70冊），第198頁。
〔註118〕〔宋〕歐陽修：《詩本義》卷三《靜女》，《四庫全書（文淵閣本）》（第70冊），第197頁。
〔註119〕按：一部分「刺詩」和「淫詩」只是詩作者和主人公的分、合的區別而已。
〔註120〕《詩本義》卷四《東方之日》，《四庫全書（文淵閣本）》（第70冊），第208頁。「下章」指「東方之月」。
〔註121〕〔宋〕蘇轍：《蘇氏詩集傳》卷三《氓》，《四庫全書（文淵閣本）》（第70冊），第347頁。
〔註122〕〔宋〕蘇轍·《蘇氏詩集傳》卷四《大車》，《四庫全書（文淵閣本）》（第70

的猥怯可以想見，分明是首要約私奔的情詩。由《大車》後終未逃出王柏議刪的淫詩目錄也可以得到確證。而蘇轍認爲這首詩「刺周大夫」，當時已不能使男女畏懼而收斂情懷，遂將「畏子不敢」「畏子不奔」斷爲「畏子，不敢」，「畏子，不奔」，「子」也就由「男主人公」變爲「周大夫」了，儘管更合乎禮義與美刺之旨，但似掩蓋了詩歌的本義。

鄭樵《詩辨妄》「風者出於土風，大概小夫賤隸婦人女子之言。其意雖遠，而其言淺近重複。故謂之風。雅者出朝廷士大夫，其言純厚典則，其體抑揚頓挫。非復小夫賤隸婦人女子所能言者。故曰雅。頌者初無諷誦，惟以鋪張勳德而已。其辭嚴，其聲有節，不敢瑣語藝言，以示有所尊。故曰頌。」〔註 123〕這種觀點對朱熹有直接的啓發，而且朱氏也毫不諱言（參見《詩經集傳·序》和《朱子語類》）。周孚譏鄭樵《詩經》學術爲「不過隨文附會之學，吾不欲觀之久矣」〔註 124〕，言辭激越，但「隨文附會」正是自歐陽修以來解《詩》的新方法，即「因文見義」或「以詩解詩」，這種方法對朱熹影響很大，終使朱熹擺脫《詩序》的束縛，以己意解詩，所謂「淫詩」的結論多是採取這種方法涵泳所得。胡樸安認爲朱熹《詩經集傳》「雖雜採毛鄭，然卒廢《小序》不用。自是讀《詩》者，幾不知有《小序》矣。《小序》既廢，《詩》義多晦。鄭衛之風，悉爲淫奔之詩。鄭風尤甚」〔註 125〕。

朱熹「淫詩說」很引人注目，不僅引起當時及以後世人的重視〔註 126〕和爭論，即使今天也是人們研究朱熹經學思想和文學貢獻的重要內容。馬端臨曾說：

> 今以文公《詩傳》考之，其指以爲男女淫泆（佚）奔誘，而自作詩以敘其事者，凡二十有四，如《桑中》、《東門之墠》、《溱洧》、《東方之日》、《東門之池》、《東門之楊》、《月出》，則《序》以爲刺淫，而文公以爲淫者所自作也；如《靜女》、《木瓜》、《采葛》、《丘中有麻》、《將仲子》、《遵大路》、《有女同車》、《山有扶蘇》、《蘀兮》、

冊），第 354 頁。

〔註 123〕轉引自謝无量：《詩經研究》第一章《詩經總論》，商務印書館，1923 年初版，第 12 頁。

〔註 124〕〔宋〕周孚《非詩辨妄》，叢書集成初編本，第 2 頁。

〔註 125〕胡樸安：《詩經學》，商務印書館，1928 年初版，1933 年第 1 版，第 97～98 頁。

〔註 126〕朱熹自己也不無遺憾地認爲《詩集傳》行而他說廢，語見《朱子語類》卷八十。

《狡童》、《褰裳》、《丰》、《風雨》、《子衿》、《揚之水》、《出其東門》、
《野有蔓草》，則《序》本別指它事，而文公亦以爲淫者所自作也。
〔註127〕

據檀作文考察，周予同先生也受這種看法的影響，認爲「淫詩」24 首〔註128〕。
而王柏所列淫詩 32 首，實 31 首，囊括了朱熹所定「淫詩」的絕大部分。今人
研究，認爲朱熹《詩集傳》所列共 28 首〔註129〕。檀作文研究認爲《鄭風·野
有蔓草》應歸入馬端臨所說的第一種類型，爲是；同時，按照朱熹《詩經》學
義例，根據《詩經集傳》與《詩序辨說》，還應當補入《王風·大車》、《陳風·
東門之枌》、《陳風·澤陂》，而馬氏歸入第一類的《陳風·東門之楊》似當剔出，
《陳風·月出》是一種特殊情況〔註130〕，「《鄭風·出其東門》一詩朱熹也並未
定其爲淫佚之作」〔註131〕。朱熹《詩經集傳》視《東門之墠》爲「淫詩」，而
《詩序辨說》卻云「此序得之」，如果拙著前文考察《詩序辨說》應完成於《詩
經集傳》（修改稿）之後的結論不謬，似又是一種學術觀點的調整。

朱熹所定多至二十八首的「淫詩」之論，實基於道德的義理評價，而不是
情詩的文學評價，雖然這種「淫詩說」從側面揭示了這些詩歌的民歌特點（風
土歌謠）與情詩本質（男女相與詠歌），但在朱熹卻是在義理閱讀眼光下所呈現
出來的詩歌面貌。沒有理學的視界，這種呈現將是不可能或會大打折扣的。有
些詩作因朱熹的解讀而意味大變，新意頓生，但令人匪夷所思，如《靜女》、《子
衿》、《氓》等，這是另一個問題，即闡釋的合理性和過度性問題。

楊簡針對眾說紛紜的《桑中》、《溱洧》等詩，強調：

所以刺亂非爲亂也。《桑中》，非淫者之辭，乃刺者之辭。〔註132〕

將謔，謂戲謔之甚也。語淫穢也。或疑是詩不正，遂曲爲之說。

不思「士曰」、「女曰」，詩人之辭也，敘其事所以著其惡也，刺之也，
非士女相謔者自作是詩也。〔註133〕

〔註127〕〔漢〕毛萇傳述，〔宋〕朱熹辨說：《詩序》，叢書集成初編本，第 51 頁。
〔註128〕檀作文：《朱熹詩經學研究》，學苑出版社，2003 年，第 90 頁。
〔註129〕檀作文：《朱熹詩經學研究》，學苑出版社，2003 年，第 101 頁。
〔註130〕檀作文：《朱熹詩經學研究》，學苑出版社，2003 年，第 99 頁。
〔註131〕曹虹《朱熹〈詩集傳〉新論》，轉引自檀作文：《朱熹詩經學研究》，第 91 頁。
〔註132〕〔宋〕楊簡：《慈湖詩傳》卷四《鄘風·桑中》，《四庫全書（文淵閣本）》（第
73 冊），第 50 頁。
〔註133〕〔宋〕楊簡：《慈湖詩傳》卷六《鄭風·溱洧》，《四庫全書（文淵閣本）》（第
73 冊），第 84 頁。

三章指事不同，知非淫者所自作。詩人敘其惡而刺之，如《桑中》、《溱洧》也。〔註134〕

主張將「詩人之辭」和「淫者之辭」區分開來，認爲不能將「詩人之辭」視爲「淫者之辭」，從而將詩歌的第三人稱的評價「刺」變爲第一人稱的自述，這種看法正切中朱熹「淫詩說」的關鍵，儘管楊簡並沒有點名直指朱熹。元代馬端臨對朱熹「淫詩」說的深入批評，可視爲對這種觀點的直接繼承和系統闡發。

但楊簡在《鄭風·東門之墠》中說，「東門之平墠，又有茹蘆之草在其阪。阪又有栗木焉。踐，行也。行道之旁有家室焉。其家室中之人，女之所慕者，而其不我即，故有甚遠之歎。是詩女則淫矣，而士則正。《毛詩序》概曰『刺亂』，其半差矣」〔註135〕，又將詩歌作爲主人公的自述，與前不同，但未明確判斷「女思男」的依據，僅憑「家室」是很不充分的，但至少可以反映「淫詩說」對楊簡有重要的影響。

## 三、針對「淫詩說」的兩種處理方式和學術態度

針對朱熹「淫詩說」，主要有兩種處理方式與學術態度。

一是以王柏爲代表，將朱熹的「淫詩說」推到極致，在28首淫詩的基礎上作了部分調整，增至32首（實只有31首），並提出刪除這些詩篇的設想和主張，而不致使人誤解《詩經》本身，甚至王柏認爲生於朱子之後，在朱子將「淫詩」的本來面目揭示出來的情況下，刪「淫詩」而使《詩經》復至純正無瑕就更爲必要迫切，「在朱子前，《詩》說未明，自不當放。生朱子後，《詩》說既明，不可不放。與其遵漢儒之謬說，豈若遵聖人之大訓乎！」〔註136〕說見王柏《詩疑》。

一是以馬端臨爲代表，意在廓清朱子「淫詩」說的負面影響〔註137〕，而主張十五《國風》之《詩序》尤不可廢〔註138〕。針對朱子立論，辯之極盡酣

〔註134〕〔宋〕楊簡：《慈湖詩傳》卷八《唐風·綢繆》，《四庫全書（文淵閣本）》（第73冊），第105頁。
〔註135〕〔宋〕楊簡：《慈湖詩傳》卷六，《四庫全書（文淵閣本）》（第73冊），第81頁。
〔註136〕〔宋〕王柏：《詩疑》，顧頡剛校點本，景山書社，1930年，第32頁。
〔註137〕這種影響客觀上的確存在。據筆記史料記載，有人讀之，出視鄰人之婦，無不妖冶目挑神招，心不能自抑（見陳子展《詩經直解》）。
〔註138〕〔漢〕毛萇傳述，〔宋〕朱熹辨說：《詩序》，叢書集成初編本，第50頁。

暢，隱湖毛晉也說「若石林、東萊諸君子，無不歎其深解旨趣，而辯論之快，莫如鄱陽馬氏云」〔註139〕。說見馬端臨《文獻通考·經籍考》。

而這兩種表面截然相反的學術態度與做法，實質皆是爲了維護《詩經》的純正品質和經學地位，這是饒有趣味的。

王柏根據自己對漢儒「妄取而攛雜，以足三百篇之數」而使《詩經》全而不全的認識，提出刪削以復《詩經》的本來面目，「自朱子黜《小序》，始求之於詩，而直指曰此爲淫奔之詩。予嘗反覆玩味，信其爲斷斷不可易之論。律以聖人之法，當放無疑」〔註140〕。他的這種提議也頗受《四庫全書總目提要》等的批評，皮錫瑞就指出「宋人疑經，至王柏而猖狂已極，妄刪《國風》，進退孔子」〔註141〕。王柏也是將「鄭聲淫」理解爲「鄭詩淫」，「記其目以俟有力者請於朝而再放黜之，一洗千古之蕪穢云」〔註142〕。「放鄭聲」、「鄭聲淫」（《論語·衛靈公》）起源較早，各代學者有不少關於這個問題的解釋，有些就側重禮法角度（《論語集注》卷八）。而這種「放淫詩」的主張，似不先見於王柏，可能最早見於戴溪《續呂氏家塾讀詩記》卷一《讀鄭風·溱洧》，「《溱洧》，志鄭聲之淫，以示後世。此王者所宜放也」，至有「形之歌詠，恬不爲恥」，並視蘭、芍藥爲「人所服媚」之物〔註143〕。王柏所擬刪詩歌較今之《詩疑》目錄多出一首，似後又有改動。

王柏衡量是否「淫詩」的標準是是否合乎「發乎情，止乎禮義」〔註144〕，並未超出漢代學者的眼光。王柏反對「鄭衛之音並稱」的說法，認爲「鄭聲」遠較「衛聲」淫冶，三衛之詩共39首，「淫詩」4首，「刺詩」6首，而鄭詩21篇中，「淫詩」居16篇，其中一半作於淫女〔註145〕，不知王氏何從得知？

---

〔註139〕〔漢〕毛萇傳述，〔宋〕朱熹辨說：《詩序》，第60頁。按：「無不歎其深解旨趣」的「其」指《毛詩序》。

〔註140〕〔宋〕王柏：《詩疑》，顧頡剛校點本，景山書社，1930年，第32頁。

〔註141〕〔清〕皮錫瑞：《經學通論》二《詩經·論〈詩〉比他經尤難明其難明者有八》，第2頁。

〔註142〕〔宋〕王柏：《詩疑》，顧頡剛校點本，景山書社，1930年，第28頁。

〔註143〕〔宋〕戴溪：《續呂氏家塾讀詩記》卷一，叢書集成初編本，第23頁。

〔註144〕「衛之詩淫奔者固多，而賢婦人之詩亦不少。前有莊姜四詩，後有《柏舟》、《載馳》、《竹竿》、《河廣》，以至《泉水》、《雄雉》，皆『發乎情，止乎禮義』者之詩也」（〔宋〕王柏：《詩疑》，顧頡剛校點本，景山書社，1930年，第6頁）。按：「莊姜四詩」指《綠衣》、《終風》、《燕燕》、《日月》，不包括《碩人》。

〔註145〕「後世淫奔之詩，如《靜女》、《桑中》、《氓》、《有狐》四篇而已。刺詩，如《匏有苦葉》、《新臺》、《牆有茨》、《君子偕老》、《鶉之奔奔》、《蝃蝀》六

　　而馬端臨論《詩經》時已注意到《詩經》的文學性，尤其是《國風》部分，這是繼宋代《詩經》闡釋疑《序》並以己意說《詩》後，對《詩經》《國風》語言的多義性、模糊性肯定之後形成的更加深入的認識，儘管他還以維護《詩序》爲基本立場〔註146〕，但已不得不對宋代《詩經》學研究，尤其是朱子「淫詩說」作出強有力的回應，所以論述更細緻，尤其是《國風》部分，將《風》詩的文學性突顯得更明顯，這既是漢宋《詩經》學發展的一個邏輯的「和」或「否定之否定」（有變化和提升的「返」）的階段，同時也能從側面反映宋代《詩經》學研究的歷史貢獻和啓迪作用。

　　馬端臨根據季札觀樂，「而所歌者，邶、鄘、衛、鄭皆在焉」得出「諸詩固雅樂矣」〔註147〕的結論，與程大昌分樂詩、徒詩的觀點不同，與鄭樵主張接近，爲後世顧頡剛等「《詩》皆可入樂」、「《詩》皆爲樂歌」所祖，而其針對的正是「鄭、衛、桑、濮，里巷狹邪之所作也」〔註148〕的看法，不難發現，這正是對朱熹「凡《詩》之所謂《風》者，多出於里巷歌謠之作，所謂男女相與詠歌，各言其情者也」（《詩經集傳・序》）的概括。

　　馬端臨認爲「至於讀《國風》諸篇，而後知《詩》之不可無《序》，而《序》之有功於《詩》也。蓋『風』之爲體，比興之辭，多於序（敘）述，風諭之意，浮於指斥，蓋有反覆詠歎、聯章累句而無一言敘作之之意者，而序者乃一言以蔽之，曰爲某事也。苟非其傳授之有源、探索之無舛，則孰能臆料當時指意之所歸，以示千載乎？」〔註149〕並將詩文之意與《詩序》的關係具體劃分爲三種：「詩之不言所作之意而賴《序》以明者」〔註150〕、「詩之序其事以諷，初不言刺之之意，而賴《序》以明者」〔註151〕、「詩之辭同意異而賴《序》

<hr>

篇爾。鄭詩二十一篇，而淫奔者十六，其間作於淫女者半之」（〔宋〕王柏：《詩疑》，顧頡剛校點本，景山書社，1930年，第12頁）。
〔註146〕當然並沒有完全肯定和袒護《詩序》，反而認爲「《雅》《頌》之《序》可廢」，「詩文意明者可廢」，「《詩序》贅疣者可廢」。
〔註147〕〔漢〕毛萇傳述，〔宋〕朱熹辨說：《詩序》，叢書集成初編本，第54頁。
〔註148〕〔漢〕毛萇傳述，〔宋〕朱熹辨說：《詩序》，叢書集成初編本，第54頁。
〔註149〕〔漢〕毛萇傳述，〔宋〕朱熹辨說：《詩序》，叢書集成初編本，第50頁。
〔註150〕〔漢〕毛萇傳述，〔宋〕朱熹辨說：《詩序》，叢書集成初編本，第50頁。按：並舉《芣苢》與《黍離》爲例，曰「夫《芣苢》之《序》，以婦人樂有子爲后妃之美也，而其詩語不過形容採掇芣苢之情狀而已。《黍離》之《序》，以爲閔周室宮廟之顛覆也，而其詩語不過慨歎禾黍之苗穗而已」。
〔註151〕〔漢〕毛萇傳述，〔宋〕朱熹辨說：《詩序》，叢書集成初編本，第50頁。按：並舉《叔于田》二詩、《揚之水》、《椒聊》，認爲前二詩「《序》以爲刺鄭莊公

以明者」〔註152〕。並總結認為：

> 即是數端而觀之，則知《序》之不可廢。《序》不可廢，則《桑中》、《溱洧》何嫌其為刺奔乎？蓋嘗論之，均一勞苦之詞也，出於敘情閔勞者之口，則為正雅，而出於困役傷財者之口，則為變風也；均一淫泆（佚）之詞也，出於奔者之口，則可刪，而出於刺奔者之口，則可錄也；均一愛戴之辭也，出於愛叔段、桓叔者之口，則可刪，而出於刺鄭莊、晉昭者之口，則可錄也。夫《芣苢》、《黍離》之不言所謂，《叔于田》、《揚之水》之反辭以諷，《四牡》、《采薇》之辭同變風，文公胡不玩索詩辭、別自為說，而卒如序者之舊說，求作詩之意於詩辭之外矣？何獨於鄭、衛諸篇，而必以為奔者所自作，而使聖經為錄淫辭之具乎？〔註153〕

這裡面透露出來的問題比較複雜。首先，馬端臨的論證基礎是《詩經》的經學屬性，而《詩》至《詩經》，從先秦至戰國末「經」名成立、漢代經學地位確立有一個歷史過程。如果《詩序》真的出於毛、衛諸人之手，即使傳承孔子、子夏之意緒，也已是戰國至秦漢的看法，不能完全反映詩歌集《詩經》的本來面貌，至於《詩序》與《國語》、《左傳》、《禮記》、《尚書》等暗合，也不能證其早出，如馬氏所言，實可作為晚出的明證，也未必能完全揭示《詩經》的本來旨歸，倒依然是在「思無邪」觀念指導下的《詩經》闡釋表現。其次，馬氏受鄭玄《風》《雅》正變之說的糾纏，以美刺附以詩之時世，後人辨之多力，所以說服力不強。再其次，馬氏注意到文本在解讀中存在的讀者接受現象，同一詩歌因讀者不同、閱讀方式不同而價值各異，同一語詞、內容因其上下文語境不同而可能會傳達出迥然不同的意義，形成不同的閱讀效果，而這種現象正是文本解釋、讀者接受的正常現象，所以反不能駁倒朱熹，倒為朱熹論證了。最後，馬氏誤以為《序》意為詩本義，漢代以禮解《詩》，重視《詩經》文本的社會功能，而馬氏並未克服這一點，歐陽修、朱熹等尋

---

也，而其詩語則鄭人愛叔段之辭耳」，後二詩「《序》以為刺晉昭公也，而其詩語則晉人愛桓叔之辭耳」。

〔註152〕〔漢〕毛萇傳述，〔宋〕朱熹辨說：《詩序》，叢書集成初編本，第51頁。按：並舉《鴇羽》、《陟岵》、《四牡》、《采薇》四詩為例，曰「《鴇羽》、《陟岵》之詩，見於變風，《序》以為征役者不堪命而作也。《四牡》、《采薇》之詩，見於正雅，《序》以為勞使臣遣戍役而作也。而深味四詩之旨，則歎行役之勞苦，敘飢渴之情狀，憂孝養之不遂，悼歸休之無期，其辭語一耳」。

〔註153〕〔漢〕毛萇傳述，〔宋〕朱熹辨說：《詩序》，叢書集成初編本，第51頁。

覓詩本義,「以詩求詩」,不假外辭,本不是同一範圍,因而並不矛盾,而因馬氏誤認才形成矛盾,爭訟不已。此外,還有認爲孔子刪《詩》,古人多信從,今已否認,可不置辯。

綜上可見,儘管馬端臨表面富有說服力的論證給清代漢學家以信心,使其感受到「辯論之快」〔註154〕,但是未在學理上徹底擊潰朱子之學。其價值是,一方面,對宋學而言,顯示了朱子之學的影響及其帶給《詩經》學研究的震動,進一步突出了詩歌形式的文學性與內容的義理性之間的複雜關係,不是簡單對應,而是呈現出離、合、反的多種情況;一方面,對漢學而言,論《詩序》更加細密精審,並吸收了「以詩解詩」、「據文求義」的宋代解《詩》方法,認爲凡詩義賴詩文以自明者《詩序》可刪,而將重點集中在《桑中》、《溱洧》等「淫詩」的探討上,討論更集中,對後代的啓發也就更大。

即使如此,馬端臨在史、詩比較基礎上,聯繫宋詞與儒學著作所作的進一步說明,其間透露出的依然是理學的評價標準:

> 或曰:文公之說,謂《春秋》所記,無非亂臣賊子之事,蓋不如是,無以見當時事變之實而垂鑒於後世,故不得已而存之,所謂並行而不相悖也。愚以爲未然,夫《春秋》,史也,《詩》,文詞也。史所以紀事,世之有治,不能無亂,則固不容存禹、湯而廢桀、紂,錄文、武而棄幽、厲也,至於文詞,則其淫哇不經者直爲削之而已,而夫子猶存之,則必其意不出於此,而序者之說是也。夫後之詞人墨客,跌蕩於禮法之外,如秦少游、晏叔原輩,作爲樂府,備狹邪妖冶之趣,其詞采非不豔麗可喜也,而醇儒莊士深斥之,口不道其詞,家不蓄其書,懼其爲正心誠意之累也。而《詩》中若是者二十有四篇,夫子錄之於經,又煩儒先爲之訓釋,使後學誦其文,推其義,則《通書》、《西銘》必與《小山詞選》之屬兼看並讀,而後可以爲學也。〔註155〕

馬端臨批評朱子「淫詩」爲「淫者所自作也」尤爲入乎情理,基礎依然是宋人的「古今人情一也」(歐陽修語),「夫羞惡之心,人皆有之,而況淫泆(佚)

---

〔註154〕 〔漢〕毛萇傳述,〔宋〕朱熹辨說:《詩序》,叢書集成初編本,第60頁。
〔註155〕 〔漢〕毛萇傳述,〔宋〕朱熹辨說:《詩序》,叢書集成初編本,第52頁。按:此段的「樂府」指詞,如蘇東坡有《東坡樂府》;「又煩儒先爲之訓釋」的「儒先」疑爲「先儒」之誤。

之行，所謂不可對人言者。市井小人，至不才也，今有與之語者，能道其宣
淫之狀，指其行淫之地，則未有不面頸發赤且慚且諱者。未聞其揚言於人曰：
『我能奸，我善淫也。』且夫人之爲惡也，禁之使不得爲，不若愧之而使之
自知其不可爲，此鋪張揄揚之中，所以爲閔惜懲創之至也」〔註156〕，極盡巧
妙爲說。尤其值得注意的是，他認爲「正心誠意」正是「醇儒莊士」閱讀詩
歌的目標，這是理學經典闡釋的價值觀念之一。

　　關於「淫詩」，從古到今紛爭不已，今天多看作「愛情詩」，但也很難掩
蓋當時的歷史面影。不過，宋代「據文求義」、重視文本自身的解讀卻啓發了
不少現當代學者。如文姜與齊襄兄妹亂倫，歷來爲經學家所不齒。楊朝明認
爲《春秋》載「二年冬，夫人姜氏會齊侯於禚。書，奸也」〔註157〕，後來的
分歧皆源於對「奸也」的理解。他根據《國語‧晉語》、《淮南子‧主術訓》
及《說文解字》對「奸」的使用和解釋，認爲「奸」通「干」，是文姜以國母
身份干政參與外交、會齊侯。並將這種誤解追溯至杜預《春秋經傳集解》，從
而否認《南山》、《敝笱》、《載驅》三首詩「刺淫說」的判斷，結合詩文本身
的讚美之意，認爲應是美詩，反映了齊魯觀念的差異〔註158〕。頗能給人以啓
發。

---

〔註156〕〔漢〕毛萇傳述，〔宋〕朱熹辨說：《詩序》，叢書集成初編本，第53頁。

〔註157〕此文出於《左傳‧魯莊公二年》，繫傳文，經文爲「冬十有二月，夫人姜氏會
　　　　齊侯於禚」（〔戰國〕左丘明撰，〔西晉〕杜預集解：《左傳》（《春秋經傳集解》），
　　　　上海古籍出版社，1997年，第132頁），楊氏偶誤。

〔註158〕楊朝明：《〈齊風〉三詩〈南山〉〈敝笱〉〈載驅〉詩旨新說》，載楊朝明：《儒
　　　　家文獻與早期儒學研究》，齊魯書社，2002年，第161～179頁。

# 第四章 「據文求義」與「古今人情一也」——宋代解《詩》的兩種方法史論與理學

　　宋代《詩經》學有自己獨特的學術方法，肇端於歐陽修。今人研究歐陽修比較廣泛，大多集中在其對毛鄭、《詩序》的態度以及解《詩》的方法上。有人認為他在《詩本義》中重文本、尚人情、裁事理，以三分的方式研究其治《詩》方法。實際上，歐陽修所稱的人情事理是一致的，至於後來在理學的影響下，「義理」（或「理」或「心」等）成為解《詩》的觀念和標準，則是漸起的事。而「據文求義」（或「以詩解詩」）、「古今人情一也」（或「以今論古」）則是貫穿整個宋代《詩經》學的方法論。理學家通過涵泳文本體會而得的所謂亙古不變的「理」或「心」，則與這兩個方面緊密相連，甚至可以說，這兩個方面是理學思想在《詩經》研究中得以寄寓、抽繹的基礎。

　　清代李慈銘評胡承珙《毛詩後箋》「取義興觀，多涉議論，後人之見，未必果得古人之心。此紬繹經文，體玩自得，乃宋歐陽氏以後之法。唐以前家法皆重訓詁，而不為《序》外之說，所以可貴也」〔註1〕，總括漢宋兩種不同的學術方法，並意識到典籍理解中的「古今」問題，尤其是以「紬繹經文，體玩自得」概括宋代《詩經》學的方法特徵，頗中肯綮。李慈銘將這種方法溯至歐陽修，與《四庫全書》編者的看法相同。

---

〔註 1〕〔清〕李慈銘：《越縵堂讀書記》（經部：詩類「《毛詩後箋》，清胡承珙撰」條），由雲龍輯本，世紀出版集團上海書店出版社，2000 年，第 39 頁。

# 第一節　「據文求義」和「古今人情一也」方法的成熟

「據文求義」見於歐陽修《詩本義》，並有多種近似的表達方式，如「以文考義」、「考文求義」等。「古今人情一也」也出自《詩本義》，可稱爲「以今論古」，有時用「古今人之常也」〔註2〕等作置換性表達。

## 一、兩種方法的內涵及關係

歐陽修《詩經》學的鮮明特點，也是歷來研究史不甚注意的，是注重詩歌的具體語境、上下文，我們可以用「據文求義」來作概括，還有具體「求」的方法，主要是溝通古今、推於人情的「古今人情一也」的方法及理論，強調人情事理的相同相近。這兩個方面儘管更多側重的是方法論層面，但對宋代的《詩經》學研究有深遠的影響，既是衡量此前漢唐傳注研究成果的方法，也是自鑄新義、建構新解的方法，也就是說同時兼有破和立的意義。《詩本義》中有大量的表述，可以認爲這兩種方法是歐陽修解釋《詩經》的根本方法。在具體運用時它們往往相互結合，相輔相成，歐陽修在解《小雅·節南山之什·何人斯》時，「論曰：古詩之體，意深則言緩，理勝則文簡，然求其義者，務推其意理，及其得也，必因其言、據其文以爲說，捨此則爲臆說矣」〔註3〕，「今直以詩言文義，首卒參考，以求古人之意，於人情不遠，則得之矣」〔註4〕，涉及到「因文求義」和「合乎人情」之間的關係，可見二者是相輔相成的，不是截然分開的。當然，在指導思想上儘管還不能算完全的理學思想，但受儒家的「無邪」「詩教」觀念影響很深，至少還在經學的範圍內。

本文試對歐陽修《詩本義》「據文求義」和「以情理論詩」的方法作以統計，以窺這兩種方法的概貌，詳見表3與表4。

---

〔註2〕〔宋〕歐陽修：《詩本義》卷十二《烈祖》，《四庫全書（文淵閣本）》（第70冊），第277頁。

〔註3〕〔宋〕歐陽修：《詩本義》卷八《何人斯》，《四庫全書（文淵閣本）》（第70冊），第237頁。

〔註4〕〔宋〕歐陽修：《詩本義》卷八《何人斯》，《四庫全書（文淵閣本）》（第70冊），第238頁。

## 表3:《詩本義》「據文求義」不同表述比較簡表

| | 所出《詩本義》詩篇名稱舉例 | 備　注 |
|---|---|---|
| 據文求義 | 《靜女》、《竹竿》、《十月、雨無正、小旻、小宛》 | 典型的因文見義表述 |
| 以文考義 | 《皇矣》 | |
| 考文求義 | 《黃鳥》、《假樂》、《長發》 | |
| 考詩本義 | 《天作》 | |
| 以文義考之 | 《鴻雁》 | 側重作品意義 |
| 以義考之 | 《擊鼓》 | |
| 以文意考之 | 《采苓》 | 側重作者意圖 |
| 考詩之意 | 《采苓》、《鹿鳴》 | |
| 推其意理 | 《何人斯》 | |
| 以文理考之 | 《柏舟》、《九罭》 | 側重作品文理 |
| 推其文理 | 《氓》 | |
| 以詩文考之 | 《東方之日》 | 側重作品語境 |
| 今考詩文 | 《沔水》 | |
| 以上下文考之 | 《皇矣》、《抑》 | |
| 考上下經文 | 《鹿鳴》 | |
| 以詩下文考之 | 《維天之命》 | |

## 表4:《詩本義》評價《詩經》研究的情理標準比較簡表

| | 所出《詩本義》詩篇名稱舉例 | 備　注 |
|---|---|---|
| 豈成文理 | 《北風》、《氓》、《皇皇者華》、《鴻雁》、《巧言》、《菀柳》、《酌》 | 側重文理 |
| 文理易明 | 《柏舟》 | |
| 於理通也;於理近是 | 《九罭》 | 側重事理 |
| 在理已無 | 《丘中有麻》、《生民》 | |
| 理不然也 | 《假樂》 | |
| 理豈得通 | 《那》 | |
| 為說汗漫而無指歸 | 《大東》 | |

| 汗漫而不切 | 《漸漸之石》 | |
| --- | --- | --- |
| 爲說汗漫，理不切當 | 《破斧》 | |
| 其說汗漫，不切於理 | 《防有鵲巢》 | |
| 於義豈安 | 《節南山》 | 側重文義 |
| 於義不通 | 《皇皇者華》 | |
| 初無義理 | 《皇皇者華》、《斯干》 | 側重義理 |
| 此古今人之常也 | 《烈祖》 | |
| 不近人情 | 《丘中有麻》、《生民》 | |
| 非人情也 | 《葛覃》、《十月、雨無正、小旻、小宛》 | 側重人情 |
| 不近人情之甚 | 《節南山》 | |
| 豈近於人情 | 《有駜》 | |
| 推於人情，決無此理 | 《四月》 | 側重人情事理 |

　　表3《〈詩本義〉「據文求義」不同表述比較簡表》中除過「以文意考之」、「考詩之意」涉及到一定的作者意圖，其餘十三項皆與作品（準確說可稱爲文本）自身特點相關，雖然各有側重，如意義、文理、語境等；即使涉及作者創作意圖的這兩項，在歐陽修那裡，也和作品意義很難明晰區分。所以側重文本自身特點，因文見義，是歐陽修很自覺的解《詩》方法，儘管還不能說他完全實現了這個方法。

　　表4《〈詩本義〉評價〈詩經〉研究的情理標準比較簡表》，可以較集中地反映歐陽修評價《詩經》研究的標準特點，當然，主要針對毛、鄭對《詩經》的研究成果《毛傳》、《鄭箋》而言。這個標準更多側重文義、文理、事理、人情等，而歐陽修分析文義、文理的依據也是是否符合人情與事理，所以可以說這個標準的關鍵是人情事理。「理」還不是理學所指的全部意義上的「理」，還僅局限於「事理」層面，但並不排除歐陽修已涉及理學的命題（參見第五章歐陽修專節），儘管歐陽修還不能算嚴格意義上的理學家。

　　歐陽修在評價漢代《詩經》學學術成果以及自己在《詩經》闡釋中，都很注重情理標準。在《出車》詩解中說：

　　　　論曰：詩文雖簡易，然能曲盡人事。而古今人情一也，求詩義
　　者以人情求之，則不遠矣。然學者常至於迂遠，遂失其本義。〔註5〕

〔註5〕〔宋〕歐陽修：《詩本義》卷六《出車》，《四庫全書（文淵閣本）》（第70冊），

這個文字片段能反映歐陽修自覺的解《詩》思想，包含著對詩文功能的認識（曲盡人事）、解釋的歷史性和可能性（古今人情一也）的體認、解釋的途徑與目標（以人情求之與合乎人情，得本義）、解讀的風格（簡近，不迂遠）等方面。聯繫他例，比較系統和一致。以「人情」會通古今與以「性理」會通古今，雖是兩種不同的解釋旨趣和途徑，但其基礎是相近的，即認爲古今有相通的方面，《詩經》典籍是一座橋梁〔註6〕，沿著這些相同的方面即可獲得本義，或詩意（作者之意），或性理。這也是歐陽修作爲宋代《詩經》學開創者的重要貢獻。孟子闡釋思想有「說詩者，不以文害辭，不以辭害志。以意逆志，是爲得之」，朱熹解爲「言說詩之法，不可以一字而害一句之義，不可以一句而害設辭之志，當以己意迎取作者之志，乃可得之」〔註7〕。由此也可以發現，以人情會通古今、以性理會通古今，解決的都是讀者的「意」與作者的「志」之間的矛盾及如何溝通二者的問題。

　　因爲對詩文內在依據的重視，歐陽修嘗試對一些詩篇的命名作出新解，跳出拘泥於文字的藩籬，《小明》「論曰：……《大雅》『明明仕下』謂之《大明》，《小雅》『明明上天』謂之《小明》，自是名篇者偶爲志別爾，了不關詩義。苟如鄭說，則《小旻》、《小宛》之類有何義乎？」〔註8〕歐陽修的「據文求義」，並非拘泥於文字，在理學家那裡，如二程，甚至認爲即使文義解釋錯了，但無礙於義理傳達，不算眞正有損於文義，「善學者要不爲文字所梏，故文義雖解錯而道理可通者，不害也」〔註9〕，於此可略睹一端，宋代學者重「得其大者」（道）〔註10〕，從慶曆之際已基本是學者們的共識，至理學家而成爲主體。宋人經典解釋更注重理通，所以解讀經典而得理就有兩種情況，即「得文義而理通者」與「不得文義而理通者」。

---

第 222 頁。
〔註6〕參閱訪談錄《中國詮釋學是一座橋》，載洪漢鼎主編：《中國詮釋學》（第一輯），第 247～254 頁。
〔註7〕《孟子集注》卷九《萬章章句上》，載《四書章句集注》，第 306 頁。按：這段材料也能反映朱熹的闡釋思想。「以己意迎」，最後通向「以己意解」，進而認己意爲作者之志，「淫詩」說的看法就很難避免了。
〔註8〕〔宋〕歐陽修：《詩本義》卷八《小明》，《四庫全書（文淵閣本）》（第 70 冊），第 242 頁。
〔註9〕《二程外書》卷六。
〔註10〕《歐陽文忠公文集》卷十八《易或問三首》（第一首）。

## 二、歐陽修對兩種方法的運用及意義

　　雖然歐陽修對《序》不無批評，但因循的地方依然很多，而其依據也主要是詩文本身。「論曰：草蟲、阜螽異類而交合，詩人取以爲戒，而毛鄭以爲同類相求，取以自比。大夫妻實已嫁之婦，而毛鄭以爲在塗（途）之女，其於大義既乖，是以終篇而失也。蓋由毛鄭不以《序》意求詩義，既失其本，故枝辭衍說，文義散離，而與《序》意不合也。《序》意止言大夫妻能以禮自防爾，而毛鄭乃言在塗（途）之女，憂見其夫而不得禮，又憂被出而歸宗，皆詩文所無，非其本義」〔註11〕，並重新確認其本義，「本義曰：……此大夫之妻能以禮義自防，不爲淫風所化，……指以爲戒，而守禮以自防閒，以待君子之歸」〔註12〕，還歸於《序》的意思。

　　從詩文自身角度分析，歐陽修注意到詩歌結構的特點，「論曰：……《詩三百篇》大率作者之體不過三四爾。有作詩者自述其言以爲美刺，如《關雎》、《相鼠》之類是也。有作者錄當時人之言以見其事，如《谷風》錄其夫婦之言，《北風其涼》錄去衛之人之語之類是也。有作者先自述其事，次錄其人之言以終之者，如《溱洧》之類是也。有作者述事與錄當時人語雜以成篇，如《出車》之類是也。然皆文意相屬以成章，未有如毛鄭解《野有死麕》文意散離，不相終始者」〔註13〕；修辭與語言的特點，《破斧》「本義曰：斨刃可缺，斧無破理，蓋詩人欲甚其事者，其言多過，故孟子曰『不以辭害志』者，謂此類也」〔註14〕，指出毛鄭穿鑿，以斧斨比禮義，歐陽修則解爲斧破喻征討之難，還綜合運用了誇張的修辭手法，歐陽修的解釋雖不一定就是詩歌本義，但已較毛鄭更加易於爲人接受，最重要的是，體現了因文釋義、注重文辭的方法，爲以後由文本釋義進而恢復《詩經》的文學闡釋提供了可能。如果說「六經皆史」是經學中史學性質的突顯，經學向文學的轉變則不如說是混雜在經學中的文學屬性的突顯和獨立。

　　「論曰：……宣公烝父妾，淫子婦，皆是鳥獸之行，悖人倫之理。詩人

---

〔註11〕　〔宋〕歐陽修：《詩本義》卷二《草蟲》，《四庫全書（文淵閣本）》（第70冊），第189頁。

〔註12〕　〔宋〕歐陽修：《詩本義》卷二《草蟲》，《四庫全書（文淵閣本）》（第70冊），第190頁。

〔註13〕　〔宋〕歐陽修：《詩本義》卷二《野有死麕》，《四庫全書（文淵閣本）》（第70冊），第192頁。

〔註14〕　〔宋〕歐陽修：《詩本義》卷五《破斧》，《四庫全書（文淵閣本）》（第70冊），第215頁。

刺之，宜爲甚惡之辭也」〔註15〕，「昔魯叔孫穆子賦《匏有苦葉》，晉叔向曰：『苦匏不才，供濟於人而已。』蓋謂要舟以渡水也。《春秋》、《國語》所載諸侯大夫賦詩多不用詩本義，第略取一章或一句，假借其言以苟通其意，如《鵲巢》、《黍苗》之類，故皆不可引以爲詩之證，至於鳥獸草木諸物常用於人者則不應繆（謬）妄。苦匏爲物，當毛鄭未說《詩》之前，其說如此，若穆子去《詩》時近，不應繆（謬）妄也。今依其說以解詩，則本義得矣。毛鄭又謂『飛曰雌雄，走曰牝牡』，然《周書》曰『牝雞無晨』，豈爲走獸乎？古語通用無常也」〔註16〕。歐陽修對宣公無人倫的舉動的評價，表面似與毛鄭沒有太大的區別，而實際上，既諷刺鄭氏妄分夷宣二姜而認爲「獨刺夷姜」，又嘲弄其以「男女才性賢不肖長幼宜相當」的「婚姻之禮」爲「深厲淺揭」的比喻義，認爲「毛鄭二家不得詩人之意，故其說失之迂遠也」〔註17〕。同時，對春秋引《詩》以言志的本質和意義有較辯證的認識，難能可貴。歐陽修評價有理學傾向，而「理」還不是完全的理學概念。

歐陽修追求簡直明易的風格對宋代《詩經》學研究風格的形成有奠基作用，反對迂遠衍義爲說，「論曰：經義固常簡直明白，而未嘗不爲說者迂迴汩亂而失之彌遠也」〔註18〕。他正面強調簡明原則的地方很多，略舉數例：

> 論曰：……其忠信爲周，訪問爲咨，意謂大夫出使，見忠信之賢人，就之訪問。今詩文乃曰「周爰咨諏」，是出見忠信之賢人，止一周字，豈成文理？若直以周爲周詳周遍之周，則其義簡直，不解自明也。〔註19〕

> 一篇之義，簡易而通明。〔註20〕

---

〔註15〕 〔宋〕歐陽修：《詩本義》卷二《匏有苦葉》，《四庫全書（文淵閣本）》（第70冊），第195頁。按：此句「父妾」「子婦」分別指夷姜、宣姜。

〔註16〕 〔宋〕歐陽修：《詩本義》卷二《匏有苦葉》，《四庫全書（文淵閣本）》（第70冊），第195～196頁。

〔註17〕 〔宋〕歐陽修：《詩本義》卷二《匏有苦葉》，《四庫全書（文淵閣本）》（第70冊），第195頁。

〔註18〕 〔宋〕歐陽修：《詩本義》卷三《相鼠》，《四庫全書（文淵閣本）》（第70冊），第200頁。

〔註19〕 〔宋〕歐陽修：《詩本義》卷六《皇皇者華》，《四庫全書（文淵閣本）》（第70冊），第219頁。

〔註20〕 〔宋〕歐陽修：《詩本義》卷七《斯干》，《四庫全書（文淵閣本）》（第70冊），

　　　　論曰：《無羊》之義，簡而易明。〔註21〕

因爲注重詩文本身，所以歐陽修經常將若干詩篇結合起來加以比較，從而得出較一貫和有說服力的結論，這也是《詩經》學研究注重回歸文本（可以稱爲文本化）的必然結果。如「詩人刺讒，常以積少成多爲患，《采葛》之義如是而已，至於《采苓》、《防有鵲巢》、《巷伯》、《青蠅》，其義皆然」〔註22〕，《唐風・揚之水》「論曰：……《詩》《王風》、《鄭風》及此有《揚之水》三篇，其《王》、《鄭》二篇皆以激揚之水力弱不能流移束薪，豈獨於此篇謂波流湍疾、洗去垢濁。以意求之，當是刺昭公微弱，不能制沃，與不流束薪義同，則得之矣」〔註23〕。「經有其文，猶有不可知者。經無其事，吾可逆意而謂然乎？」〔註24〕歐陽修對魯有《頌》的解釋，也主要是從文本角度進行的，考察其與他《頌》語言形式的不同，不無新意，魯《頌》「非頌也，不得已而名之也，四篇之體，不免變風之例爾，何頌乎？頌惟一章，而魯《頌》章句不等，頌無『頌』字之號，而今四篇皆有其《序》」，「先儒謂名生於不足，宜矣。然聖人所以列爲頌者，其說有二：貶魯之強，一也；勸諸侯之不及，二也」〔註25〕。在對「比興」的認識上也是如此，「詩之比興，必須上下成文，以相發明，乃可推據。今若獨用一句，而不以上下文理推之，何以見詩人之意？」〔註26〕這種在上下文中理解比興的看法直接啟示了朱熹，程頤未說得清楚，而朱熹「興者，先詠他物以引起所詠之辭也」「比者，以此物比彼物也」，較程頤更明確，但未出歐陽修「上下成文，以相發明」的範

　　　　第 227 頁。

〔註21〕　〔宋〕歐陽修：《詩本義》卷七《無羊》，《四庫全書（文淵閣本）》（第 70 冊），第 227 頁。

〔註22〕　〔宋〕歐陽修：《詩本義》卷三《採葛》，《四庫全書（文淵閣本）》（第 70 冊），第 203 頁。

〔註23〕　〔宋〕歐陽修：《詩本義》卷四《揚之水》，《四庫全書（文淵閣本）》（第 70 冊），第 209 頁。按：「豈獨於此篇謂波流湍疾、洗去垢濁」批駁毛鄭；同時由「以意求之」也可以看出蕭華榮先生指出的漢學與宋學各自側重發揚了孟子「知人論世」和「以意逆志」的方法，是有一定道理的。

〔註24〕　〔宋〕歐陽修：《詩本義》卷十四《豳問》，《四庫全書（文淵閣本）》（第 70 冊），第 292 頁。

〔註25〕　〔宋〕歐陽修：《詩本義》卷十五《魯頌解》，《四庫全書（文淵閣本）》（第 70 冊），第 298 頁。

〔註26〕　〔宋〕歐陽修：《詩本義》卷七《斯干》，《四庫全書（文淵閣本）》（第 70 冊），第 226 頁。

圍。

　　歐陽修解《詩》時為求合乎人情，也有不少臆測之處，如《伐木》，認伐木為「庶人之賤事，不宜為文王之詩」〔註27〕，鄭玄認為是文王未居位時，今人陳子展先生聯繫當時社會歷史狀況，認為君臣上下共同參與勞動是有可能的（《詩經直解》），則歐陽修批評鄭玄的看法有過當之處，屬臆測之辭，反違背自己「合乎人情」的標準，這是方法運用過程中的問題。

　　經歐陽修解釋後，基本解決了鄭玄等解《詩》的乖舛支離問題，而是根據詩文本身，尋求一貫的詩義，使《詩經》解釋更簡明，不受前人僵化傳注的約束，反對衍義為說，「論曰：……度、明、類、長、君、順、比七者，皆古今常言。毛鄭曲為訓義，雖未害文理，然於義為衍，去之可也」〔註28〕，可見針對兩大問題：害文理，生衍義。「論曰：《鹿鳴》，言文王能燕樂嘉賓，以得臣下之歡心爾。考詩之意，文王有酒食以與群臣燕飲，如鹿得美草相呼而食爾，其義止於如此。而傳云『懇誠發於中』者，衍說也。聖人不窮所不知，鳥獸之類，安能知其誠不誠？考上下經文，初無此意，可謂衍說也」〔註29〕。

《麟之趾》：

　　　論曰：孟子去《詩》世近而最善言《詩》，推其所說詩義，與今《序》意多同，故後儒異說為《詩》害者常賴《序》文以為證。然至於《二南》，其《序》多失，而《麟趾》、《騶虞》所失尤甚，特不可以為信。疑此二篇之《序》為講師以己說汨之，不然，安得繆（謬）論之如此也？據詩直以國君有公子如麟有趾爾，更無他義也。若《序》言《關雎》之應，乃是《關雎》化行，天下太平，有瑞麟出而為應，不惟怪妄不經，且與詩意不類。《關雎》、《麟趾》作非一人，作《麟趾》者了無及《關雎》之意，故前儒為毛鄭學者自覺其非，乃為曲說，云：「實無麟應，太史編詩之時，假設此義，以謂《關雎》化成，宜有麟出，故藉此《麟趾》之篇列於最後。」使若化成而麟至爾，然則《序》之所述乃非詩人作詩之本意，是太史編詩假設之義也。

〔註27〕　〔宋〕歐陽修：《詩本義》卷六《伐木》，《四庫全書（文淵閣本）》（第70冊），第221頁。

〔註28〕　〔宋〕歐陽修：《詩本義》卷十《皇矣》，《四庫全書（文淵閣本）》（第70冊），第256頁。

〔註29〕　〔宋〕歐陽修：《詩本義》卷六《鹿鳴》，《四庫全書（文淵閣本）》（第70冊），第218頁。

毛鄭遂執《序》意以解詩，是以太史假設之義解詩人之本義，宜其失之遠也。如毛言麟以足至者，鄭謂角端有肉示有武而不用者，尤爲衍説。此篇《序》既全乖，不可引據，但直考詩文，自可見其意。〔註30〕

《野有死麕》：

論曰：《詩序》失於《二南》者，多矣。〔註31〕

這裡能集中反映歐陽修的解釋學思想及其對兩種意義——作者之意和編者之義的區分。對《序》與毛鄭的態度也有代表性，疑《序》而未爲激烈，斥毛鄭不遺餘力，但較平和公允，如《四庫全書總目提要》所言〔註32〕。解《詩》多直據詩文本身，使宋代《詩經》學煥然而有一新的途徑，不拘泥於古人，有除「蔽」之意。同時表現出較強的理性精神，反對天人感應的神學解説。區分兩種意義尤有貢獻，即使今人也多有繼承和發展，陳子展先生擴充爲三種意義（《詩經直解》）。雖然歐陽修的解釋最終還不能完全逃脫比附，但已注意詩文的上下文語境，比較貼切，「本義曰：《周南》風人美其國君之德，化及宗族，同姓之親皆有信厚之行以輔衛其公室，如麟有足有額有角以輔衛其身爾，其義止於此也。他獸亦有蹄角，然亦不以爲比而遠取麟者，何哉？麟遠人之獸也，不害人物而希（稀）出，故以爲仁獸，所以詩人引之，以謂仁獸無鬥害之心，尚以蹄角自衛，如我國君以仁德爲國，猶須公族相輔衛爾」〔註33〕。

## 第二節 「據文求義」和「古今人情一也」方法的影響

「據文求義」和「古今人情一也」（以今論古）方法的系統確立始於歐陽修，對此後宋代《詩經》學學者產生了深遠影響，其中包括相當一部分理學家，並逐步突顯「義理」解《詩》傾向。

---

〔註30〕 〔宋〕歐陽修：《詩本義》卷一《麟之趾》，《四庫全書（文淵閣本）》（第70冊），第188頁。

〔註31〕 〔宋〕歐陽修：《詩本義》卷二《野有死麕》，《四庫全書（文淵閣本）》（第70冊），第192頁。

〔註32〕 〔宋〕歐陽修：《詩本義·提要》，《四庫全書（文淵閣本）》（第70冊），第182頁。

〔註33〕 〔宋〕歐陽修：《詩本義》卷一《麟之趾》，《四庫全書（文淵閣本）》（第70冊），第188頁。

## 一、宋代《詩經》學學者對「據文求義」的繼承述略

　　王安石繼承歐陽修注重對文本的體會。《常棣》,《詩傳通釋》「胡庭芳曰:王氏云,文武以來,宴兄弟,亦必有詩。然《鹿鳴》、《四牡》等篇,詞多和平,唯《常棣》一篇,詞多激切,意若有所懲創。則周公因管蔡之事,其後更爲此詩無疑」〔註34〕。這種以詩詞語氣推及作者及詩旨的方法對朱熹也有很大的影響。以語言特點和道德高下區分《周頌》和《魯頌》,兼顧了內容和形式兩個因素。《閟宮》,《李黃集解》(李)「王氏曰:《周頌》之辭約,約所以爲嚴,所美盛德故也。《魯頌》之辭侈,侈所以爲誇,德不足故也」〔註35〕,繼承了歐陽修注重文本考察的方法,但又和「德」聯繫起來,顯示重新解釋義理的傾向。

　　《六月》,《詩序》作「宣王北伐也。《鹿鳴》廢則和樂缺矣。《四牡》廢則君臣缺矣。《皇皇者華》廢則忠信缺矣。《常棣》廢則兄弟缺矣。《伐木》廢則朋友缺矣。《天保》廢則福祿缺矣。《采薇》廢則征伐缺矣。《出車》廢則功力缺矣。《杕杜》廢則師眾缺矣。《魚麗》廢則法度缺矣。《南陔》廢則孝友缺矣。《白華》廢則廉恥缺矣。《華黍》廢則蓄積缺矣。《由庚》廢則陰陽失其道理矣。《南有嘉魚》廢則賢者不安,下不得其所矣。《崇丘》廢則萬物不遂矣。《南山有臺》廢則爲國之基墜矣。《由儀》廢則萬物失其道理矣。《蓼蕭》廢則恩澤乖矣。《湛露》廢則萬國離矣。《彤弓》廢則諸夏衰矣。《菁菁者莪》廢則無禮儀矣。《小雅》盡廢則四夷交侵,中國微矣」,《李黃集解》(李)「王氏又從而爲之說曰:序詩者,進《由庚》於《南有嘉魚》之前,而退《南山有臺》於《崇丘》之後,何也?蓋其說以爲:陰陽失其道理,則是人君不能用道。人君不能用道,則賢者亦必不安,下亦必不得其所矣。萬物不遂,則是人君不能成物。人君不能成物,則必無賢者以立邦家之基矣」〔註36〕,發揮和補充《詩序》的見解,實際上將《詩經》中的詩歌與歷史、治國聯繫起來,形成義理解說,王安石則通過理性的推理使這個義理更加的完整和鮮明。這種方法起自歐陽,至南宋而盛,演變過程比較明顯。

　　《泂酌》,《李黃集解》(李)「王氏徒見序言皇天親有德而饗有道,遂於詩中求其所謂道德。『民之父母』,德也;『民之攸墍』,道也。又其甚曰:周

---

〔註34〕　《詩義鉤沉》卷九《鹿鳴之什義第十六》,第 126 頁。
〔註35〕　《詩義鉤沉》卷二十《駉義第二十九》,第 300 頁。
〔註36〕　《詩義鉤沉》卷十《南有嘉魚之什義第十七》,第 142～143 頁。

道於是爲盛，故稱皇天焉」〔註37〕，將王安石以道德解《詩》、闡發《詩序》、穿鑿體會義理的研究方法揭示了出來，但這種方法也開闢出了一種較自由的研究《詩經》的新途徑，注重文本依據和讀者體會是它的兩個鮮明特徵。

以「義理」解《詩》至張載漸趨明朗。

> 《靈臺》，民始附也，先儒指以爲文王受命之年，此極害義理。又如司馬遷稱文王自羑里歸，與太公行陰德以傾紂天下，如此則文王是亂臣賊子也。惟董仲舒以爲文王閔悼紂之不道，故至於日昃不暇食；至於韓退之亦能識聖人，作《羑里操》有「臣罪當誅兮，天王聖明」之語。文王之於紂，事之極盡道矣，先儒解經如此，君臣之道且不明，何有義理哉？如《考槃》之詩永矢弗過、弗告，解以永不復告君過君，豈是賢者之言！〔註38〕

此處的「義理」與歐陽修注重文義的「義理」已不同，標準是倫理綱常，也可說倫理，宋代解《詩》由王安石至張載亦可見明顯的轉向痕迹，張載已自覺地以這種倫理意義上的「義理」來評價闡釋的合理性。他側重文義、因文見義的部分因素，與王安石從整體來解相似，有時也揭示了個別詩篇本文的特點，「《甘棠》初能使民不忍去，中能使民不忍傷，卒能使民知心敬而不瀆之以拜，非善教浸明，能取是於民哉？」〔註39〕

張載既以讀書作爲維持「此心」的手段，又以「此心」「不誤」作爲讀書的條件，他認爲「觀書必總其言而求作者之意」，讀書「以維持此心」，「讀書則此心常在，不讀書則終看義理不見」〔註40〕，「蓋所以求義理，莫非天地、禮樂、鬼神至大之事，心不弘則無由得見」，「遊心經籍義理之間」，「心解則求義自明，不必字字相校」〔註41〕，重「了悟」〔註42〕，「發源端本處既不誤，

---

〔註37〕 《詩義鉤沉》卷十七《生民之什義第二十四》，第 249 頁。

〔註38〕 《經學理窟·詩書》，載〔宋〕張載：《張載集》，中華書局，1978 年，第 257 ～258 頁。

〔註39〕 《正蒙·樂器篇第十五》，載〔宋〕張載：《張載集》，中華書局，1978 年，第 56 頁。

〔註40〕 《經學理窟·義理》，載〔宋〕張載：《張載集》，中華書局，1978 年，第 275 頁。

〔註41〕 《經學理窟·義理》，載〔宋〕張載：《張載集》，中華書局，1978 年，第 276 頁。

〔註42〕 《經學理窟·學大原下》，載〔宋〕張載：《張載集》，中華書局，1978 年，第 283 頁。

則義可以自求」〔註43〕。已逐漸重視心性義理。

程頤並不完全恪守《詩序》，也很重視詩文自身所傳達出來的意義。《周南‧麟之趾》「自『衰世公子』以下，《序》之誤也。以詩〔註44〕有公子字，故誤耳。『麟趾之時』，不成辭。麟趾言之時，謬矣」〔註45〕，《唐風‧葛生》「此詩思存者，非悼亡者，《序》爲誤矣。好攻戰則多離闊之恨，葛之生託於物，蘞之生依於地，興婦人依君子。『誰與？獨處！』〔註46〕誰與乎？獨處而已。獨且，獨處至且也。晝夜之永時，思念之情尤切，故期於死而同穴，乃不相離也」〔註47〕，這裡，程頤既批評《序》「悼亡詩」的解釋，這種看法至今依然有影響〔註48〕。同時自出機杼，運用體味及因文見義的方法，認爲這首詩是「懷人詩」，爲一新解，能給人以啓發，同時，可見在學術方法上與歐陽修一致處〔註49〕。《小雅‧常棣》「此燕樂兄弟，親睦宗族之詩，不因管、蔡而作也」〔註50〕，「窮究是理，圖念是事，信其然乎？言信然。此詩句少而章多，章多所以極其鄭重，句少則各陳一義故也」〔註51〕，重視對詩文的涵泳體會。

鄭樵「以文解詩」的傾向與歐陽修相似，「鄭子曰：以《芣苢》爲婦人樂有子者，據《芣苢》，詩中全無樂有子意，彼之言此者何哉？蓋書生之說，例是求義以爲所，此語不徒然也，故以爲樂有了爾。且《芣苢》之作，興採之也，如後人之採菱則爲《採菱》之詩，採藕則爲《採藕》詩，以述一時所採之興爾，何它義哉？」〔註52〕鄭樵之說爲勝，尤其末一句接近瞭解詩歌創作的緣起與本質，即文學創作起源於勞動，爲文藝理論眾家之說的一種，難能可貴；且以今

〔註43〕 《經學理窟‧義理》，載〔宋〕張載：《張載集》，中華書局，1978 年，第 277 頁。

〔註44〕 此處點校者原加一書名號，實指詩文，不宜加，已刪。

〔註45〕 〔宋〕程頤：《詩解‧國風‧麟之趾》，載《二程集‧河南程氏經說卷第三》（第四冊），第 1049 頁。

〔註46〕 原注：「是兩句。」

〔註47〕 〔宋〕程頤：《詩解‧國風‧葛生》，載《二程集‧河南程氏經說卷第三》（第四冊），第 1059～1060 頁。

〔註48〕 參見陳子展《詩經直解》、程俊英《詩經今注》、《詩經注析》及費振剛等的《詩經詩傳》等。

〔註49〕 又如解《秦風‧晨風》、《小雅‧白華》等。

〔註50〕 〔宋〕程頤：《詩解‧小雅‧常棣》，載《二程集‧河南程氏經說卷第三》（第四冊），第 1071 頁。

〔註51〕 〔宋〕程頤：《詩解‧小雅‧常棣》，載《二程集‧河南程氏經說卷第三》（第四冊），第 1072 頁。

〔註52〕 〔宋〕周孚：《非詩辨妄》，叢書集成初編本，第 3 頁。

時溝通古代，與「古今人情一也」有內在的承繼關係和相同的方法理論。同時，聯繫鄭樵「聲樂之說」，更加透露出他「主樂說」而反對「主義說」的觀點，批評在詩文中尋覓「它義」的行為。鄭樵認為「詩主聲樂」，「鄭子曰：凡制文字，必依形依象而立。風、雅、頌，皆聲，無形與象，故無其文，皆取他文而借用。如風本風雨之風，雅本烏鴉之鴉，頌本頌容之容。奈何敘《詩》者於借字之中求義也」〔註53〕，在鄭樵看來，《詩》主聲樂，不關乎義，原因是《詩經》風雅頌本為假借之字，表聲而不表義，因此，在這些文字中探索意義，區別詩篇次第，正是南轅北轍，愈求愈遠，總之，反對在聲樂之《詩》中求義。如果從廣闊的視角來看，聲樂也許是《詩經》的本義，而義理則是《詩經》的解讀義，不是同一個範疇，因此，鄭樵接續歐陽修恢復《詩經》本義的努力，歐陽修側重義理，而鄭樵側重聲樂，自然，鄭樵走得更遠，將這項工作向前推進了一步，也就更加接近《詩經》的本來面貌。

但是鄭樵並沒有將「因文求義」的方法貫徹到底。「鄭子曰：《周頌》之《敘》，多非依仿篇中之義為言，乃知所傳為真」，鄭樵失於輕率，反被周孚抓住破綻，巧護《序》說，「且六亡詩已失，秦漢儒何所依仿而能序是也？無所依仿而有《序》，則諸《序》不出於漢儒明矣。此吾就鄭子所言而言者也」〔註54〕。

即使尊崇《詩序》的周孚也不反對「以詩解《詩》」、「因文求義」的方法。他在批評鄭樵重複鄭康成以禮解《詩》的方法，區分「燕」、「饗」的意義，「是於《詩》之外求義也。訓《詩》而不本《詩》，吾未見其能《詩》也」〔註55〕，似對解《詩》的文本化有寬容甚至認可的態度。聯繫蔡卞《毛詩名物解》，解名物時，多附以道德、禮法之理，即「於《詩》之外求義」，反覆申述自己的思想，有宋學的特點。鄭樵雖主張《詩》為聲樂之作，但並不是全部否定和漠視詩作的意義，而是多以己意裁奪，引起了恪守《毛詩》學者的不滿。

王質重視解《詩》「即辭求事，即事求意」，也即「據文求義」的意思，不過更細緻一些。《葛覃》「總聞」曰：說《詩》當即辭求事，即事求意，不必縱橫曼衍，若爾將何時而窮，一若稽古，至三萬言，無足訝也。……遣

---

〔註53〕 〔宋〕周孚：《非詩辨妄》，叢書集成初編本，第4～5頁。
〔註54〕 〔宋〕周孚：《非詩辨妄》，叢書集成初編本，第12頁。
〔註55〕 〔宋〕周孚：《非詩辨妄》，叢書集成初編本，第8頁。

本旨而生他辭，竊取其美以覆芘其不知，此談經之大病也」〔註56〕。在《詩總聞》中，「尋詩」、「尋文」的字眼很多，如《假樂》、《菁菁者莪》、《泂酌》、《漸漸之石》、《蓼莪》等詩解，主要就是體會探尋文字文義，是「因文見義」的置換表達。《假樂》「《總聞》曰：此詩皆媚上之辭，反覆尋之，非苟爲媚者也」〔註57〕，《泂酌》「聞事曰」「此則言皇天親有德，饗有道，尋詩蓋無見」〔註58〕。有些體會就涉及情景關係，《菁菁者莪》「《總聞》曰：諸侯喜見王者，凡經歷覽觀，皆樂事賞心也。大率主明時泰與主暗時否，山川、草木皆一等，而人情、物態自兩種，尋詩可見也」〔註59〕，《漸漸之石》「《總聞》曰：東南夷見於《詩》者，淮夷荊舒。得人則有喜江山之心，不得人則有懼山川之怒，亦各繫其人也。觀此詩及《東山》、《江漢》諸詩可見。尋詩，其人非不冒難盡瘁，亦時節不嘉，人情少舒，觸境皆非美氣象爾」〔註60〕，既繼承了「因文見義」的解詩方法，同時體貼入微，突出了心物之間的微妙關係，「寫氣圖貌，既隨物以宛轉；屬采附聲，亦與心而徘徊」〔註61〕，不是常見的「情以物遷」（見《物色》篇），而是更深入的「物以心染」。

朱熹解《詩》，注重文本義，繼承了歐陽修「據文求義」的方法，同時又考以義理，務使《詩》義平正合理。如《抑》，《詩序》作「《抑》，衛武公刺厲王，亦以自警也」，朱子《詩序辨說》作：

> 此詩之《序》，有得有失。蓋其本例以爲非美非刺，則詩無所爲而作；又見此詩之次，適出於宣王之前，故直以爲刺厲王之詩；又以《國語》有左史之言，故又以爲亦以自警。以詩考之，則其曰刺厲王者失之，而曰自警者得之也。夫曰刺厲王之所以爲失者，史記衛武公即位於宣王之三十六年，不與厲王同時，一也；詩以小子目其君而爾汝之，無人臣之禮，與其所謂敬威儀愼出話者自相背戾，二也；厲王無道，貪虐爲甚，詩不以此箴其膏肓，而徒以威儀詞令爲諄切之戒，緩急失宜，三也；詩詞倨傲，雖仁厚之君，有所不能容者，厲王之暴，

---

〔註56〕〔宋〕王質：《詩總聞》卷一，叢書集成初編本，第6頁。
〔註57〕〔宋〕王質：《詩總聞》卷十七，第281頁。按：此句「媚」，鄭玄解爲「愛」，許愼解爲「悅」，無貶義。
〔註58〕〔宋〕王質：《詩總聞》卷十七，叢書集成初編本，第283頁。
〔註59〕〔宋〕王質：《詩總聞》卷十，叢書集成初編本，第173頁。
〔註60〕〔宋〕王質：《詩總聞》卷十五，叢書集成初編本，第253頁。
〔註61〕《文心雕龍·物色》。

何以堪之，四也；或以史記之年不合，而以爲追刺者，則詩所謂「聽用我謀，庶無大悔」，非所以望於既往之人，五也。曰自警之所以爲得者，《國語》左史之言，一也；詩曰「謹爾侯度」，二也；又曰「曰喪厥國」，三也；又曰「亦聿既耄」，四也；詩意所指，與《淇奧》所美、《賓延（筵）》所悔相表裏，五也。二說之得失，其佐驗明白如此，必去其失而取其得，然後此詩之義明。今序者乃欲合而一之，則其失者固已失之，而其得者亦未足爲全得也，然此猶自其詩之外而言之也，若但即其詩之本文而各以其一說反覆讀之，則其訓義之顯晦疏密、意味之厚薄淺深，可以不待考證而判然於胸中矣，此又讀《詩》之簡要直訣，學者不可以不知也。〔註62〕

朱子破立依據各 5 條，以詩文爲論據的，破者佔 4 條，即二、三、四、五條；立者佔 3 條，即二、三、四條，可見對詩文自身的重視。同時，又認爲「即其詩之本文而各以其一說反覆讀之」爲「讀《詩》之簡要直訣」，與《朱子語類》載其讀《詩》四五十過、反覆揣摩體會同，可見重視的是「據文求義」的簡約途徑。

他如《商頌》，《駉》，《詩序》作「《駉》，頌僖公也。僖公能遵伯禽之法，儉以足用，寬以愛民，務農重穀，牧於坰野，魯人尊之，於是季孫行父請命於周，而史克作是頌」，朱子《詩序辨說》作「此《序》事實皆無可考，詩中亦未見務農重穀之意，《序》說鑿矣」；又如《有駜》，《詩序》作「《有駜》，頌僖公君臣之有道也」，朱子《詩序辨說》作「此但燕飲之詩，未見君臣有道之意」〔註63〕，皆是以詩文自身爲據作出判斷。

今有學者高度評價朱熹《詩經》學研究方法，「朱熹實現了對《詩》與『史』和《詩》與『論』（教化）的整合與超越，成功地建構起了以《詩》說《詩》的基本原則，朱熹『以《詩》說《詩》』原則不僅是《詩經》詮釋學史上的一次重大變革，同時也是中國古典美學的一個具有普遍意義的思維方式，是對中國『以物觀物』審美精神的繼承和發揚，具有重大的理論意義」〔註64〕。這裡對朱熹解《詩》原則評價很高，而且將「以《詩》解《詩》」與源於《莊

---

〔註62〕〔漢〕毛萇傳述，〔宋〕朱熹辨說：《詩序》，叢書集成初編本，第40～41頁。
〔註63〕〔漢〕毛萇傳述，〔宋〕朱熹辨說：《詩序》，叢書集成初編本，第46頁。
〔註64〕郝其昌：《「以《詩》說《詩》」與「以《序》解《詩》」——朱熹〈詩經〉詮釋學美學基本原則研究之二》，載中國詩經學會編：《詩經研究叢刊》（第六輯），學苑出版社，2004年，第143頁。

子》的「以物觀物」思想和精神聯繫起來，使這個方法有了更濃鬱的哲學色彩和現代意義，即反思研究方法和研究對象之間的關係。但朱熹是否對所有詩篇都貫徹了這個原則？在多大程度上貫徹了這個原則？這些問題都值得不斷的反思和研究。「因文見義」或「以詩解詩」自從歐陽修以來就很普遍，影響深遠，不獨朱熹一人。

《小雅·鹿鳴之什·出車》，呂祖謙通過反覆體會認為「『喓喓草蟲』以下六句，說者以《草蟲》之詩有之，遂亦以為室家之語。觀其斷句，曰『赫赫南仲，薄伐西戎』，其辭奮張，豈室家思望之語乎？『毋逝我梁，毋發我笱，我躬不閱，遑恤我後』，兩見於《谷風》、《小弁》之詩，其一夫婦也，其一父子也」〔註65〕，分析透徹，抓住文字本身，聯繫詩句語境進行體味。關於《王風·君子于役》，《小序》稱「大夫思其危難以風焉」，呂祖謙指出「考經文不見『思其危難以風』之意」〔註66〕。既能看到呂祖謙並非一味維護《小序》，又反映了他受歐陽修「考文見義」的明顯影響，諸如「以文義考之」〔註67〕、「以詩之所敘考之」〔註68〕等類似表達。

即使多借《詩經》來闡發心學思想的楊簡也很注意文本的重要。「《毛詩序》曰：『《葛覃》，后妃之本也。后妃在父母家，則志在於女功之事，躬儉節用，服澣濯之衣，尊敬師傅，則可以歸安父母，化天下以婦道也。』夫人善心，即道心，婦人志於女功，躬節儉，服澣濯，念父母而歸寧。方是心，油然而興，互見錯出，無非神用，何本何末？而為《詩序》者判本末而裂之，且曰則可。以是詩，初無是情，不省詩情，贅立己意，使天下後世平夷純正質直之心，鑿而穿之，支而離之」〔註69〕，《殷之雷》「閔其君子勤勞之心，自是正心，道心。衛宏強起其說，曰勸以義，詩中無此情也」〔註70〕。反對《詩序》本末論的方

---

〔註65〕《呂氏家塾讀詩記》卷十七《出車》，第 312～313 頁。按：此句兩「毋」字叢書集成初編本誤作「母」。

〔註66〕〔宋〕呂祖謙：《呂氏家塾讀詩記》卷七《君子于役》，叢書集成初編本，第129 頁。

〔註67〕〔宋〕呂祖謙：《呂氏家塾讀詩記》卷二十六《行葦》，叢書集成初編本，第576 頁。

〔註68〕〔宋〕呂祖謙：《呂氏家塾讀詩記》卷二十六《行葦》，叢書集成初編本，第578 頁。

〔註69〕〔宋〕楊簡：《慈湖詩傳》卷一《葛覃》，《四庫全書（文淵閣本）》（第 73 冊），第 10 頁。

〔註70〕〔宋〕楊簡：《慈湖詩傳》卷二《殷之雷》，《四庫全書（文淵閣本）》（第 73 冊），第 25 頁。

法和觀點，進一步揭示了《詩序》支離、蒙蔽詩義的弊端，深化了自歐陽修以來「據文求義」的解《詩》方法，「以是詩，初無是情，不省詩情，贅立己意，使天下後世平夷純正質直之心，鑿而穿之，支而離之」，儘管最終導向了心學解釋，但注重「詩情」卻是不言而喻的。楊簡認爲解《豳風・東山》爲「民忘其死，乃詩外之義」〔註71〕，從反面強調了「詩情」的重要。

戴溪解《狼跋》，與《詩序》、《傳》、《箋》多相左，別出新義，以「狼」爲三監，有豺狼之暴〔註72〕，「美周公」的題旨並無變化，但釋義方式不同，自出心思，雖未必準確，但可見風氣。他比較風雅之體，認爲同是刺讒或聽讒之詩，「《青蠅》之詩，與《采苓》不同。風主於諷，故其辭緩；雅有直體，故其辭切」〔註73〕，比較兩種體裁語言風格的不同，依然是以對詩歌文本的解讀與體味爲根據的。黃震《黃氏日抄》「永矢忽諼，程子以爲弗忘君，但後章弗過弗告處難通，不如戴氏之說爲長」，由此可見，戴溪「說此詩者，以弗諼爲不忘其君，故下文多說不通。既不忘其君矣，又誓不過其君而告之，何其舛也。其怨若此，既非忠臣，亦不可以爲碩人矣」〔註74〕，針對程子，解《詩》方法注重文本內部的依據和上下文。根據《詩序》，《魯頌》四篇詩作中涉及到魯僖公的就有三篇，因此戴溪認爲《魯頌》是一種僭越，「比於他頌，其體失矣」，而且繼承歐陽修「以詩文考義」的傳統，由詩文內部發掘證據，認爲「蓋是詩，首章特言姜嫄生后稷，未嘗言群公也，敍后稷文武而不及周公，言大王始剪商，文武致於牧野，辭不密察，皆下國大夫之故也。《春秋》書效始於僖公，前此群公豈無失禮者，獨始於僖公何耶？意者僖公始僭郊禮，與作頌之意類耶？」〔註75〕「《魯頌》非聖人意也？刪《詩》何取焉？存舊章以示訓戒，未必皆記其德也」〔註76〕，曲爲解說。

---

〔註71〕〔宋〕楊簡：《慈湖詩傳》卷十《東山》，《四庫全書（文淵閣本）》（第73冊），第137頁。

〔註72〕〔宋〕戴溪：《續呂氏家塾讀詩記》卷一《讀豳詩・狼跋》，叢書集成初編本，第41頁。

〔註73〕〔宋〕戴溪：《續呂氏家塾讀詩記》卷二《讀小雅・青蠅》，叢書集成初編本，第67頁。

〔註74〕《續呂氏家塾讀詩記》卷一《讀衛風・考槃》，第14頁。按：「永矢忽諼」的「忽」，疑爲「弗」之訛。

〔註75〕〔宋〕戴溪：《續呂氏家塾讀詩記》卷三《讀魯頌・閟宮》，叢書集成初編本，第98頁。

〔註76〕〔宋〕戴溪：《續呂氏家塾讀詩記》卷三《讀魯頌・閟宮》，叢書集成初編本，第98～99頁。

雖然這些學者繼承了歐陽修「據文求義」的方法，但具體落實的範圍和程度不同，大多因自己的學術思想和背景而有差異，並導致新的見解和義理解《詩》的產生，如戴溪解《騶虞》作「備禮不殺，又何其仁也，仁心感人」〔註77〕就不是詩中的文本義。

## 二、宋代《詩經》學學者對「古今人情一也」的繼承述略

宋代《詩經》學對「古今人情一也」（或「以今論古」）的繼承，不僅表現在《詩經》學中涉及一定「情」的探討〔註78〕，而且反映出溝通古今人情、重鑄新解的嘗試和努力。在此僅側重後者，即作爲方法層面；前者，即作爲思想層面，則略見於本文第五章至第九章。

王安石的《詩經》學見解主要見於《詩經》輯佚著作，已不完整了。僅就可見的資料分析，關於「古今人情一也」的內容似不十分明顯，儘管不乏對「情」的看法，如《載馳》，《詩傳通釋》引「王介甫曰」條〔註79〕；《采薇》、《杕杜》，《詩傳通釋》分別引「胡庭芳曰」條〔註80〕等。

張載大略也近乎此。涉及「情」的如解《召南·殷其雷》，《小雅·南有嘉魚之什·蓼蕭》、《小雅·甫田之什·裳裳者華》〔註81〕，《小雅·鹿鳴之什·常棣》〔註82〕。他論及《小雅·鴻雁之什·斯干》和《二南》時說：

> 《斯干》詩言「兄及弟矣，式相好矣，無相猶矣」，言兄弟宜相好，不要廝學。猶，似也。人情大抵患在施之不見報則輟，故恩不能終，不要相學，己施之而已。（《詩説》）

> 人不爲《周南》、《召南》，其猶正牆面而立，常深思此言誠是，不從此行，甚隔著事，向前推不去。蓋至親至近莫甚於此，故須從此始。（《詩説》）〔註83〕

---

〔註77〕〔宋〕戴溪：《續呂氏家塾讀詩記》卷一，叢書集成初編本，第6頁。
〔註78〕多和「禮」相聯繫，「發乎情，止乎禮義」；後漸漸集中在與「情」相關的「性」上。
〔註79〕《詩義鉤沉》卷三《鄘柏舟義第四》，第50頁。
〔註80〕《詩義鉤沉》卷九《鹿鳴之什義第十六》，第132、134頁。
〔註81〕《正蒙·樂器篇第十五》，載〔宋〕張載：《張載集》，中華書局，1978年，第56頁。
〔註82〕《正蒙·樂器篇第十五》，載〔宋〕張載：《張載集》，中華書局，1978年，第57頁。
〔註83〕《拾遺·近思錄拾遺》，載〔宋〕張載：《張載集》，中華書局，1978年，第377～378頁。

這兩則是否出自今已不見的一卷本《詩說》，還不能貿然裁斷。但其蘊含的古今人情相通的理論前提，則很明顯，「人情大抵患在施之不見報則輟」，「蓋至親至近莫甚於此，故須從此始」。

程大昌則明確地用「古今人情，不甚相遠也」來表達對古今的看法，與「古今人情一也」相扣合。他說，「中國有事於北狄，惟漢人爲力，故中國已不爲漢，而北虜猶指中國爲漢，唐人用事於西，故羌人至今以中國爲唐，從其稱謂熟者言之。古今人情，不甚相遠也」〔註84〕，與歐陽修相近，唯以史相證罷了。但在回答對有美刺的雅詩能否入樂的問題時，「或曰：頌則有美無刺，可以被之管絃矣。雅之辭，且具譏怨，親出其時，而可明播無忌歟？」又反對以常情簡單化對待古事，「其可悉用常情而度古事哉？」〔註85〕雖不無謹慎，但也透露出一定的矛盾性。

王質在解《衛風·谷風》時說，「大率論古，當以人情推之」〔註86〕，與歐陽修「古今人情一也」如出一轍。《式微》「《總聞》曰：中露，泥中，言行役冒犯之苦，語法如此，未必是地名也。鄭氏所謂衛公以二邑處黎侯，或說衛公者，宣公也。宣公父子夫婦其亂不可勝言，何暇及人？能以二邑處黎侯，蓋亦過厚，而黎之臣子責以不修方伯連率之職，似非人情。故旄丘之叔伯，若以人情推之，當爲黎之親族，而非衛之臣子也」〔註87〕，《中谷有蓷》「《總聞》曰」「今古雖異，人情不遠也」〔註88〕，認爲古今人情相差不遠，與歐陽修同。他根據人情推斷，認爲《行露》「總聞曰：暴男侵貞女，亂世容或有之，而召公之分壤，被美教，成雅俗，不應如此。女固可尚，男爲何人？豈文王之化獨及女而不及男耶？」〔註89〕從而巧妙地否定了《詩序》的解釋。

在這種今古「人情不遠」的指導下，王質對一些歷來有爭議的問題作出了合乎情理、比較科學的解釋。其中最鮮明的莫過於對「吞卵生商」的解釋，他在《玄鳥》第一章的釋文中說：

> 玄鳥紀節，而紀節之間，又自有說。《禮》：「仲春玄鳥至，以是祠高禖。」當是此年，玄鳥至而有字，此年玄鳥至而生契，是十三

---

〔註84〕 〔宋〕程大昌：《詩論·詩論十四》，叢書集成初編本，第 17 頁。
〔註85〕 〔宋〕程大昌：《詩論·詩論十七》，叢書集成初編本，第 19 頁。
〔註86〕 〔宋〕王質：《詩總聞》卷二，叢書集成初編本，第 34 頁。
〔註87〕 〔宋〕王質：《詩總聞》卷二，叢書集成初編本，第 35 頁。
〔註88〕 〔宋〕王質：《詩總聞》卷四，叢書集成初編本，第 66 頁。
〔註89〕 〔宋〕王質：《詩總聞》卷一，叢書集成初編本，第 17 頁。

月而始誕也，故知其有天命。吞卵之事，不惟誕，又且猥。漢高猶

龍種，商契乃燕種乎？〔註90〕

王質將「玄鳥」解爲節氣的標誌，頗合情理，反對神秘化的荒誕解釋。如楊簡就認爲「吞卵生商」、「履帝武敏歆」體現了道的變化〔註91〕，反不客觀理性，是其心學思想無限膨脹的必然結果。對名同詩異現象，王質在《王風‧揚之水》「《總聞》曰：《詩》有三《揚之水》、三《羔裘》、兩《黃鳥》、兩《谷風》，非相祖述也，有此曲名，故相傳爲之，如樂府一種名而多種辭，辭雖不同，而聲則同也。今諸曲亦然」〔註92〕，王質視《詩》爲「樂歌」，論證的基礎和方法是古今的相似比較。在解《鼓鐘》時認爲「雅、南，凡二音」，「《儀禮》，歌者《關雎》、《鹿鳴》等，今存；笙者《南陔》、《由儀》，管者《新宮》等，今亡。歌有辭，今伊州、渭州之類是也。笙管無辭，有腔，今四六句合之類是也。有辭者多存，有腔無辭者多亡，蓋無辭故難傳」〔註93〕。這樣，王質實際上是認爲六首笙詩有腔無辭，將「存其義而亡其辭」（《毛詩正義》）的「亡」解爲有無的「無」了，而古代「亡」「無」相通，這樣的解釋也是有訓詁學依據的。值得注意的是，這裡的理解和闡釋是建立在古今比附和比較上的，其基礎是「古今一也」的相通觀念。有些詩歌用辭相同，王質又以生活環境相似來解釋，非常可貴，《鄭風‧揚之水》第一章，王質解爲「此與周《揚之水》，其辭多同，當是同居此水之旁，故平常諷道之語多習傳也」〔註94〕。

朱熹也承繼了歐陽修「古今人情一也」的論斷，《朱子語類》載：「問：以《詩》觀之，雖千百載之遠，人之情僞只此而已，更無兩般。曰：以某看來，須是別換過天地，方別換一樣人情，釋氏之說固不足據，然其書說盡百千萬劫，其事情亦只如此而已，況天地無終窮，人情安得有異？」〔註95〕黃震在給章叔

---

〔註90〕 〔宋〕王質：《詩總聞》卷二十，叢書集成初編本，第 347 頁。

〔註91〕 《大雅‧生民》、《商頌‧玄鳥》關於姜嫄「履帝武敏歆」、簡狄吞玄鳥卵而生商的傳奇記載，楊簡根據「道無所不通」、「變化無窮」作出寬容以至肯定的解釋，「《生民》、《玄鳥》之詩，孔子取焉，諸儒則穿鑿爲說，強使之無，孔子未必如此。諸儒爲說，終不若詩文之明白坦夷。道無所不通，故變化無所不有，惟知道者信之，特難於言」（《慈湖詩傳》卷二十，《四庫全書（文淵閣本）》（第 73 冊），第 315 頁），較歐陽修、王質等人不能不算是倒退。

〔註92〕 〔宋〕王質：《詩總聞》卷四，叢書集成初編本，第 65 頁。

〔註93〕 〔宋〕王質：《詩總聞》卷十三，叢書集成初編本，第 221～222 頁。

〔註94〕 〔宋〕王質：《詩總聞》卷四，叢書集成初編本，第 81 頁。

〔註95〕 〔宋〕黎靖德編：《朱子語類》卷八十，王星賢點校本，第 2083～2084 頁。

平的《讀詩私記》（此書《經義考》作「佚」）作的《序》中說「王雪山、鄭夾（浹）漈始各捨《序》而言《詩》，朱晦庵因夾（浹）漈而酌以人情天理之自然而折衷之，所以開示後學者，已明且要」〔註96〕，朱熹解《詩》「酌以人情天理之自然而折衷之」的治學特點與理學之間的關係早在南宋已有學者點明。

重人情對呂祖謙也有影響。呂祖謙說「諸姬非必俱嫁於此國，蓋有所思而欲與思者謀，乃人情之常，亦非必真得相見也」〔註97〕。如《衛風・碩人》，針對《小序》，指出「美反正，刺淫泆（佚），此兩語煩贅。見棄而悔，乃人情之常，何美之有？」〔註98〕《唐風・綢繆》，呂祖謙解為「三星見（現）則非昏（婚）姻之時，在天在隅在戶，隨所見而互言之，不必以為時之先後。方束薪而見三星，慨然有感於男女失時，而其不期而見，又似於男女適然相遇也。故歎息而言曰：『是夕也，男女倘相見，其樂當如何？』曰『良人』，曰『粲者』，蓋互為男女之辭，以極其思望之情耳」〔註99〕，根據除過對本文的體味外，還有合乎人情的原則。

雖然楊簡解《詩》多本心學思想，指認「本心至善」，闡明「無邪」之旨，但他重視體味涵泳，對一些詩篇的意味情感體會得很真切、細膩，對清代「獨立思考派」的解《詩》方法有啓示，對今天的文學解《詩》依然有一定的幫助。楊簡解《邶風・柏舟》「詩情憂鬱不通」〔註100〕，《王風・兔爰》「憂苦無聊，雖有隱怨，無敢著明」〔註101〕，《王風・采葛》「熟觀《采葛》之詩，朋友相好有如此者，人情相愛相念之篤」〔註102〕，解《鄭風・將仲子》「『無折我樹杞』、『無折我樹桑』、『無折我樹檀』，我云者，親愛之真情也。曰『豈敢愛之』，其情實愛也。今人實愛而曰『不敢愛』者，每有是言。曰『畏父母』、

---

〔註96〕 〔清〕朱彝尊編，朱昆田校：《經義考》卷一百一十，乾隆四十二年（1777年）本，第2頁。

〔註97〕 〔宋〕呂祖謙：《呂氏家塾讀詩記》卷四《泉水》，叢書集成初編本，第83頁。

〔註98〕 〔宋〕呂祖謙：《呂氏家塾讀詩記》卷六《碩人》，叢書集成初編本，第115頁。

〔註99〕 〔宋〕呂祖謙：《呂氏家塾讀詩記》卷十一《綢繆》，叢書集成初編本，第200頁。

〔註100〕 〔宋〕楊簡：《慈湖詩傳》卷三，《四庫全書（文淵閣本）》（第73冊），第31頁。

〔註101〕 〔宋〕楊簡：《慈湖詩傳》卷六，《四庫全書（文淵閣本）》（第73冊），第71頁。

〔註102〕 〔宋〕楊簡：《慈湖詩傳》卷六，《四庫全書（文淵閣本）》（第73冊），第72頁。

『畏諸兄』、『畏人之多言』，此畏忌之心，非慢易之心也」〔註103〕。

　　楊簡繼承歐陽修「以人情論詩」的方法，將是否合乎人情事理作為判斷對《詩》理解合適與否的標準，「此人情事理之常」〔註104〕。《小雅・四月》「大抵詩多出於常情之所習用」〔註105〕，認為該詩運用「夏曆」曆法，合乎常情，另《豳風・七月》也如此。又如《東山》「詳考詩情，不合」〔註106〕，《鹿鳴》「然考本詩，初無此情」〔註107〕。

　　嚴粲在《詩緝》的《自序》中說「《詩》之興幾千年於此矣，古今性情一也，人能會孟氏說《詩》之法，涵詠《三百篇》之性情，則悠然見詩人言外之趣。毛鄭以下且束之高閣，此書覆瓿可也」，又在《條例》中說「要在以意逆志，優而柔之，以求吟詠之情性而已」〔註108〕，可見受《孟子》影響之深，並明標「古今性情一也」。

　　戴溪《讀邶風・燕燕》「睹物興懷，人情然也。相勉以正，非賢者不能也」〔註109〕。《讀鄘風・桑中》認為「惟鄭與衛多淫風，《桑中》、《溱洧》是也，古人所以惡鄭衛之聲，有以也夫」，但又聯繫「今之樂府，道閨閫之情，未必有是事也」，而認為「《桑中》之詩亦然」，「豈必盡要桑中，盡期上宮，盡送淇之上。詩人傷其眾多云爾」〔註110〕，就是以人情來衡量和重解詩義。

　　王應麟在《詩地理考》的《自序》中也認為，「夫詩由人心生也。風土之音曰風，朝廷之音曰雅，郊廟之音曰頌，其生於心一也。人之心與天地山川流通，發於聲，見（現）於辭，莫不繫水土之風而屬三光五嶽之氣，因詩以

〔註103〕〔宋〕楊簡：《慈湖詩傳》卷六，《四庫全書（文淵閣本）》（第73冊），第74頁。
〔註104〕〔宋〕楊簡：《慈湖詩傳》卷十一，《四庫全書（文淵閣本）》（第73冊），第146頁。
〔註105〕〔宋〕楊簡：《慈湖詩傳》卷十三，《四庫全書（文淵閣本）》（第73冊），第207頁。
〔註106〕〔宋〕楊簡：《慈湖詩傳》卷十，《四庫全書（文淵閣本）》（第73冊），第137頁。
〔註107〕〔宋〕楊簡：《慈湖詩傳》卷十一，《四庫全書（文淵閣本）》（第73冊），第144頁。
〔註108〕《經義考》卷一百零九，乾隆四十二年本，第6頁。按：「束之高閣」的「束」原作「朿」，當為誤。
〔註109〕〔宋〕戴溪：《續呂氏家塾讀詩記》卷一，叢書集成初編本，第7頁。
〔註110〕《續呂氏家塾讀詩記》卷一，第12頁。按：「道閨閫之情」的「閫」初編本用了「閫」的俗字，已改。

求其地之所在，稽風俗之薄厚，見政化之盛衰，感發善心而得性情之正，匪徒辨疆域云爾。世變日降，今非古矣；人之性情，古猶今也，今其不古乎？……讀《詩》者，觀乎此亦升高自下之助云」〔註111〕，雖多受理學的影響，有心性義理的因素，但認爲古今人的性情也應是相通的，「人之性情，古猶今也，今其不古乎？」

　　爲了便於敘述，筆者姑且將「據文求義」與「古今人情一也」（或「以今論古」）分開作歷史歷時的考察，旨在表明這兩種方法貫穿宋代《詩經》學的重要地位，如本章第一節所分析，它們本是相輔相成的關係，不能簡單地分裂開來。茲再舉一例，並重申此義。王質解《邶風・燕燕》：

> 《總聞》曰：君夫人出遠郊送歸妾，既違妻妾尊卑之禮，又違婦人迎送之禮。莊姜，識禮者也。鄭氏以歸妾爲戴媯，歸宗也。戴媯既生桓公，烏有絕其母子之理？莊姜，亦識義者也，以桓公爲己子，而絕戴媯使不母桓公，人情斷矣，又烏有瞻望泣涕不可勝忍之情？且有大可疑者，使桓公幼稚，戴媯隔離，容或有之，既稱先君，則莊公已沒（歿），桓公已立，尤非人情也。尋詩，差池，若有一前一後之意；頡頏上下，若有一低一昂之意，當是女子往適人君，子來迎婦，故即燕取興，兼其末，皆非婦人稱謂之辭。〔註112〕

先破後立，破則指出鄭玄解《詩》不合人情，辨析周密細微；立則側重詩歌意象意味，因文以見義，體貼細膩深入。從而將傳統認爲的衛莊姜送歸妾的理解解釋爲迎婦的情景，既合情理，又與語境相符，是對「據文求義」與「以人情解詩」方法的綜合運用。

　　這兩種方法與義理解《詩》注重性理緊密相關。

　　「六經」雖有《詩》、《書》、《禮》、《樂》、《易》、《春秋》名目的不同，似各有側重，言志、文誥、禮儀、樂教、通變不易之理、史鑒褒貶，而實則並不如此清晰，如「六經」皆含有禮樂的因素，因此也可以禮讀，如漢人所做，也有修齊治平之理，如宋人所解，甚至可以以史讀，因含有歷史的因素，如清人所爲。因此，「六經」的包容性給後人提供了廣闊的解讀空間和多種可能。宋代解《詩》，由恢覆文本義肇端，溝通古今人情，「以人情解《詩》」，

---

〔註111〕〔宋〕王應麟：《詩地理考・敘》，叢書集成初編本，第1頁。
〔註112〕〔宋〕王質：《詩總聞》卷二，叢書集成初編本，第26頁。按：「瞻望泣涕」的「瞻」原誤作「瞻」。

進而發展至「以義理解《詩》」，二者相承而有區別。至清姚際恒依然繼承「以人情解《詩》」的傳統，但卻極力反對「義理解《詩》」的傾向，顯示了兩者的悖離和分化，但二者在宋代的因承是不容否定的。恢覆文學本義，只是一種理想和對既有解釋的超越和突破，人們可以嘗試各種可能途徑，採取各種方法，如古人用的三種舊的讀法（經學的、史學的、文學的方法），聞一多先生用的社會學方法，現當代其他學者使用的神話學、民俗學的方法，但也只是就某一側面而論，只是有限度有特色地接近而不能完全達到。文本一旦形成，其作品意義的誕生，除文本自身的符號因素外，更多取決於讀者的閱讀視野、解讀途徑和閱讀期待〔註113〕。理學背景下的《詩經》學能體現這個特點。而恢覆文本本義的眞正用意是除蔽，即重新評估古人的解讀成果，從而爲新的解讀奠定基礎，如宋人批評漢代學者的支離，就是爲簡易、實用〔註114〕的宋學開闢道路。

〔註113〕此看法也許受接受美學的影響更大一些，儘管也有哲學解釋學注重文本和讀者相互對話的因素。
〔註114〕此處的「實用」指對心性的重要價值，不是物質利益意義上的有用。

# 第五章　宋代《詩經》學的義理萌芽
　　　　──歐陽修及三蘇的《詩經》
　　　　學研究

　　宋代學術的疑古精神、對唐中葉以來學術精神和方法的繼承、對《五經
正義》的深入反思，與當時經濟、政治、社會、思想文化之間的關係，是各
類宋學史、宋代史、《詩經》研究通史都會關注的問題，而且逐漸取得大致相
近的成果，在第二章已作了扼要的回顧和總結，茲不贅述。

　　宋代思想學術包括《詩經》學學術新風氣的形成肇始於慶曆之際，已基
本是學術界的共識。就《詩經》學而言，比較系統的研究者和奠基者不能不
追溯至歐陽修。當然，同一時期「學問廣博、無書不通」〔註1〕的劉敞（字原
父）懷疑諸儒之說，所著《七經小傳》等，陳振孫《直齋書錄解題》認為「以
己意言經」「自敞倡之」，晁公武《郡齋讀書志》認為他對王安石有直接影響，
《四庫》館臣也將「好以己意改經字」的風氣追溯至劉敞，多有譏評〔註2〕。

## 第一節　歐陽修的《詩經》學思想研究

### 一、《詩本義》及其體例

　　《詩本義》，十六卷，宋歐陽修撰。「歐陽修《詩本義》十六卷，又《補

---

〔註1〕《三朝名臣言行錄》卷四「劉敞」條。
〔註2〕劉毓慶：《歷代詩經著述考（先秦──元代）》，中華書局，2002 年，第 133 頁。

注毛詩譜》一卷」（《宋史‧藝文志》），《四庫全書》文淵閣本所錄《詩本義》主要包括以下部分：《詩本義》（十二卷，卷一～卷十二），《一義解》、《取捨義》（合一卷，卷十三），《時世論》、《本末論》、《豳問》、《魯問》、《序問》（合一卷，卷十四），《詩解統序》、《二南為正風解》、《周召分聖賢解》、《王國風解》、《十五國次解》、《定風雅頌解》、《十月之交解》、《魯頌解》、《商頌解》（合一卷，卷十五）〔註3〕。又有《詩圖總序》與歐陽修補亡的《鄭氏詩譜》，未分卷次，附於《詩本義》，實為第十六卷。

《朱子語類》卷八十作《詩本義》「二十篇」，或指這些具體篇目總數之和，但少一篇。據《四庫》館臣說「《統解》十篇」，另一篇或在其中。但後來《鄭堂讀書記》已經指出「《詩解》八篇並《序》。《序》作十篇，刊者之誤」，雖與現在可見的文淵閣本同，但也難以肯定，或因抄錄分篇有誤（如《蘇氏詩集傳》）也未可知。

《詩本義》的體例一般包括兩部分，先以「論曰」的形式評判《序》、毛（亨與萇）、鄭（玄）的得失，以毛鄭為主，後以「本義曰」的形式揭示自己所理解的詩本義。也有例外的情況，如《柏舟》便無「本義曰」而只有「論曰」的內容〔註4〕，《黃鳥》也無「本義曰」字樣，而是總括宣王之世詩的美刺，並加以疏解〔註5〕，其他還有《思文、臣工》〔註6〕、《生民》〔註7〕，這種情形數量很少。

《一義解》幾為尊《序》之作，多刺鄭玄箋釋，個別篇目不見於《本義》，疑不同時期的作品。《一義解》與《本義》的根本不同是：選個別字句略作釋義辨解，篇幅皆很簡短，根據《閟宮》部分，辨鄭氏之解，即照應《本義‧生民》解，似稍後於《本義》而各有側重的作品〔註8〕。包括《甘棠》、《日月》、

---

〔註3〕 按：前有《序》，可見此為一有組織的論著。《四庫全書總目提要》認為有十篇，較此多出一篇，又指為《統解》，與正文所標《解統》不同。

〔註4〕 〔宋〕歐陽修：《詩本義》卷二《柏舟》，《四庫全書（文淵閣本）》（第70冊），第194頁。

〔註5〕 〔宋〕歐陽修：《詩本義》卷六《黃鳥》，《四庫全書（文淵閣本）》（第70冊），第225頁。

〔註6〕 〔宋〕歐陽修：《詩本義》卷十二《思文、臣工》，《四庫全書（文淵閣本）》（第70冊），第273頁。

〔註7〕 〔宋〕歐陽修：《詩本義》卷十《生民》，《四庫全書（文淵閣本）》（第70冊），第259頁。

〔註8〕 「上帝是依」「鄭謂依其身也，天依憑而降精氣。鄭之此說是用『履帝武敏歆』之說也，其言怪妄，《生民》之論詳之矣」（〔宋〕歐陽修：《詩本義》卷十三

《邶風‧谷風》、《簡兮》、《木瓜》、《蘀兮》、《野有蔓草》、《伐檀》、《羔裘》、《七月》、《南山有臺》、《菁菁者莪》、《采芑》、《頍弁》、《魚藻》、《板》、《雲漢》、《召旻》、《有客》、《閟宮》共二十篇。

《取捨義》辨毛鄭是非，各有褒貶，篇幅亦短。也是結合個別詩句，先明題旨，列一詩句，論毛鄭相反或相衝突的言論，然後定從鄭或從毛。包括《綠衣》、《旄丘》、《出其東門》、《蔽笱》、《載驅》、《園有桃》、《椒聊》、《綢繆》、《蜉蝣》、《下泉》、《楚茨》、《玄鳥》，共十二篇。

## 二、歐陽修《詩經》學的本末觀與解讀目標

歐陽修在《本末論》中集中闡發自己對解《詩》四種情況的本末認識，是我們理解其解讀《詩經》思想的基礎。

> 詩之作也，觸事感物，文之以言，美者善之，惡者刺之，以發其揄揚怨憤於口，道其哀樂喜怒於心，此詩人之意也。古者國有采詩之官，得而錄之，以屬太師，播之於樂，於是考其義類，而別之以為風、雅、頌，而比次之以藏於有司，而用之宗廟朝廷，下至鄉人聚會，此太師之職也。世久而失其傳，亂其雅頌，亡其次序，又採者積多而無所擇，孔子生於周末，方修禮樂之壞，於是正其雅頌，刪其繁重，列於「六經」，著其善惡，以為勸誡，此聖人之志也。周道既衰，學校廢而異端起。及漢承秦焚書之後，諸儒講說者整齊殘缺，以為之義訓，恥於不知而人人各自為說，至或遷就其事以曲成其己學，其於聖人有得有失，此經師之業也。惟是詩人之意也，太師之職也，聖人之志也，經師之業也，今之學《詩》也不出於此四者，而罕有得焉者，何哉？勞其心而不知其要，逐其末而忘其本也。何謂本末？作此詩，述此事，善則美，惡則刺，所謂詩人之意者，本也。正其名，別其類，或繫於此，或繫於彼，所謂太師之職者，末也。察其美刺，知其善惡，以為勸誡，所謂聖人之志者，本也。求詩人之意，達聖人之志者，經師之本也。講太師之職，因其失傳而妄自為說者，經師之末也。今夫學者得其本而通其末，斯盡善矣。得其本而不通其末，闕其所疑，可也。雖其本有所不能通者，猶將

---

《一義解》，《四庫全書（文淵閣本）》（第70冊），第284頁），察其語氣，似在《生民》之後作，或作於《本義》論說之後。

闕之，況其末乎？所謂周、召、邶、鄘、唐、豳之風，是可疑也。
考之諸儒之說既不能通，欲從聖人而質焉又不可得，然皆其末也。
若詩之所載，事之善惡，言之美刺，所謂詩人之意，幸其具（俱）
在也，然頗爲眾說汩之，使其義不明，今去其汩亂之說，則本義粲
然而出矣。今夫學者知前事之善惡，知詩人之美刺，知聖人之勸誡，
是謂知學之本而得其要，其學足矣，又何求焉？其末之可疑者，闕
其不知，可也。蓋詩人之作詩也，固不謀於太師矣。今夫學《詩》
者，求詩人之意而已，太師之職，有所不知，何害乎學《詩》也？
若聖人之勸誡者，詩人之美刺，是已知詩人之意，則得聖人之志矣。
〔註9〕

歐陽修將學《詩》的目的分爲四種，即把握詩人之意、聖人之志、太師之職、
經師之業，通曉詩人之意、聖人之志則爲「本」，瞭解太師之職則爲「末」，
而經師之業則雖其所求而變化，爲本則本，爲末則末。戴溪將《詩經》的創
作具體分爲某氏作、國人作、國之賢人作等幾種，不如歐陽修區分爲「詩人
之意」與「太史假設之義」爲妙！認爲學者鮮有收穫的原因正是「勞其心而
不知其要，逐其末而忘其本」，沒有處理好解讀《詩經》的本末關係。表面上
看，學《詩》只要理解作者的意圖就行了，「今夫學《詩》者，求詩人之意而
已」，而實際上歐陽修所認爲的「本」有兩項，即「詩人之意」和「聖人之志」，
而且將兩者緊密聯繫在一起，認爲「若聖人之勸誡者，詩人之美刺，是已知
詩人之意，則得聖人之志矣」，這樣，實質上將「聖人之志」依然放在最主要
的地位，《詩經》研究還是經學的研究。因此，後來借《詩》來發揮和體認心
性義理，也是在把握所謂的「詩人之意」和「聖人之志」，尤其是「聖人之志」，
所以宋代的《詩經》學研究也依然是經學範圍內的經典研究，當注意作者的
意圖和讀者的接受效果時，《詩經》的文學解讀才有可能，如朱熹解《詩經》
之所以有不少文學的因素和影響，就是因爲重視自己的多讀和體味，但因未
離開經學的目標，最終也不是完全的文學解讀，根本原因也在如何處理這兩
者的關係上。

---

〔註 9〕〔宋〕歐陽修：《詩本義》卷十四《本末論》，《四庫全書（文淵閣本）》（第70
冊），第290～291頁。按：「詩之作也，觸事感物，文之以言，美者善之，惡
者刺之」中的「美者善之」，疑爲「善者美之」之訛，下文有「善則美，惡則
刺」可作爲旁證。

## 表 5：歐陽修對待《詩序》、毛《傳》、鄭《箋》的學術態度比較簡表

| | 《詩本義》所見篇目舉例 | 備 注 |
|---|---|---|
| 駁《序》 | 《鵲巢》、《節南山》、《漸漸之石》、《皇矣》 | 《鵲巢》「失自《序》始，而鄭氏又增之爾」；《皇矣》微駁，指責《序》言未盡括詩文。 |
| 駁鄭 | 《考槃》、《蒹葭》、《鴻雁》、《菀柳》、《鳧鷖》、《時邁》、《桑柔》、《常棣》 | 《桑柔》據《國語》、《史記》《大小雅》序；《常棣》據《史記》《小戎》序。 |
| 尊《序》斥毛鄭 | 《漢廣》、《汝墳》、《草蟲》、《行露》、《靜女》、《牆有茨》、《齊風·揚之水》、《裳裳者華》、《角弓》、《白華》、《抑》 | 《齊風·揚之水》解「白石鑿鑿然見」句認為「毛鄭說亦通」；《抑》側重鄭氏。 |
| 據《序》駁鄭 | 《氓》、《女曰雞鳴》、《鳲鳩》、《狼跋》、《湛露》、《大東》、《小明》、《賓之初筵》、《采菽》、《思齊》、《假樂》、《烈文》、《烈祖》 | 《賓之初筵》暗應《序》；《烈祖》以鄭為重點。 |
| 駁毛鄭 | 《采葛》、《叔于田》、《丘中有麻》、《鄭風·羔裘》、《東方之日》、《破斧》、《天保》、《斯干》、《正月》、《巧言》、《四月》、《文王》、《皇矣》、《生民》、《蕩》、《瞻卬》、《天作》、《思文、臣工》、《敬之》、《酌》、《有駜》 | 《丘中有麻》「此詩失自毛公而鄭又從之」；《斯干》主要駁鄭；《敬之》、《酌》側重鄭；《有駜》兼及「為義疏者廣鄭之說」，即孔穎達等。 |
| 駁毛 | 《伐柯》、《桑柔》等 | 《桑柔》，毛以昊天為上帝，鄭以為上天，「鄭既不從，可知毛說非矣」 |
| 肯定《序》、毛鄭 | 《黃鳥》等 | |
| 肯定毛鄭 | 《南山》等 | |
| 肯定鄭 | 《青蠅》等 | |
| 肯定毛 | 《湛露》等 | |

　　歐陽修以求《詩》的本義為旨歸，評判毛鄭，雖不迷信《序》，多揭其失，但也不完全否定它。歐陽修恢復《詩》本義的努力，為《詩》的重新闡釋開

拓了空間，一掃古人權威傳注的籠罩氣息，爲理性解《詩》、自由解《詩》、以詩解詩開闢了道路。但是歐陽修對前人分析，是有側重點的，一般認爲是駁「二家」（指毛鄭），由《四庫全書總目提要》以來直至今天幾乎是一貫的看法。實際上，略作比較，歐陽修的確多數將毛鄭並提，但評毛更是爲突出鄭的淵源，獨立批駁鄭的地方很多，而且集中歸納出鄭玄解《詩》的幾種弊端，《兔爰》「論曰：鄭氏於《詩》，其失非一，或不取《序》文，致乖詩義，或遠棄詩義專泥《序》文，或《序》與詩皆所無者時時自爲之說」〔註10〕，《斯干》「論曰：毛於《斯干》，詁訓而已，然與他詩多不同。鄭《箋》不詳詩之首卒，隨文爲解，至有一章之內，每句別爲一說，是以文意散離，前後錯亂，而失詩之旨歸矣。又復差其章句，章句之學，儒家小之，然若乖其本者，害於大義，則不可以不正也」〔註11〕。《十月、雨無正、小旻、小宛》「毛氏當漢初興，去《詩》猶近。後二百年而鄭氏出，使其說有可據，而推理爲得，從之可矣。若其說無據，而推理不然，又以似是之疑爲必然之論，則吾不得不捨鄭而從毛也」〔註12〕，能體現出一定的理性精神和取捨標準，評價鄭有兩個因素，一是依據，一是推理（即以人情事理求之），否則則捨近從遠，棄鄭從毛。有學者（如洪湛侯先生等）認爲歐陽修宗《序》，未敢疑之，實際上似不完全是這樣的〔註13〕。略作比較，以示概貌，見表5。

這裡通過比較認爲歐陽的批駁重點在鄭，即成熟的典型的漢代《詩經》研究成果，從這種意義上視歐陽修爲宋代《詩經》學研究的開創者和奠基者是不過分的。《四庫》館臣將宋代《詩經》學開創之功歸於歐陽修，「自唐以來，說《詩》者莫敢議毛鄭，雖老師宿儒亦謹守《小序》。至宋而新義日增，

〔註10〕〔宋〕歐陽修：《詩本義》卷三《兔爰》，《四庫全書（文淵閣本）》（第70冊），第203頁。

〔註11〕〔宋〕歐陽修：《詩本義》卷七《斯干》，《四庫全書（文淵閣本）》（第70冊），第226頁。

〔註12〕《詩本義》卷七《十月、雨無正、小旻、小宛》，《四庫全書（文淵閣本）》（第70冊），第233～234頁。

〔註13〕如《鴻雁》「本義曰：……或謂據《序》言美宣王，而此詩之說但述使臣，疑非本義。且使離散之民還定安集者，由宣王能遣人以恩意勞來之也。天子之尊，必不自往，作《序》者，不言遣使，以不待言而可知也，復何疑哉？」（〔宋〕歐陽修：《詩本義》卷六《鴻雁》，《四庫全書（文淵閣本）》（第70冊），第224頁）按：「恩意」，疑爲「恩義」之訛；儘管此例表面似結合具體詩文護《序》，而實際上是爲了義理解釋的圓滿或合乎人情事理，並不能證明他恪守《序》或尊《序》。

舊說幾廢，推原所始，實發於修」〔註14〕，「後之學者或務立新奇，自矜神解，至於王柏之流乃並疑及聖經，使《周南》、《召南》俱遭刪竄，則變本加厲之過，固不得以濫觴之始歸咎於修矣」〔註15〕。

## 三、歐陽修觸及一些有理學或近似理學性質的《詩經》學問題

　　歐陽修已接觸到一些心性問題。「夫政化之行，可使人顧禮義而不敢肆其欲，不能使人盡無情慾，心也」〔註16〕。《詩本義》中的「理」一般作事理、道理解，如「雖古今不同，其必不然，理不待論」「茲理亦有所不通矣」〔註17〕，「無不濡之理」〔註18〕等。

　　《考槃》「論曰：《考槃》本述賢者退而窮處。鄭解永矢弗諼，以謂誓不忘君之惡；永矢弗過，謂誓不復入君之朝；永矢弗告，謂誓不告君以善道。如鄭之說，進則喜樂，退則怨懟，乃不知命之很人爾，安得為賢者也？孔孟常不遇矣，所居之國，其君召之以禮，無不往也。顏子常窮處矣，人不堪其憂，而不改其樂也。使詩人之意果如鄭說，孔子錄詩必不取也」〔註19〕，援先儒事迹以說理，已初步具備宋代義理之學的特徵。但主要還是辨析和整理前人的研究成果，歐陽修自己也並未完全擺脫漢唐儒者重禮義、美刺正變的先見，但能自覺地根據上下文探求詩歌的本義，已有體悟涵泳的傾向。這裡提出的「命」的問題，與理學家「命」的概念比較接近，滲透著知命、樂命的中道意識。「蓋古人於興亡之際，必推天以為言者，尊天命也」〔註20〕。

　　《思齊》「本義曰：文王幼育於賢母，長得賢妃之助，以成其德。其德廣被，由內及外，由近及遠，自親者始，故曰刑於寡妻至於兄弟以御於家

---

〔註14〕　〔宋〕歐陽修：《詩本義·提要》，《四庫全書（文淵閣本）》（第70冊），第181頁。

〔註15〕　〔宋〕歐陽修：《詩本義·提要》，《四庫全書（文淵閣本）》（第70冊），第182頁。

〔註16〕　〔宋〕歐陽修：《詩本義》卷一《漢廣》，《四庫全書（文淵閣本）》（第70冊），第187頁。

〔註17〕　〔宋〕歐陽修：《詩本義》卷一《汝墳》，《四庫全書（文淵閣本）》（第70冊），第187頁。

〔註18〕　《詩本義》卷二《匏有苦葉》，第196頁。《烈祖》「論曰」中也有類似表述。

〔註19〕　〔宋〕歐陽修：《詩本義》卷三《考槃》，《四庫全書（文淵閣本）》（第70冊），第200頁。

〔註20〕　〔宋〕歐陽修：《詩本義》卷十《文王》，《四庫全書（文淵閣本）》（第70冊），第251頁。

邦。……毛謂性與天合者，是也。詩人既述文王修身之善，能和敬於人神，而出處有常度，又述其遇事之聰明，所爲皆中理」〔註21〕，值得注意的是，這種觀念在宋代逐漸成爲佔主導的觀念，並和《大學》「三綱領」、「八條目」聯繫起來，至朱熹等人將其提到《詩經》首篇《關雎》釋義中，成爲理解《詩經》的基礎和指導，僅由此，即可看出理學對《詩經》研究的影響，並且是根本性的影響，使《詩經》闡釋由注重外在的禮義規範而轉向更強調內在的心性修養，而這種風氣和旨趣在歐陽修解《思齊》中已充分顯露了出來，其語句表達形式對朱熹也有直接的影響，參見第八章朱熹《詩經》學研究的有關內容。

《伐木》「論曰：……出自幽谷，遷於喬木……考詩之意，是爲鳥在木上，聞伐木之聲，則警鳴而飛，遷於他木」〔註22〕，歐陽修解的是詩的字面義，並未賦予道德意味，這一句後來經過理學家闡發而轉化成道德境界提升的標誌。而早在《孟子》中已有此解〔註23〕，理學家進而光大之，也與「四書」學的興起取同一方向。《十月、雨無正、小旻、小宛》「又勸勉之云，中原有菽，庶民皆可採，往者無不得也；世有善道，凡人皆可爲，爲則得之矣，王何獨不爲也？又言人性雖惡，可變而爲善，譬如螟蛉之子，教誨之則可使變其形而爲蜾蠃子也」〔註24〕，這裡除過一些一般的科學常識（寄生現象）錯誤外，從思想角度分析前半部分似孟子，後半部分似荀子。

《抑》「本義曰：……『人亦有言，靡哲不愚』云者，謂哲人不自修愼，則習陷爲昏愚矣，如《書》云『惟聖罔念作狂』也。『庶人之愚，亦職維疾』云者，謂眾人性本善而初不明，不能勉自開發而終爲昏愚者，譬人之疾，是其不幸爾。『哲人之愚，亦維斯戾』云者，言哲人性明而本善，惟不自修愼而習陷於過惡，終爲愚人者，自戾其性爾。此雖泛論人之善惡在乎自修愼與不

---

〔註21〕　〔宋〕歐陽修：《詩本義》卷十《思齊》，《四庫全書（文淵閣本）》（第70冊），第254～255頁。
〔註22〕　〔宋〕歐陽修：《詩本義》卷六《伐木》，《四庫全書（文淵閣本）》（第70冊），第221頁。
〔註23〕　陳相見許行，「盡棄其學而學焉」，孟子批評「吾聞用夏變夷者，未聞變於夷者也」，「吾聞出於幽谷遷於喬木者，未聞下喬木而入於幽谷者」（《孟子集注》卷五《滕文公章句上》）〔宋〕朱熹：《四書章句集注》，中華書局，1983年，第258、260、261頁），兩句可互文，以比喻的方式進行道德說教。
〔註24〕　《詩本義》卷七《十月、雨無正、小旻、小宛》，《四庫全書（文淵閣本）》（第70冊），第235頁。

修慎，以譏王而勉之，亦以自警其怠忽也」〔註25〕，「『荏染柔木，言緡之絲。
溫溫恭人，維德之基』云者，泛言人必先觀其質性之如何也，謂木必柔忍（韌）
然後可以緡絲，人必溫恭然後可以修德」〔註26〕，雖然歐陽修並未像程朱解
《詩》以示人修養心性之道，而是從義理上貫通詩文本身。但他的解釋，增
添了不少思想內涵，交織有孟荀兩種思想因素與「修慎」的工夫，儘管不如
程朱等人明顯，但已有萌芽。《抑》本身詩文中就含有修養磨礪道德的意思，
宋代學者在闡發心性義理時對這首詩很重視，不是沒有道理的。

　　《維天之命》「論曰：《維天之命》者，謂天命文王爾，鄭以命為道，謂
天道動而不止、行而不已者，以詩下文考之，非詩人之本義也」〔註27〕，歐
陽修將「天命」解為「天命於」或「天降命於」，更重要的是考慮到詩文意義
完整通暢，並非自覺宣傳「天命」意識，雖然在思想意義上似較鄭玄的「天
道」解釋後退了一步，但有助於理解上下詩文。這種「天命於」的解釋和理
學家對「天命之謂性」的「命」解釋也相吻合（《中庸章句》）。

　　歐陽修注重理性的精神，反對讖緯神學的觀念，也被以後的理學家繼承
了下來，當然少數學者如楊簡等例外。《生民》「論曰：妄儒不知所守而無所
擇，惟所傳則信而從焉。而曲學之士好奇，得怪事則喜附而為說，前世以此
為『六經』患者，非一也。后稷之生，說者不勝其怪矣，不可以遍攻，攻其
一二之尤者，則眾說可從而息也」〔註28〕，「夫以不近人情、無稽臆出、異同
紛亂之說，遠解數千歲前神怪人理必無之事，後世其可必信乎？然則《生民》
之詩，孔子之所錄也，必有其義。蓋君子之學也不窮遠以為能，闕所不知，
慎其傳以惑世也，闕焉而有待可矣。毛鄭之說，余能破之不疑；《生民》之義，
余所不知也，故闕其所未詳」〔註29〕，不信怪誕虛妄之說，表現出強烈的理
性精神，但囿於聖人刪錄之說，堅信其必有意義，儘管不能解說。歐陽修的

〔註25〕　〔宋〕歐陽修：《詩本義》卷十一《抑》，《四庫全書（文淵閣本）》（第70冊），
　　　　　第263～264頁。
〔註26〕　〔宋〕歐陽修：《詩本義》卷十一《抑》，《四庫全書（文淵閣本）》（第70冊），
　　　　　第265頁。
〔註27〕　〔宋〕歐陽修：《詩本義》卷十二《維天之命》，《四庫全書（文淵閣本）》（第
　　　　　70冊），第269頁。
〔註28〕　〔宋〕歐陽修：《詩本義》卷十《生民》，《四庫全書（文淵閣本）》（第70冊），
　　　　　第257頁。
〔註29〕　〔宋〕歐陽修：《詩本義》卷十《生民》，《四庫全書（文淵閣本）》（第70冊），
　　　　　第259頁。

理性精神和闕疑態度都很可貴。

　　整體上，歐陽修的《詩經》學貢獻主要是對漢唐學術成果的反思，以及「據文求義」和「古今人情一也」論《詩》新主張的提出，對宋代《詩經》學產生了深遠的影響（參見第四章）。但從思想或義理角度而言，還畢竟不夠細緻精微，達不到成熟理學家要求的高度，所以，陸九淵對歐陽修的評價就多有保留，據他的學生記載，「先生云：『歐公《本論》固好，然亦只說得皮膚。』」〔註30〕或是對《詩本義》的評價。

　　總之，歐陽修比較系統地確立了《詩經》學研究的「本末」觀念，使學者可以從「太師之職」及一些「經師之說」中擺脫出來，而去體味「詩人之意」和「聖人之志」。奠定了《詩經》研究恢復本義、藉以寓道的理論基礎。他在《詩經》研究中涉及到部分理學問題，既表現了自己受孟荀學術影響的思想痕迹，同時也在一定程度上體現出與理學相近的旨趣，或對理學家的解《詩》不無影響。朱熹就曾高度評價過歐陽修《詩本末篇》（《朱子語類》卷八十）。歐陽修治學的理性精神和闕疑態度在宋代《詩經》學發展以及理學家的解《詩》原則上都有突出的反映。

## 第二節　蘇轍及其父兄的《詩經》學與思想學術

　　歐陽修雖對《詩序》有所議論和不滿，但還沒有公開表示對《詩序》的懷疑，而只是辯駁和衡量毛鄭得失，尤其是指出鄭《箋》的謬誤，通過「據文求義」、「裁以情理」的方式力圖恢復詩歌的「本義」。所以，他的主要貢獻是廓清漢代學者繁瑣附會的學術見解，指出《詩經》解讀的「本」是瞭解「作者之意」和「聖人之志」，並較系統指出了達到「本」的兩種相互結合的方法，為宋代解讀《詩經》掃清了障礙，並提供了基本的方法指導。而接續唐代成伯嶼裁減《詩小序》（多用《詩序》指稱），懷疑《詩大序》則是蘇轍。

　　蘇轍的著作有《蘇氏詩集傳》、《蘇氏春秋集解》、《孟子解》、《論語拾遺》、《老子解》、《古史》等。

---

〔註30〕〔宋〕陸九淵：《陸九淵集》卷三十四《語錄上》，鍾哲點校本，中華書局，1980 年，第 408 頁。

## 一、疑《序》與義理解說

　　「蘇轍《詩解集傳》二十卷」(《宋史·藝文志》)，《四庫全書總目提要》作「《蘇氏詩集傳》，二十卷」〔註31〕。《鄭堂讀書記》曰:「《詩集傳》二十卷(舊刊本)，《四庫全書》著錄。《讀書志》作《蘇氏詩解》，《通考》作《蘇子由詩解》，《書錄解題》、《宋志》俱作《詩解集傳》。」〔註32〕可見，此書歷代有不同名稱，《詩集傳》、《蘇氏詩解》、《蘇子由詩解》以及《詩解集傳》當指一書。

　　《四庫全書總目提要》指出「其說以《詩》之《小序》反覆繁重，類非一人之詞，疑為毛公之學，衛宏之所集錄，因惟存其發端一言，而以下餘文悉從刪汰」〔註33〕，「轍取《小序》首句為毛公之學不為無見，史傳言《詩序》者以《後漢書》為近古……轍以為衛宏所集錄，亦不為無徵。唐成伯瑜作《毛詩指說》雖亦以《小序》為出子夏，然其言曰:『眾篇之《小序》，子夏惟裁初句耳……。』然則惟取《序》首，伯瑜已先言之，不自轍創矣。厥後王得臣、程大昌、李樗皆以轍說為祖，良有由也。……轍於毛氏之學，亦不激不隨，務持其平者」〔註34〕。在《毛氏指說》的《提要》中也這樣認為，「定《詩序》首句為子夏所傳，其下為毛萇所續，實伯嶼此書發其端，則決別疑似於說《詩》亦深有功矣」〔註35〕。

　　成伯嶼、蘇轍裁減《詩小序》前二句的行為對宋代《詩經》學有深遠的影響，所謂宗《序》者如呂祖謙等也都繼承了這一點，在《呂氏家塾讀詩記》中也只取前兩句，並常有議論和取捨，有時只保留第一句，是對裁減《詩序》的發展;所謂廢《序》者如鄭樵、朱熹、王柏等人則推而極之，由對《詩序》的不信任轉而以己意為序，展開對一些詩歌(主要是《國風》)的新解，可視為對裁減《詩序》的突變。《鄭堂讀書記》雖視蘇轍《詩》說為「文人之說《詩》」，但認為只存《詩序》首句的做法影響深遠，「自此端一開，因之去《序》言《詩》者相繼而起，豈非潁濱為之作俑乎?」〔註36〕蘇轍晚年號

---

〔註31〕　《四庫全書總目提要》作二十卷，而正文實錄則為十九卷。據洪湛侯先生審視宋本，為抄錄時有兩卷未分而發生的訛誤(《詩經學史》)。

〔註32〕　劉毓慶:《歷代詩經著述考(先秦——元代)》，中華書局，2002 年，第 153頁。

〔註33〕　《蘇氏詩集傳·提要》，《四庫全書(文淵閣本)》(第 70 冊)，第 311 頁。

〔註34〕　《蘇氏詩集傳·提要》，《四庫全書(文淵閣本)》(第 70 冊)，第 312 頁。按:「成伯瑜」一般作「成伯嶼」。

〔註35〕　《毛詩指說·提要》，《四庫全書(文淵閣本)》(第 70 冊)，第 169 頁。

〔註36〕　劉毓慶:《歷代詩經著述考(先秦——元代)》，中華書局，2002 年，第 154

穎濱遺老，可見也是將鄭樵、朱熹等的解《詩》行爲和蘇轍聯繫起來。

　　蘇轍已表現出對《詩大序》的懷疑。而在唐代，成伯璵在一卷本《毛詩指說》中已經指出了這一點，「序者，緒也，如繭絲之有緒，申其述作之意也，亦與義同。今學者以爲《大序》皆是子夏所作，未能無惑」〔註37〕。《關雎》「孔子之敘書也，舉其所爲作書之故，其贊《易》也發其可以推《易》之端，未嘗詳言之也。非不能詳，以爲詳之則隘，是以常舉其略，以待學者自推之，故其言曰『仁者見之謂之仁，智者見之謂之智』，夫唯不詳，故學者有以推而自得之。今《毛詩》之敘，何其詳之甚也，世傳以爲出於子夏，予竊疑之……明著其失，以爲此孔氏之舊也」〔註38〕，與歐陽修相似的是恢復文本的意圖，不過歐陽修側重詩歌本身，而蘇轍進一步側重《詩序》的解說，都主張平易簡約，爲後人解讀「推而自得之」掃除障礙、開闢空間。

　　蘇轍對毛鄭的裁捨，聯繫歐陽修等北宋前期學者的看法，雖各有褒貶，表現出一定的理性精神和不拘泥門戶家法的學風，但總體上，針砭鄭氏尤著，顯示了兩種傾向：一是繼承了《毛傳》的理性精神，撥除鄭玄因讖緯滲透而帶來的神學觀念；二是弘揚《毛傳》簡約易明的治學風格，克服或削弱鄭氏以禮解《詩》的繁瑣義理。

## 二、蘇轍的性命義理簡說

　　成伯璵也主張刪詩說，雖未明確地上託孔子，但卻指出了這種事實的存在，「詩者，溫柔敦厚之教，曰『思無邪』。若不繼迹王業，何得謂之爲雅？三代之封建，九土分星，六服諸侯，唯存十五國而已。荊徐吳越，僭竊名位；杞莒邾滕，雜用夷禮；江黃道桐，陷於楚服，不與諸夏同風，蓋亦沒而不取也。其德薄而淺、自取削滅者，夫復奚言焉？」〔註39〕可以看到，「刪詩」說的實質在於爲詩歌的倫理道德解釋找依據。這種思路也被蘇轍繼承了下來。

　　《定之方中》：

　　　　學者曰：「衛武、衛文、鄭武、秦襄之《風》，宣王之《雅》皆

---

　　　頁。

〔註37〕　〔唐〕成伯璵：《毛詩指說·解說第二》，《四庫全書（文淵閣本）》（第70冊），
　　　　　第174頁。

〔註38〕　〔宋〕蘇轍：《蘇氏詩集傳》卷一《關雎》，《四庫全書（文淵閣本）》（第70冊），第315頁。

〔註39〕　〔唐〕成伯璵：《毛詩指說·興述第一》，《四庫全書（文淵閣本）》（第70冊），
　　　　　第171頁。

美之詩也，然猶不免爲變詩，何也？」曰：「王澤之薄也久矣，非是
人之所能復也。昔周之興也，積仁行義，凡數百年，其種之也深而
蓄之也厚矣，至於文武風俗純備，是以其詩發而爲正詩。自成康以
來，周室不競，至幽厲而大壞，其敗亦數百年，其畜（蓄）之也亦
厚矣，是以其詩不復其舊而謂之變。夫自其正而至於變，其敗之也
甚難，其間必有幽厲大亂之君爲之，而後能自其變而復於正，其反
之也亦難，亦必有后稷公劉文武積累之勤而後能。今夫五人者，其
善之積未若其變之厚矣，是以不免於變，老者之所以爲老，爲其積
衰也，因其一日之安而以爲壯也可乎？其所由來者遠矣。」〔註40〕
這段材料雖基本未超出毛、鄭繫《詩》以時世、風雅正變的觀點，但卻體現
了蘇轍對這兩個問題的思考及他的歷史觀念，認爲世俗盛衰、詩歌正變皆取
決於君主道德的長期逐代積累，體現了宋學的特殊理趣。

　　蘇轍對「命」的看法，《蝃蝀》第三章「乃如之人也，懷婚姻也，大無信
也，不知命也」，蘇轍云「人苟知事之有命也，則不爲不義，安而竢（俟）之
矣」〔註41〕，所談的命還只是「定數」或「命運」的「命」，比較粗糙。

　　對「性」與「修省」的看法，《淇奧》第一章「瞻彼淇奧，綠竹猗猗。
有匪君子，如切如磋，如琢如磨。瑟兮僴兮，赫兮咺兮，有匪君子，終不可
諼兮」，蘇轍《集傳》作「奧，隈也。猗猗，盛也。匪斐通，有文之貌也。
瑟，矜莊也。僴，寬大也。赫，明也。咺，著也。諼，忘也。淇之澤深矣，
然不可得而見，所可見者其隈之綠竹也。今淇上多竹，君子平居所以自修者
亦至矣。如切如磋，如琢如磨，日夜去惡，遷善以求全其性，然亦不可得而
見也，徒見其見（現）於外者。瑟然，僴然，赫然，咺然，人之見之者皆不
忍忘也，是以知其積諸內者厚也」〔註42〕，對性的善惡、內外關係問題已有
涉及。

　　《大雅·烝民》第一章「天生烝民，有物有則。民之秉彝，好是懿德」，
蘇轍解爲「人生而耳目心志，莫不固有，此所謂有物也。人莫不有是物，是

---

〔註40〕　〔宋〕蘇轍：《蘇氏詩集傳》卷三《定之方中》，《四庫全書（文淵閣本）》（第
　　　　　70冊），第342頁。
〔註41〕　〔宋〕蘇轍：《蘇氏詩集傳》卷三《蝃蝀》，《四庫全書（文淵閣本）》（第70
　　　　　冊），第343頁。
〔註42〕　〔宋〕蘇轍：《蘇氏詩集傳》卷三《淇奧》，《四庫全書（文淵閣本）》（第70
　　　　　冊），第345頁。

物莫不有知,故耳則能聽,目則能視,心則能慮,物用其能則知可否,此所謂有則也,故民能秉常則,莫不好德。維其失常,乃有不善」〔註43〕,這種解釋和理學家比較接近,而更傾向於注重「常」的王安石,並且認為人好德的基礎是人秉有善性,蘇轍側重從「常則」角度理解,常則是事物本身所固有的,但他又沒有將其等同於善性,與王安石和程朱不同。解《鄭風・揚之水》「夫苟以人言為舉不可信,則人將誰復親之者,此所謂『小人之愛人,知愛之而不知所以愛之』也」〔註44〕,與理學家經常使用的「百姓日用而不知」同義,含有對「理」的體會。

由對「思無邪」的認識也可以感受到蘇轍接近理學家的解《詩》理趣。《魯頌・駉》:

> 孔子曰:「《詩三百》,一言以蔽之,曰『思無邪』。」何謂也?人生而有心,心緣物則思,故事成於思而心喪於思。無思,其正也。有思,其邪也。有心未有無思者也,思而不留於物,則思而不失其正,正存而邪不起,故《易》曰「閑邪存其誠」,此「思無邪」之謂也。〔註45〕

此處的思辨之細緻已有理學家的風尚。他解釋「思無邪」沒有用性與情的概念,而是心與思,儘管抽象性還不及前者,但大體接觸到這個命題。這裡的「思」包含了情和欲的因素,是感物而動的結果,是背離「心」的常態「正」的表現。蘇轍並沒有否定「思」的合理性和自然性,「有心未有無思者」,應是心必然的性能。但這畢竟不是心的常態,如何恢復,他提出的辦法就是不拘泥於物,也就是《莊子》中「物物而不物於物」〔註46〕的意思,蘇轍受老莊思想影響很大,這種解釋是可以理解和接受的。這樣就可以「正存而邪不起」,他引用的「《易》曰」見於《易・乾卦・文言》「九二曰:『見龍在田,利見大人。』何謂也?子曰:『龍,德而正中者也。庸言之信,庸行之謹,閑邪存其誠,善世而不伐,德博而化』」,與「正存而邪不起」是不同的條件關

〔註43〕 〔宋〕蘇轍:《蘇氏詩集傳》卷十七《烝民》,《四庫全書(文淵閣本)》(第70冊),第499頁。

〔註44〕 〔宋〕蘇轍:《蘇氏詩集傳》卷四《揚之水》,《四庫全書(文淵閣本)》(第70冊),第362頁。

〔註45〕 〔宋〕蘇轍:《蘇氏詩集傳》卷十九《駉》,《四庫全書(文淵閣本)》(第70冊),第523頁。

〔註46〕 《莊子・外篇・山木》。

係，不完全一致。同時他的結論還有些突兀，後在其他理學家身上有所避免。

　　試比較南宋末期俞文豹《吹劍四錄》載「吳履齋次鄭安晚《贊思無邪韻》曰：『誠曷云思，防心之匿。思曷云近，根心之德。觀斯須頃，驗顚沛時。一而勿二，淵乎其微。厥止既欽，厥躬斯飭。四體稟令，群動受職。猶虞奔軼，差在毫釐。乾乾君子，毋或越思。』」〔註47〕已是十足的理學解釋和心性修養原則了。

　　《生民》「蘇氏曰：物之異於常物者，其取天地之氣宏多，故其生也或異。學者以耳目之陋，而不信萬物之變。聖人則不然……」〔註48〕，楊簡觀點與此如出一轍，不過語氣較此更加肯定，或楊簡抄襲蘇氏（轍）也未可知。

## 三、蘇洵及蘇軾的《詩經》學思想

　　蘇氏父子長於詞章、史論，蘇轍有專門的《詩經》學著作，而蘇洵與蘇軾則主要各有一篇《詩論》，不甚被人重視。但從思想學術史角度看，雖屬零星，卻彌足珍貴。

　　蘇洵，字明允，號老泉，蘇轍之父，有《詩論》一篇，見於《嘉祐集》卷六《六經論》。蘇軾，字子瞻，號東坡居士，蘇轍之兄，也有《詩論》一篇，見《東坡全集》卷四十一《論》。

　　蘇洵很重視禮，論「六經」往往以「禮」學裁斷。如《易論》開篇即說「聖人之道，得禮而信，得易而尊。信之而不可廢，尊之而不敢廢，故聖人之道所以不廢者，禮爲之明而易爲之幽也」〔註49〕，在《禮論》中也說「聖人以其微權而使天下尊其君父兄，而權者又不可以告人，故先之以恥」，強調「拜起坐立」禮儀舉止的重要性，批評那些視之爲末節的看法，並說「聖人之所慮而作易以神其教也」〔註50〕。將禮和易看作互爲表裏、相輔相成的關係。不僅如此，在《樂論》中他又將「樂」看作是「禮」的補充和修飾，「禮之所不及而樂及焉，正聲入乎耳而人皆有事君事父事兄之心，則禮者固吾心

---

〔註47〕〔宋〕俞文豹：《吹劍錄全編‧吹劍四錄》，張宗祥校訂本，古典文學出版社，1958年，第104頁。

〔註48〕〔宋〕呂祖謙：《呂氏家塾讀詩記》卷二十六《生民》，叢書集成初編本，第568頁。

〔註49〕〔宋〕蘇洵：《嘉祐集》卷六《六經論‧易論》，《四庫全書（文淵閣本）》（第1104冊），第879頁。

〔註50〕〔宋〕蘇洵：《嘉祐集》卷六《六經論‧禮論》，《四庫全書（文淵閣本）》（第1104冊），第881頁。

之所有也，而聖人之說又何從而不信乎？」〔註 51〕樂可以降低人們行禮的難度，並容易感染和啓迪人心。在《書論》中說「於《詩》見商與周焉而不詳，及今觀《書》然後見堯舜之時與三代之相變如此之亟也」〔註 52〕，這是以史論詩的途徑，與呂祖謙和章學誠的看法相近。在《書論》和《春秋論》中也著重發揮「權」的思想，重視風俗和權、興亂和法之間的關係，重視由己及人、自治而治人的道理。這些論述雖然多還很粗糙，但基本是一致的，認爲「六經」是載道之書，而這個道的核心是「禮」，本質則是「權」，以己而權天下，而「六經」則不過是從不同的方面來作以表述罷了，而各自又相互聯繫，不能割裂。這是我們理解蘇洵《詩論》的思想基礎。

蘇洵在《詩論》中說「人之嗜欲好之有甚於生，而憤懣怨怒有不顧其死，於是禮之權又窮」，「使人之情皆泊然而無思，和易而優柔，以從事於此，則天下固亦大治。而人之情又不能皆然，好色之心驅諸其中，是非不平之氣攻諸其外，炎炎而生，不顧利害，趨死而後已。噫，禮之權止於死生，天下之事不至乎可以博生者，則人不敢觸死以違吾法」，「死生之機去則禮爲無權，區區舉無權之禮以強人之所不能，則亂益甚而禮益敗」〔註 53〕，「聖人之道，嚴於禮而通於詩」〔註 54〕，「禮之權窮於易達而有《易》焉，窮於後世之不信而有《樂》焉，窮於強人而有《詩》焉」〔註 55〕，反映的思想與前述吻合，儘管他強調了《詩》本質在通「人情」，但也是「權」的體現，而且是「禮之權」。除過尙「權」外，他重「禮」的思想與王安石、張載甚至程頤有某種相似，儘管遠不及後幾人細緻、有系統。但放在思想學術脈絡中，這是一個不可忽視的環節。他論「人情」及依據，與歐陽修相仿，而對蘇軾更有啓發。

蘇軾在《詩論》中也主張典籍應不悖離人情，與歐陽修相近，認爲「自仲尼之亡，六經之道遂散而不可解，蓋其患在於責其義之太深而求其法之太

〔註 51〕 〔宋〕蘇洵：《嘉祐集》卷六《六經論‧樂論》，《四庫全書（文淵閣本）》（第 1104 冊），第 882 頁。

〔註 52〕 〔宋〕蘇洵：《嘉祐集》卷六《六經論‧書論》，《四庫全書（文淵閣本）》（第 1104 冊），第 884 頁。

〔註 53〕 〔宋〕蘇洵：《嘉祐集》卷六《六經論‧詩論》，《四庫全書（文淵閣本）》（第 1104 冊），第 883 頁。

〔註 54〕 〔宋〕蘇洵：《嘉祐集》卷六《六經論‧詩論》，《四庫全書（文淵閣本）》（第 1104 冊），第 883 頁。

〔註 55〕 〔宋〕蘇洵：《嘉祐集》卷六《六經論‧詩論》，《四庫全書（文淵閣本）》（第 1104 冊），第 884 頁。

切。夫六經之道，惟其近於人情，是以久傳而不廢。而世之迂學乃皆曲爲之說，雖其義之不至於此者，必強牽合以爲如此，故其論委曲而莫通也」〔註56〕，「夫聖人之爲經，惟其《禮》與《春秋》合，然後無一言之虛，而莫不可考，然猶未嘗不近於人情」〔註57〕。宋代學者「重人情」的共識，促使了典籍解釋的新轉變。

蘇軾認爲：

> 《詩》者，天下之人，匹夫匹婦，羈臣賤隸，悲憂愉佚之所爲作也。夫天下之人，自傷其貧賤困苦之憂，而自述其豐美盛大之樂，上及於君臣父子天下興亡治亂之迹，而下及於飲食床第昆蟲草木之類。蓋其中無所不具，而尚何以繩墨法度，區區而求諸其間哉！此亦足以見其志之無不通矣。夫聖人之於《詩》，以爲其終要入於仁義，而不責其一言之無當，是以其意可觀而其言可通也。〔註58〕

這裡，既在一定意義上肯定了《詩經》詩歌自述的性質，又指出詩篇未必每篇每句都合乎仁義的準則，我們在朱熹的《詩經》學思想中能明確地看到這兩點，即「淫詩說」的提出和並非「詩皆無邪」的主張。

此外，「蘇門四學士」之一的張耒還有《詩說》。張耒，字文潛，淮陰人。宋宣和年間中第進士，累擢起居舍人，從蘇軾遊，坐黨籍謫貶。徽宗召爲太常少卿，崇寧初再貶房州別駕。有《柯山集》一百卷。據清代納蘭容若說「觀所論『土宇畇章』一則，其有感於熙寧開邊斥竟（境）之舉而爲之也歟？」〔註59〕納蘭所說的「土宇畇章」，張耒解釋是：

> 《卷阿》之詩曰「爾土宇畇章」，夫治天下者，雖無事於恢大，幸而治得於内，則土宇廣於外，蓋人歸者眾，則各以其地附之矣。故周公之時，斥大九州之界，建侯之數過於商之宋世，而考之傳記，無周公斥大之事，所謂治得於内，則人附之者眾，非周公侵伐攻取而得之也。夫土小地削，非政之病，然政亂於内，則人相與攜持而

---

〔註56〕〔宋〕蘇軾：《東坡全集》卷四十一《詩論》，《四庫全書（文淵閣本）》（第1107冊），第563～564頁。
〔註57〕〔宋〕蘇軾：《東坡全集》卷四十一《詩論》，《四庫全書（文淵閣本）》（第1107冊），第564頁。
〔註58〕〔宋〕蘇軾：《東坡全集》卷四十一《詩論》，《四庫全書（文淵閣本）》（第1107冊），第564頁。
〔註59〕《詩說·跋》，叢書集成初編本，第3頁。

去，人去之則地隨以削，故芮伯所以憂心殷殷，「念我土宇」；而凡伯之刺幽王，以日蹙國百里，而上陳先王之盛時曰「日闢國百里也」。

蓋「土宇昄章」與夫「蹙國百里」者，所以觀治亂之迹也。〔註60〕約略可見其以《詩》論時事的旨趣。

朱熹說「蘇黃門《詩說》疏放，覺得好」，「子由《詩解》好處多」〔註61〕。周中孚《鄭堂讀書記》認爲「其所爲集解，亦不過融洽舊說，以就簡約，未見有出人意表者」〔註62〕。「自北宋以前，說《詩》者無異學。歐陽修、蘇轍以後，別解漸生。鄭樵、周孚以後，爭端大起；紹興、紹熙之間，左右佩劍，相笑不休。迄宋末年，乃古義黜而新學立」〔註63〕，所說「紹興、紹熙之間」分別指 1131 年～1162 年、1190 年～1194 年。雖然對蘇轍的評價不一，但大多將其與歐陽修並論，作爲影響宋代《詩經》學舉足輕重的人物。

總之，蘇轍父兄的《詩經》學程度不同地體現了各自的學術思想。蘇轍繼承成伯嶼裁剪《詩序》的做法，對後世《詩經》研究和《詩經》學的發展影響深遠，是自鑄新義、擺落漢唐的基礎。在思想上，蘇轍通過對性命理、「思無邪」的反思，涉及了一些與理學家近似的理論問題。蘇洵雖然重視「權」的思想，但其注重「禮」的特點與王安石、張載、程頤接近，將「六經」視爲統一而各有側重的典籍體系，是當時較有普遍性的認識。他重人情的觀點對蘇軾也有影響。蘇軾強調人情，肯定了詩歌自述的性質和未必皆爲「雅」詩的特點，客觀上爲「淫詩說」張本。

---

〔註60〕 〔宋〕張耒：《詩說》，叢書集成初編本，第 1 頁。
〔註61〕 〔宋〕黎靖德編：《朱子語類》卷八十，王星賢點校本，第 2089、2090 頁。
〔註62〕 《鄭堂讀書記》卷八。
〔註63〕 《四庫全書總目提要》卷十六「《詩經大全》」條。